無料低額宿泊所の研究
貧困ビジネスから社会福祉事業へ

山田壮志郎

明石書店

まえがき

　2010年1月14日付「朝日新聞」は、名古屋国税局が、名古屋市内で無料低額宿泊所を経営する事業者ら3人を、5億円の所得を隠して脱税した所得税法違反容疑で名古屋地検に告発したと報じた。記事によれば、経営者らは首都圏を中心に21ヶ所の無料低額宿泊所を経営し、入所者の生活保護費から徴収した利用料で約20億円の年商を上げていた。脱税資金の一部で知人女性に2億円の豪邸をプレゼントしていたとも報じられた。その後、経営者らは有罪判決を受けている。

　無料低額宿泊所は、社会福祉法第2条第3項第8号に基づく第2種社会福祉事業であり、「生計困難者のために、無料又は低額な料金で、簡易住宅を貸し付け、又は宿泊所その他の施設を利用させる事業」を指す。2000年代初頭から急増し始め、2010年6月時点で全国に488ヶ所開設され、1万4964人が入所している（厚生労働省調べ）。無料低額宿泊所には、ホームレスなど住居のない生活困窮者が入所している。生活保護を受給して保護費から利用料を支払う形態が多い。しかし、居住環境や処遇内容の劣悪さ、徴収される利用料の不透明さなどが批判されることも少なくなく、ホームレス支援関係者の間では、生活保護を食い物にする「貧困ビジネス」として非難されることもあった。

　脱税事件が起きた頃は、「貧困ビジネス」問題がマスコミの注目を集めていた時期だった。加えて、告発された事業者は全国でも有数の事業規模を誇る大手であったため、この事件は全国のホームレス支援関係者の関心を呼んだ。筆者は以前から名古屋市内でホームレス支援活動に参加していたため、事件後、全国の関係者から「あの施設は潰れたのか？」としばしば質問を受けた。しかし、事件後も、この施設は依然として経営を続けている。

　なぜ、こうした施設が事業を継続し続けられるのか。それは、今日のホームレス対策や生活保護行政が、無料低額宿泊所に半ば依存して運用されているためであると筆者は考えている。

1990年代後半から、全国の大都市部を中心にホームレスが急激に増加した。しかし、2002年の政府調査で2万5296人を数えた後は減少を続け、2015年には6541人と、ピーク時の4分の1近くにまで減少している。「ネットカフェ難民」など「見えないホームレス」が存在しているともいわれるが、路上のホームレス数が減少していることは間違いない。

　ホームレス数の減少を促した要因は複合的だが、最大の要因は、生活保護の受給により路上から脱却する人が増えたことだろう。筆者の分析によれば、全国の福祉事務所が把握する路上からの脱却の8割は、生活保護の適用によるものである（拙著『ホームレス支援における就労と福祉』明石書店、2009年：第5章）。

　かつて、ホームレスに対する生活保護の適用は厳しく制限されていた。路上から居宅保護に直接移行することはほとんど認められず、病院への入院や生活保護施設への入所などを経由しなければ、ホームレスに生活保護は適用されないといっても過言ではなかった。こうした運用の違法性を問ういくつかの訴訟の影響もあって、ホームレスであることを理由に生活保護を適用しない運用は誤りであることが確認されてきた。

　したがって、2000年代に入ってホームレスへの生活保護の適用が進んだことは、ひとまず肯定的に評価できよう。しかしながら、アパートなど一般住宅での保護が広がったのかといえば、必ずしもそうではない。ホームレスへの生活保護適用の受け皿となってきたのは、無料低額宿泊所であった。前述の筆者の分析でも、無料低額宿泊所のある市区町村の場合、ホームレスへの生活保護開始件数の60％は無料低額宿泊所での開始であり、一般住宅での開始は4％に過ぎない。

　このことは、ホームレスに対する生活保護行政において、無料低額宿泊所が、もはや必要不可欠な社会資源になっている現状を示している。そうであるならば、無料低額宿泊所を単に「貧困ビジネス」と非難するだけでは問題の解決にはならない。無料低額宿泊所が必要とされている背景を分析し、無料低額宿泊所に依存しないホームレス支援の枠組みを作っていくことが必要ではないか。本書の研究動機はその点にある。

ところで、今日の社会福祉業界では、団塊世代が75歳以上になる2025年に向け、地域包括ケアシステムの構築に関する議論が盛んである。地域包括ケア研究会の報告書『地域包括ケアシステムの構築における今後の検討のための論点』（2013年3月）は、「住まいは地域包括ケアシステムの前提条件であり基盤でもある」と述べ、「すまいとすまい方」を、介護・医療・予防といった専門的サービスを育てる植木鉢に見立てている。特に、今後、単身高齢者の急増が予想される都市部においては、低所得高齢者の住まいの確保が急務であるという。

　群馬県渋川市の「静養ホームたまゆら」の火災事故（2009年）や、川崎市の簡易宿泊所「吉田屋」の火災事故（2015年）は、生活に困窮する高齢者の受け皿不足が、決して良好とはいえない居住環境に彼／彼女らを押し込んでいる現状を露呈したともいわれる。これは、ときに「貧困ビジネス」と非難される無料低額宿泊所に、居住場所を確保できない数多くのホームレスが入所していく姿に重なって映る。

　かつて湯浅誠は、ホームレス問題を"炭鉱のカナリア"にたとえた（『反貧困』岩波書店、2008年）。1990年代における野宿者の増加は、日本社会で進行する貧困をこのまま放置しておくと「どえらい」ことになると警告していたのだ、と。湯浅になぞらえていうならば、無料低額宿泊所をめぐる諸問題は、「低所得高齢者の住まいの確保」という、今日の社会福祉が直面している課題を、10年以上も前から先取りしていたとはいえまいか。

　社会が抱える問題は、いつもその底辺から現れる。無料低額宿泊所という地味でマイナーな世界から、「2025年の福祉」を照射してみたい。

2015年12月30日
17年目の越冬活動の合間に

山田壮志郎

無料低額宿泊所の研究
―― 貧困ビジネスから社会福祉事業へ ――

*

目　次

まえがき ⅱ

序　章　本書の分析視角 …………………………………… 1
1. 問題意識　1
2. 無料低額宿泊所をめぐる議論　3
3. 研究の視座　13
4. 本書の構成　21

第1章　無料低額宿泊所の歴史的展開 ………………………… 25
第1節　明治・大正期──宿泊所の誕生　26
1. 宿泊所の誕生と拡大　26
2. 『日本社会事業年鑑』にみる大正期の共同宿泊所　28

第2節　昭和初期──隆盛する宿泊所　37
1. 昭和恐慌と「ルンペン」問題　37
2. 『日本社会事業年鑑』にみる昭和初期の共同宿泊所　40

第3節　戦時体制下から戦後──宿泊所の衰退と法的位置づけ　46
1. 戦時体制下における宿泊所の衰退と戦後の動向　46
2. 宿泊所の法的位置づけ　48

第2章　無料低額宿泊所をめぐる政策動向 ………………… 57
第1節　社会問題化する無料低額宿泊所　58
1. 無料低額宿泊所への社会的注目　58
2. 無料低額宿泊所をめぐる訴訟　59

第2節　国による無料低額宿泊所対策の動向　64
1. 2003年ガイドライン　64
2. 民主党政権下の無料低額宿泊所対策　66

第3節　地方自治体による条例制定と住宅扶助基準改定　75
1. 地方自治体による条例制定　75
2. 住宅扶助基準改定と無料低額宿泊所　84

3.　ガイドライン改定　*91*

第3章　無料低額宿泊所調査の再検討……………………*101*
　　1.　調査の概要　*101*
　　2.　無料低額宿泊所の概況　*102*
　　3.　無料低額宿泊所の運営状況　*105*
　　4.　入所者の状況と生活保護　*108*
　　5.　宿泊費と居住環境　*111*
　　6.　入所期間の長期化と入所者の特徴　*113*
　　7.　入所の経緯と生活保護の費用負担　*115*

第4章　無料低額宿泊所入所者の現状……………………*121*
　　1.　調査の方法　*121*
　　2.　回答者の属性　*122*
　　3.　入所期間　*123*
　　4.　施設に支払う経費および手元に残る金銭　*123*
　　5.　入所時の状況　*125*
　　6.　入所中の状況　*127*
　　7.　現入所者の転宅ニーズ　*137*
　　8.　元入所者の退所時の状況　*139*
　　9.　福祉事務所との関係　*141*

第5章　無料低額宿泊所と福祉事務所……………………*149*
　　1.　調査の方法　*149*
　　2.　回答した福祉事務所の概況　*150*
　　3.　無料低額宿泊所の活用方法　*154*
　　4.　入所者への訪問頻度　*155*
　　5.　無料低額宿泊所に対する意識　*156*
　　6.　生活保護費の費用負担　*157*

7. 転宅を促すまでの期間　*159*
　　8. 無料低額宿泊所活用の効果　*159*
　　9. 無料低額宿泊所のない自治体の意識　*161*

第6章　無料低額宿泊所と医療機関　………………………… *167*
　　1. 調査の方法　*168*
　　2. 回答医療機関の概況　*169*
　　3. ホームレス患者の受け入れ状況　*172*
　　4. 無料低額宿泊所の利用状況　*174*
　　5. 無料低額宿泊所への評価　*176*
　　6. 無料低額宿泊所の利用状況の背景　*179*
　　7. ヒアリング調査にみる福祉事務所との連携状況　*181*

第7章　居宅生活移行支援事業の分析　……………………… *187*
　　1. 分析の方法　*188*
　　2. 居宅生活移行支援事業の概況　*189*
　　3. 居宅移行の実績　*193*
　　4. 居宅生活移行支援事業の効果　*195*
　　5. 居宅生活への移行が進まない要因　*197*
　　6. 「アセスメントシート」からみる居宅移行の阻害要因　*199*

終　章　総括と提言　………………………………………………… *207*
　　1. 総括　*207*
　　2. 提言　*213*

文献　*223*
あとがき　*227*
資料集　*231*

序章　本書の分析視角

1．問題意識

(1) 無料低額宿泊所とは何か

　本書が研究対象とするのは、無料低額宿泊所である。
　無料低額宿泊所とは、社会福祉法第2条第3項第8号に定める第2種社会福祉事業であり、「生計困難者のために、無料又は低額な料金で、簡易住宅を貸し付け、又は宿泊所その他の施設を利用させる事業」である。この事業は、社会福祉法の前身である社会福祉事業でも同様に規定されていた。社会福祉事業法制定当時の厚生省社会局長であった木村忠二郎は、無料低額宿泊所について、「一時的な宿泊をさせる場所であり、宿泊料金が無料または低額であることが要件」と述べている（木村 1955：42）。居住の一時性と料金の低廉性という無料低額宿泊所の要件は、現在の社会福祉法でも維持されている（社会福祉法令研究会 2001）。
　無料低額宿泊所の源流は、明治期の篤志家が住居のない生活困窮者に宿泊場所を提供した慈善事業にある。現在も、無料低額宿泊所入所者の多くはホームレスなど住居を失った生活困窮者であるが、入所者のほとんどが生活保護受給者であるという点に特徴がある。厚生労働省（2011）によれば、無料低額宿泊所入所者の92％が生活保護を受給している。多くの場合、生活保護費の中から居室利用料やサービス費用などを支払っている。
　無料低額宿泊所は、2010年6月末時点で全国に488ヶ所開設され、1万4964人が入所している（厚生労働省 2011）。1998年の施設数が43ヶ所だったことからすると、2000年代以降に著しく増加したことがわかる。なお、社会福祉法でいう無料低額宿泊所としての届出はしていないものの、類似する無届施設も

多いとされる。同じ厚生労働省調査によれば、生活保護受給者が利用している、社会福祉各法に法的位置付けのない施設は、同月末時点で全国に1314ヶ所、このうち「ホームレスを対象とした施設」だけに限定しても214ヶ所に上る。

　無料低額宿泊所が増加し始めた1990年代末から2000年代初頭にかけては、ホームレス数が急増していた時期であった。厚生労働省「ホームレスの実態に関する全国調査」によれば、全国のホームレス数は、2002年に2万5296人に上った。しかし、その後は減少傾向にあり、2015年には6541人とピーク時の4分の1近くにまで減少している。

　こうした2000年代における路上のホームレス数の減少を支えたのが無料低額宿泊所であった。かつて筆者が行った全国の自治体におけるホームレスへの生活保護適用状況に関する厚生労働省調査のデータ分析によれば、2006年における全国のホームレスへの生活保護の開始件数は3万299件であり、そのうち無料低額宿泊所での保護適用件数が23.6％を占めていた。特に、無料低額宿泊所のある市区町村では、保護開始件数全体の62.7％が無料低額宿泊所で開始されていた（山田2008）。

　このように、無料低額宿泊所は、住居という人間生活の基盤を失った人々の居住場所を確保し、ホームレス状態から脱却することに大きく貢献してきた。

（2）「貧困ビジネス」と無料低額宿泊所

　しかしながら、無料低額宿泊所の一部には、居住環境や処遇内容が劣悪な施設があるともいわれる。ベニヤ板で仕切った2〜3畳程度の部屋に住まわせながら住宅扶助基準通りの家賃を徴収していることや、他にも高額な利用料が徴収され入所者の手元にはわずかしか残らないこと、提供される食事がインスタント食品など粗末なものばかりであることなど、一部の施設の劣悪性を告発するジャーナリストのルポルタージュもある（山野2009、園田2012など）。こうした劣悪な処遇環境は、ホームレス支援に取り組む支援者の間でも従前から問題視されており、無料低額宿泊所は、生活保護受給者を食い物にして生活保護費をピンハネする「貧困ビジネス」であると非難されることも少なくなかった。

　「貧困ビジネス」とは、湯浅（2008）によれば「貧困層をターゲットにしていて、かつ貧困からの脱却に資することなく、貧困を固定化するビジネス」であ

る。湯浅は、貧困ビジネスの具体例として、住居のない貧困層を顧客として当て込んだマンガ喫茶や、フリーターが派遣・請負労働をしながら寝泊りする飯場などとともに、「野宿者向け宿泊所」を挙げている（湯浅 2007）。

阪東（2011）は、無料低額宿泊所がホームレス状態にある人々の住宅確保に果たしている役割を一定評価しつつ、「方向を間違えれば貧困者を対象とする悪質なビジネスにも変容し得る」として、その問題点を次の6点に整理している。すなわち、①生活保護の住宅扶助の支給上限額を想定して利用料を設定しているところが多く、無料や低額での利用がほとんどないこと、②宿泊所の運営について事業主体に制限がないこと、③行政の指導や監視の外で運営される無届施設も多いこと、④施設整備や運営について明確なガイドラインを定めていない自治体が多く、居室の広さや設備、運営や職員配置といった面で不適切な施設が少なくないこと、⑤施設の質や処遇に比して割高な家賃を徴収したり、不必要なサービスを付加して費用を徴収したりする施設があること、⑥「最大の問題」として、本人の主体的な判断や選択がないままに、施設の判断や意向で空間やサービスの提供が行われていることである。

社会福祉法第3条は、「福祉サービスは、個人の尊厳の保持を旨とし、その内容は、福祉サービスの利用者が心身ともに健やかに育成され、又はその有する能力に応じ自立した日常生活を営むことができるように支援するものとして、良質かつ適切なものでなければならない」と規定する。社会福祉事業であるはずの無料低額宿泊所の中から、なぜ「貧困ビジネス」と呼ばれるような、社会福祉法の理念と乖離した施設が現れるのか。その背景を検討し、無料低額宿泊所問題の解決の方向性を見出してみたいということが、本書の問題意識である。

2．無料低額宿泊所をめぐる議論

(1) 無料低額宿泊所問題の論点

第2章で詳しく検討するように、無料低額宿泊所問題への政策的な対応が活発化するのは2009年以降である。この頃から、研究者や弁護士、実践家の間で、無料低額宿泊所問題への対応のあり方に関する議論が蓄積されるようになってきた。ここでは、先行する議論を敷衍し、無料低額宿泊所問題をめぐる論点を

整理する。

①宿泊所への規制

　無料低額宿泊所問題への対応のあり方に関する論点の第1は、宿泊所に対する規制のあり方である。第2種社会福祉事業は、事業主体に制限はなく都道府県知事に届出すれば開設することが可能である。そのため、施設開設を届出制ではなく許可制にして規制を強めるべきとの意見もある（梅田2010）。また、無料低額宿泊所は、他の社会福祉事業と異なり、施設設備や運営に関する最低基準が明確に定められているわけではなく、国がガイドラインとして設備・運営基準を示しているほか、一部の自治体で独自のガイドラインを定めたり条例を制定したりしているのみである。そのため、施設による金銭管理を禁止したり家賃やサービス費が適正かどうかチェックしたりする仕組みを設けるべきとの意見もある（普門2010）。さらに、現在の社会福祉法でも、不当に営利を図ったり利用者の処遇につき不当の行為をしたりした場合に行政が業務停止命令などをできる規定があり、こうした現行法の指導監督権限を適切に行使すべきとする意見もある（日本弁護士連合会2010）。

　一方、無料低額宿泊所への規制強化に慎重な見解もある。例えば鈴木（2011）は、無料低額宿泊所のすべてが劣悪施設ではなく良心的な支援を行う事業者も数多く存在することから、規制強化は「角を矯めて牛を殺す」ことになりかねないと指摘する。鈴木と同様に、無料低額宿泊所に対する規制が優良な施設の否定につながることを懸念する意見は少なくない（奥田2011、高木2012など）。

②サービス水準の向上

　そこで第2の論点となるのが、無料低額宿泊所のサービス水準を高めるための方策である。規制強化に慎重な見解を述べる前述の鈴木（2011）は、アメとムチの両面からの対策が必要であり、無料低額宿泊所の設備や運営の基準を定めた上で、人件費等の補助金を出すことを提案する。現在、無料低額宿泊所に対しては、措置費や補助金は交付されていないため、入所者のケアにかかる費用は生活保護費（生活扶助費及び住宅扶助費）から入所者自身が負担する場合が多い。そのため、規制強化に慎重な論者を中心に、サービス費用を公的に補助

する仕組みが必要とする見解は少なくない。また、元田（2010）は、無料低額宿泊所の設備・運営に関する国のガイドラインの職員配置規定が、社会福祉主事有資格者ないし社会福祉事業に2年以上従事した者を施設長に置くとするにとどまっていることに対して、社会福祉士を配置すること、職員確保のための財政措置を講じることなどを主張している。こうした職員配置の充実もサービス水準向上に向けた方策の1つといえる。

ただし、無料低額宿泊所のサービス水準のあり方は、無料低額宿泊所の役割や機能の捉え方に左右される。藤田（2010）は、脱施設化による地域福祉の充実を図るためには、無料低額宿泊所は一時的な居住場所を提供するシェルター機能のみに特化すべきとしている。また、後に詳しく検討するが、社会福祉法は、第2種社会福祉事業としての無料低額宿泊所にサービス機能は期待しておらず、それが期待されているのは第1種社会福祉事業であるとする見解もある（阪田2011、阪田・棗・池本2011）。無料低額宿泊所の役割はあくまで一時的な居住場所の提供のみであるとする見解に基づけば、無料低額宿泊所のサービス水準向上は、否定されるか、少なくとも期待されないだろう。

③契約関係への評価

第3に、上記2点ほど論争的ではないものの、無料低額宿泊所の入所契約が対等な関係のもとで結ばれているかどうかについての議論もある。無料低額宿泊所入所者の多くは、ホームレス状態を経験した人々である。埼玉県で無料低額宿泊所入所者の相談会に取り組んだ弁護士の猪股（2009）は、「劣悪な環境に耐えきれずに宿泊所から出て行くことは、ホームレス状態に戻ることを意味する」ため「ホームレス状態に戻る覚悟まではできずに、宿泊所から抜け出せず入所期間が長期化する人が多い」と述べている。加えて、無料低額宿泊所では、住居を提供するサービスと食事などの生活サービスが一体的に提供されている場合がほとんどである。そのため、仮に利用者にとって不必要な生活サービスが提供されていたとしても、それを解約することは住居を失い再び野宿生活に戻ることを意味すると入所者が考えることは十分に想定される。このことについて舟木（2011）は、「圧倒的な支配関係のもとでは、入所者の法的な権利が『絵に描いた餅』となっているのが実態である」と述べている。

ところで、大阪市では無料低額宿泊所という業態ではなく、通常のワンルームマンションにホームレスなどを入居させ、高額な食事代や実態が乏しい生活サービス料が徴収されるケースが問題になっている（古城2011）。この場合、無料低額宿泊所のように居住環境の劣悪さが問題になることは少ないが、住居と生活サービスの一体的契約をめぐる問題は共通している。

　なお、常岡（2014）は、無料低額宿泊所の利用契約は、特定商取引法（特商法）にいう訪問販売として規制対象になると述べている。特商法にいう訪問販売に該当する契約は、単に事業者が自宅に訪問して行われる場合だけではなく、営業所以外の場所で契約を締結する場合や、営業所以外の場所で声をかけて営業所に呼び込んで契約する場合、勧誘することを告げずに営業所等への来訪を要請して契約する場合も含んでいる。したがって、無料低額宿泊所の職員が公園でホームレスなどに声をかけて施設に呼び込み契約するようなケースも、ここでいう訪問販売に該当する。訪問販売に該当して特商法の適用対象となれば、クーリングオフにより契約を無理由・無条件で解除し既に支払った利用料を全額返還することを要請することが可能であるという。常岡は、無料低額宿泊所入所者は、家がない、食べるものがないという生活困窮状態の中で事業者と利用契約を結んでおり、民法などが想定する「対等な当事者」像は適用されないとも述べているが、これも無料低額宿泊所における契約関係の対等性をめぐる課題の１つである。

④一般住宅への転宅

　第4に、本書が最も重要視する論点が、無料低額宿泊所から一般住宅への転居に関する議論である。生活保護法第30条は、「生活扶助は、被保護者の居宅において行うものとする」として、いわゆる居宅保護の原則を規定している。しかし、居住の一時性が要件であるはずの無料低額宿泊所の入所期間が長期化し居宅への移行が進んでいないことが指摘されている。

　園田（2012）は、東京都内でNPO法人が運営する無料低額宿泊所に関するルポルタージュの中で、宿泊所から一般住宅に転居したいとの入所者の訴えを福祉事務所がなかなか受け入れようとしない現状を紹介し、生活保護法が謳う居宅保護の原則が形骸化していると述べている。前述の通り、無料低額宿泊所の

役割を一時的なシェルター機能に特化すべきと主張する藤田（2009）も、早期の転宅支援を行い、一般住宅に移った後に自立に向けた支援を行うべきと述べている。

このように、無料低額宿泊所から一般住宅への移行を促すことを主張する意見は多い。日本弁護士連合会（2010）も、福祉事務所ケースワーカーの担当ケース数が多すぎて、きめ細かいケースワークを行う余裕がないことが、ホームレス状態にある者に対する一般住居における居宅保護開始決定を敬遠する傾向に拍車をかけているとして、ケースワーカーの増員を求めている。

一方、一般住宅への転居促進に対して懐疑的な意見も少なくない。鈴木（2010）は、無料低額宿泊所と無届施設を合わせれば全国の入所者は3万人近くに上るため、これだけの人数を一般住宅に移すことは現実的でなく、一般住宅に移れなければ再路上化する可能性が高いという。また、業務量の多い福祉事務所ケースワーカーにとっても転居先を見つけることは容易ではないと述べている。

無料低額宿泊所から一般住宅への転居促進に懐疑的な見解の背景には、転居先住宅の量の問題とともに、入所者の居宅生活可能性の問題もある。例えば垣田（2010）は、無料低額宿泊所入所者が退所後に一般住宅で自立生活を営むことができる状態にあるかどうかについて疑問を投げかけている。垣田によれば、ホームレスを受け入れる施設や民間支援団体が少ない地方都市においては、無料低額宿泊所が地域の社会福祉関連資源から漏れた人たちの受け皿となっている可能性があり、居宅生活が可能と見込まれない人も含めて受け入れざるを得ないとする。したがって、無料低額宿泊所の機能や効果を、居宅生活移行の実績やドロップアウトの割合を指標にして評価するのは妥当ではないと述べている。

また、無料低額宿泊所を数多く運営するNPO法人理事の小川（2010）も、「宿泊所は最後のセーフティネットして、行き場のないありとあらゆる層の生活困窮者の受け入れに対応してき」たと述べている。その結果、稼働年齢層にある若年層の就労自立は比較的スムーズで、平均1年程度で一般住宅等への移行が進むが、高齢者は施設に滞留する傾向があるという。小川は、高齢者が居宅生活に移行できない理由として、①高齢者の受け皿となる老人福祉施設等の社

会資源が不足していること、②単身高齢者はアパートの貸主側から拒否されるケースが多いこと、③高齢利用者本人が生活・健康面から独居状態になることを望まないこと、④福祉事務所が高齢者のアパート転居を認めないことを挙げている。

　以上のように、無料低額宿泊所をめぐる議論においては、現在の無料低額宿泊所の中に、処遇内容に問題のある施設が含まれていることは概ね共有されている。しかし、そうした現状を踏まえた今後の無料低額宿泊所のあり方に関しては、①施設運営に対する規制を強めつつ一般住宅への転居を促進することを強調する考え方と、②サービスの質を改善するため運営費の公的補助を強調する考え方に大別される。この2つの考え方の違いの背景には、次の2つの対立軸があると思われる。

　1つは、無料低額宿泊所の実態を全体としてどのように評価するかという点である。良心的でサービス内容も充実した施設が多いという立場に立てば、過度な規制は好ましくなく、むしろ補助金等によって無料低額宿泊所を政策的に育成・強化していくことが強調される。一方、無料低額宿泊所におけるサービス内容が全体として良質ではないという立場に立てば、一時的な居住場所として機能させるにとどめ、一般住宅への転居を促進していくことが強調される。

　いま1つは、無料低額宿泊所の入所者像をどのように描くかという点である。入所者の多くが障害や疾病等を抱えており一般住宅での生活が困難な人たちであるという立場に立てば、一定の入所期間を前提としたケアの提供が求められるため転居促進に慎重な意見が形成される。一方、入所者の多くはすぐにでも、あるいは一定の支援があれば居宅生活が可能な人たちであるという立場に立てば、長期間にわたって無料低額宿泊所に入所することは好ましくなく、できるだけ早く一般住宅に転居できるよう支援することが強調される。

　以上のように、無料低額宿泊所の実態と入所者像に関する認識が異なると、あるべき対応策の強調点も異なることになる。本書は、筆者が実施したいくつかの調査研究から、無料低額宿泊所のあり方に関する今後の議論の素材を提供してみたい。

（2）先行研究の検討

上述の通り、無料低額宿泊所のあり方に関する議論は活発に交わされているが、学術的な調査研究は十分蓄積されてきたとはいえない。ここでは、無料低額宿泊所を対象とした数少ない先行研究をレビューする。

①無料低額宿泊所が果たしている役割

まず、前項の議論でもみられたが、無料低額宿泊所がホームレスなど住居のない生活困窮者の支援に果たしている役割をどう評価するかという点に関する研究を検討する。

稲田・水内（2009）は、人権運動団体「虹の連合」が2006〜2007年に実施した「もう一つの全国ホームレス調査」の結果と、稲田らが2008年以降に実施した「ホームレス支援の中間施設におけるフォローアップ調査」の結果を用いて、ホームレス状態から地域生活に移行するにあたっての中間施設の利用実態を分析している。これによると、全国で野宿から一般住居での生活に移行した人の68％が何らかの中間施設の利用を経ていること、また利用された中間施設の19％は無料低額宿泊所であったことが明らかにされている。ただし、「四大都市（東京・横浜・名古屋・大阪）」では無料低額宿泊所の利用率は12％であるのに対し、「中核市・地方都市」では41％と高くなっており、公的なホームレス対策を実施していない地域では無料低額宿泊所等が公的セクターに代用されていることを指摘している。また、この研究では、NPO法人エス・エス・エスとNPO法人ふるさとの会による中間施設の実践を紹介し、無料低額宿泊所をはじめとする中間施設が、様々な社会的困難をもった高齢者の支援施設へと機能転換していることも指摘されている。

五石（2011a）は、ホームレス支援全国ネットワークが厚生労働省補助事業として2010年度に実施した「広義のホームレスの可視化と支援策に関する調査検討委員会」と「無料低額宿泊施設の在り方に関する研究委員会」の報告書を用いながら、全国の無料低額宿泊所の実態を分析している。五石は、第1種社会福祉事業と第2種社会福祉事業の違いについて、前者は経営に適正を欠くと重大な人権侵害を生ずる可能性があるため強い公的規制が必要であるとされる一方で、後者は自主性と創意工夫を助長することが必要なため経営主体に制限

を設けず届出制をとっていると説明されていることに注目する。その上で、第2種社会福祉事業としての無料低額宿泊所について、①無料低額宿泊所には重大な人権侵害を生じる可能性がないか、②無料低額宿泊所の事業に関し自主性と創意工夫を助長する仕組みが用意されているか、という論点を提示する。上記の調査結果を分析した結果、①の点については、床面積やプライバシー確保、談話室・相談室の設置など厚生労働省のガイドラインで示されている設備条件は大半の施設が満たしていたとする。ただし、一部の事業所では条件を満たしていないケースもみられるため規制や監督の強化が必要であるとも指摘する。一方、②の点については、多くの施設が宿泊場所の提供以外にも安否確認・生活相談・食事提供など様々な支援サービスを独自に行っていることが明らかになったとして、規制強化によって自主性・創意工夫が失われることでサービス全体の質と量を下げるおそれがあることを危惧している。

　また、五石（2011b）は、政府統計や行政資料の検討を通じて、無料低額宿泊所をめぐる諸問題の構造的背景を論じている。五石によれば、救護施設や更生施設といった生活保護法上の保護施設に入所する被保護者よりも、無料低額宿泊所や法的位置付けのない施設に入所する被保護者の方が1.4倍多い。特に、大都市においてはその傾向が顕著である。この背景には、生活保護施設が常に満床状態にあることがあると指摘している。一方で、無料低額宿泊所入所者が要介護状態になったとしても、入所中に介護保険サービスが利用できるかどうかは自治体の判断に委ねられているため利用できない場合もあり、その結果、生活保護施設入所者と無料低額宿泊所入所者の間に介護サービス利用に関する不公平が生じているとする。また、無料低額宿泊所は事実上生活保護施設と同じ役割を担っているにもかかわらず、生活保護施設に支給されるような措置費は一切なく、生活保護施設と無料低額宿泊所との間に財政上の不公平が生じているともいう。いずれにせよ、生活保護施設の機能不全を放置したまま、それを補完する役割を担っている無料低額宿泊所への規制を強めるだけでは問題解決に至らないというのが五石の主張である。

　以上の研究は、住居のない生活困窮者を支援する公的な社会資源が不足する中で、無料低額宿泊所がその受け皿になっていることを示唆している。

②無料低額宿泊所と福祉事務所

　公的支援の乏しさと無料低額宿泊所との関係は、居住資源の面だけでなく福祉事務所による支援の現状からも考える必要がある。

　冒頭でも言及したが、筆者はかつて、全国の自治体におけるホームレスへの生活保護適用状況に関する厚生労働省調査のデータ分析を行った（山田2008）。その結果、2006年の1年間における全国の市区町村のホームレスへの生活保護の開始件数は3万299件であり、そのうち無料低額宿泊所での保護適用件数が23.6％を占めることを明らかにした。ただし、すべての市区町村に無料低額宿泊所があるわけではないため、無料低額宿泊所のある市区町村（無料低額宿泊所での保護開始が1件以上ある市区町村）に絞って集計したところ、保護開始件数全体の62.7％が無料低額宿泊所で開始されていた。また、1年以内の保護廃止件数とその理由を分析したところ、無料低額宿泊所での保護開始の比率が高い、つまり無料低額宿泊所への依存度が高い市区町村ほど「失踪」を理由とした保護廃止の割合が高くなることも明らかにした。これらのことから、筆者は、保護の実施機関による無料低額宿泊所入所者の訪問、生活実態の把握、居宅生活への移行に向けた援助が十分行われていないことが示唆されると指摘した。

　また、第2種社会福祉事業としての届出がされている無料低額宿泊所に関する研究ではないものの、関連する研究として和気ら（2011）の調査がある。和気らは、2009年3月に発生した「静養ホームたまゆら」（群馬県渋川市）の火災事故を受け、被保護高齢者が法的位置付けのない法外施設に入所している実態を明らかにするため、東京都内の福祉事務所のうち、法外施設の利用実績の多い福祉事務所と少ない福祉事務所に対するインタビュー調査を実施している。その結果、法外施設の利用が多い福祉事務所の特徴として、①生活保護ケースワーカー1人当たりの担当ケース数が多いこと、②高齢所管課との連携が図られていないこと、③地域に利用可能な社会資源が少ないか十分に活用されていないことがあることを明らかにした。これらの調査結果を踏まえ、和気らは、単身世帯が多く家族や地域からの支援が得られにくい被保護高齢者の場合、施設側から受け入れリスクが高いと判断され法定施設から排除されやすいことを指摘し、その結果、行き場のない被保護高齢者の受け皿として「貧困ビジネス」が台頭してきたと述べている。

これらの研究からは、無料低額宿泊所をめぐる問題の解決のためには、福祉事務所による支援のあり方を問い直すことが必要であることが示唆される。

③無料低額宿泊所入所者の特徴
　福祉事務所が無料低額宿泊所入所者に十分な支援を提供できていないことは、一般住宅への転居にも影響を与える。ただし、既にみたように、無料低額宿泊所から一般住宅への転居を推進するべきかどうかをめぐっては、少なくない対立がある。この対立の大きな論点は、無料低額宿泊所入所者の居宅生活の可能性をどうみるかという点である。この論点に一定の示唆を与えているのが、岩永と四方による研究である。

　岩永・四方（2013）は、埼玉県の「生活保護受給者チャレンジ支援事業」（アスポート）の利用者データを分析し、無料低額宿泊所入所者の特徴を明らかにしている。埼玉県ではアスポート事業の一環として、無料低額宿泊所入所者や住宅が不安定な生活保護受給者を対象とした住宅支援事業が実施され、住宅支援ワーカーの支援により一般住宅や福祉施設への転居を促している。

　岩永らによれば、住宅支援事業の 2012 年 3 月末時点の利用者 1930 人のうち約 6 割が無料低額宿泊所入所者だが、年齢や学歴、疾病の状況などの面で、宿泊所入所者以外の利用者との差異はない。また、無料低額宿泊所入所者の 4 割が入所前に路上生活を経験しているが、入所前の状況が路上生活以外の者よりも早くアパートに転居していた。これらの結果から、岩永らは、無料低額宿泊所に入所しているホームレスは一般住宅での居宅生活を送ることが困難であるとはいえないと指摘し、そもそも無料低額宿泊所に入所する必要性があったのかどうかを疑問視する。加えて、通常は住居を拠点にしながら展開される食事や就寝などの生活リズムや、友人・地域・社会などとのつながりの中で築かれる独自の日常生活が、無料低額宿泊所を経由することによって分断されることを危惧している。

　このように、岩永らの研究は、埼玉県という限られた地域を分析対象としているものの、無料低額宿泊所入所者の居宅移行可能性に関する議論に有益な知見を提供している。無料低額宿泊所入所者の中に居宅生活が可能な者が一定数含まれているとすれば、なぜ一般住宅への転居が進まないのかを分析する必要

があるだろう。

3．研究の視座

（1）2000年代における無料低額宿泊所の増加

　ここで改めて、近年において無料低額宿泊所が増加した背景について検討してみたい。第1章で詳述するが、無料低額宿泊所の源流は明治期の篤志家による慈善事業にあり、戦前期において生活困窮者の居住ニーズ充足に貢献してきた。しかし、戦後になって、無料低額宿泊所への社会的ニーズは低下し、施設数も大きく減少していった。社会福祉施設等調査によると1998年の施設数は43ヶ所であり、戦前のピーク時から比べると3分の1以下にまで激減した。それが一転して増加に転じたのが、1999年であった。

　無料低額宿泊所の施設数を把握するための統計資料としては、第1に、厚生労働省大臣官房統計情報部が集計する社会福祉施設等調査がある。また、同調査とは別に厚生労働省社会・援護局保護課が2006年から2010年まで独自に調査し公表した施設数データもある。両統計の施設数には大きな開きがあるのだが、その理由は調査手法の違いにあると推測される。社会福祉施設等調査では調査に回答した施設のみを集計するのに対して、保護課の調査では無料低額宿泊所として届出のあった全ての施設を集計している。このように、両統計には違いがあるのだが、**図序-1**には、両統計をもとに、主に2000年代における無料低額宿泊所の施設数の推移を示した。

　社会福祉施設等調査での無料低額宿泊所は、1999年に55ヶ所に増加した後、2000年に85ヶ所、2001年に119ヶ所、2002年に149ヶ所と瞬く間に戦後最高水準に達し、その後も2003年に207ヶ所、2004年に220ヶ所と増加し続けた。一方、厚生労働省社会・援護局保護課が集計したデータでは、2006年：388ヶ所、2007年：398ヶ所、2008年：415ヶ所、2009年：439ヶ所、2010年：488ヶ所となっている。数字自体には食い違いがあるものの、2000年代に入って無料低額宿泊所が激増したことは間違いない。

　既に述べたように、無料低額宿泊所が増加した背景には、ホームレスなど住居のない生活困窮者が増加したことがある。全国のホームレス数は、1990年代

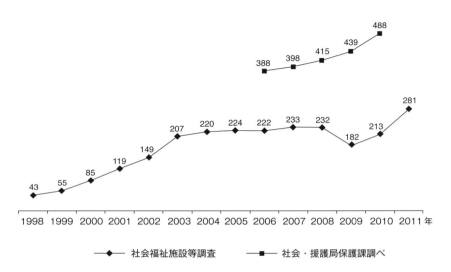

図序-1　2000年代における無料低額宿泊所の施設数の推移

前半から大都市部を中心に増加しはじめ、1990年代後半に急激に増加した。政府統計によれば、2002年には全国で2万5296人を数えた。(3) 1990年代後半以降にホームレスが増加した背景には、わが国における貧困問題の深刻化、とりわけ非正規雇用の拡大によるワーキングプアの増加がある（山田2009）。いわば、貧困問題の深刻化によって住居のない生活困窮者が増大し、無料低額宿泊所の「マーケット」が拡大したともいえよう。

このように、無料低額宿泊所が増加した背景には、わが国における貧困問題の拡大がある。2008年末に東京・日比谷公園で取り組まれた「年越し派遣村」で法律相談にあたった弁護士の棗一郎は、相談者の中に無料低額宿泊所の劣悪な環境に耐えられずに飛び出して日比谷公園に辿りついた人がいたことを紹介した上で、「あまりに安易な解雇を可能にしてきた近年の雇用規制緩和が、貧困ビジネス増加の根源の1つ」であると述べている（棗2010）。無料低額宿泊所のあり方を論じる際には、わが国における貧困問題の拡大が居住ニーズを抱える生活困窮者を生み出してきた点を見落とすことはできない。

(2) ホームレスに対する生活保護の制限的運用

　ホームレスをはじめとする住居のない生活困窮者が居住場所を確保しようとする場合、生活保護を受給することが多い。しかし、ホームレス数が増加した1990年代後半までは、ホームレスへの生活保護の適用は厳しく制限されていた。

　上畑（1995）は、大都市部を中心とした全国35の福祉事務所に対して、ホームレスから相談があった場合の対応方法を尋ねる調査を実施したが、この調査からは、当時のホームレスに対する生活保護の運用実態が明らかになっている。例えば、「住所不定者」が、生活困窮を理由に保護を求めてきた際、「受け付けの段階で、ここでは相談に乗れないと、帰って貰う」と答えた福祉事務所が11.4%、「相談を一応聞くが、住民票がこの地域に無い『住所不定の』人は、ここでは駄目だと言う」と答えた福祉事務所が17.1%あった（複数回答）。すなわち、住民登録がされていないことを理由にホームレスからの生活保護申請を断っている福祉事務所が一定程度存在していたことが推測される。しかし、生活保護法第19条は、居住地がないか明らかでない要保護者に対する現在地保護を規定しており、住民票がないことを理由とした保護の不適用は、違法な運用である。

　また、ホームレス状態にある人々は稼働能力を有していることも少なくないが、稼働能力があることを理由にホームレスからの生活保護申請を却下する例もみられた。例えば林訴訟（1994年提訴）は、名古屋市内で野宿生活をしていた林勝義氏が、稼働能力があることを理由として生活保護が適用されなかった決定を不服として争った裁判である（藤井・田巻2003）。建設作業などの日雇労働に従事していた林氏は、両足の痙攣や筋肉痛が原因で仕事に就けないことが多くなり、野宿生活を余儀なくされることとなった。林氏は生活保護を申請したものの、福祉事務所は「軽作業可」との診断に基づき保護の要件を満たしていないと判断し、生活扶助の適用が認められなかった。同訴訟の判決では、稼働能力の有無のみで生活保護法第4条に規定する稼働能力活用要件を判断することの誤りが指摘されているが、当時は全国的に稼働能力のあるホームレスへの生活保護の適用が厳しく制限されていた。

　さらに、生活保護の適用が認められた場合であっても、一般アパートでの居

宅保護は認められず、更生施設等での施設保護によって保護が適用されることも多かった。こうした施設収容主義の是非が争われたのが1998年に提訴された佐藤訴訟であった（河野1999）。大阪・釜ヶ崎で野宿生活をしていた佐藤邦男氏は、生活に困窮したため生活保護の開始申請をした。佐藤氏は、以前に生活保護施設に入所した経験があったが、難聴のため同室者や職員とのコミュニケーションがとれなかったことなどから、居宅での保護を希望していた。しかし、福祉事務所は施設での保護しか認めず、この決定を不服として争われたのが佐藤訴訟であった。生活保護法第30条はいわゆる居宅保護の原則を定めているが、大阪市の運用はこれに反した違法なものであるとの判決がなされた。しかし、ホームレスについては施設保護しか認めないという施設収容主義は、大阪市に限ったものではなく全国の福祉事務所で広く行われていた。

　以上のように、ホームレス数が増加した1990年代は、ホームレスに対する生活保護の適用は厳しく制限されていた。住民登録がないことを理由に生活保護の申請を受け付けない運用や、稼働能力があることを理由に生活保護の適用を認めない運用は、違法であるにもかかわらず全国の福祉事務所で広く行われていた。また生活保護が適用されたとしても、居宅保護の原則があるにもかかわらずホームレスについては施設保護が一般的であり、生活保護を受けようとすれば施設での集団生活に耐えるしかなかった。

　しかし、無料低額宿泊所は、敷金・礼金を徴収しないものがほとんどであるため、経済的に困窮するホームレスであっても容易に居住場所を確保することが可能となる。また、無料低額宿泊所に入所することによって居住地が定まるため、生活保護の適用がなされたのである。その結果、ホームレスの居住ニーズを迅速に充足する資源として、無料低額宿泊所が拡大していくことになった。このように、2000年代以降に無料低額宿泊所が増加した背景には、ホームレスに対する生活保護の制限的な運用があったことは重要な点である。

（3）無料低額宿泊所が必要とされる構造

　以上のことを踏まえた上で、筆者は、2000年代以降に無料低額宿泊所が増加したのは、「無料低額宿泊所が必要とされる構造」があったためであると考えている。この場合、無料低額宿泊所を必要とする主体は大きく3つに分けられる。

それは、利用者と福祉事務所と事業者である。

　第1に、無料低額宿泊所の利用者とは、ホームレスをはじめとする住居を失った生活困窮者である。住居は、人間生活の基盤となる資源であると同時に、社会との関係を取り結ぶ拠点でもある。したがって、住居を失った人々にとって、居住場所を確保することは最優先の生活課題になる。ホームレス支援において主流の考え方になりつつある「ハウジング・ファースト・アプローチ」は、居住の場を確保した後に個々人に応じた支援サービスを行うことで、野宿生活を短期化し、社会的支援の利用を容易にし、経済的コストを軽減する（中島2005）。「ハウジング・ファースト・アプローチ」が示しているように、ホームレス状態にある人々にとって最も切実で第一義的なニーズは住居を確保する点にある。しかし、前述したように、全国的にホームレス数が激増した1990年代後半は、ホームレスに対する生活保護の適用は厳しく制限されており、路上から一般アパートに直接入居するのはきわめてハードルが高かった。一方、更生施設等の生活保護施設に入所すれば生活保護が適用されるものの、そこでは集団生活を送らなければならないことがほとんどであり、支給される日用品費の額もきわめて低額である。

　これに対して無料低額宿泊所の場合は、敷金や礼金を支払わずに入所することができ、居住場所を迅速に確保することができる。また居室環境についても、ベニヤ板で区切っただけというケースも中にはあるものの、一応「個室」を確保できる施設が多い。さらに金銭面でも、仮に生活保護費の多くが「ピンハネ」されるようなことがあったとしても、生活保護施設の日用品費よりは高いことが多い。すなわち、ホームレス状態にある生活困窮者の視点から考えれば、一般アパートへの入居という選択肢が事実上ないならば、無料低額宿泊所に入所する方が生活保護施設に入所するよりも「マシ」と認識されやすくなる。こうして、居住場所の確保という切実なニーズを抱える利用者にとって無料低額宿泊所が必要とされる構造が生み出されてきたのである。

　無料低額宿泊所を必要とする主体の第2は、福祉事務所である。1990年代後半以降、生活保護受給者が増加する一方で、福祉事務所の生活保護ケースワーカーの数はそれに見合った水準で増員されているとは言い難い。市部においては、ケースワーカー1人当たりの担当ケース数は80世帯が標準とされている

が、特に大都市の場合、その水準が満たせていない福祉事務所がほとんどである。当然、ケースワーカーの業務量は多くなり負担感が増すことになるが、無料低額宿泊所に入所していれば家庭訪問も効率的で、日常的な見守りも施設側に委ねやすい。

あるいは、財政的な面からみても、無料低額宿泊所は敷金を徴収しないため財政的な負担が軽減される。また、地域によっては、無料低額宿泊所入所者は「居住地の明らかでない者」として扱われるため、生活保護費の地方負担分を都道府県が支出している例もある。その場合、一般アパートに入居するよりも、保護の実施機関の費用負担が軽減されることになる。以上のように、福祉事務所にとっても、無料低額宿泊所は、業務負担や財政負担の軽減を図る上で「便利な」存在となるのである。

無料低額宿泊所を必要とする主体の第3は、それを経営する事業者である。これは端的にいえば、無料低額宿泊所の経営が利益を生み出すということである。無料低額宿泊所の多くは、居住費用を住宅扶助費から、ケアの費用を生活扶助費から（部分的には住宅扶助費からも）徴収している。高水準の居住環境を整備して手厚いケアを提供すれば利益は少なくなるが、逆に設備やケアにかけるコストを抑えれば利益は増加する。無料低額宿泊所には、他の社会福祉施設のような最低基準が設けられておらず、徴収する費用も公的に十分コントロールされていない。そのため、利益を増やそうとする事業者にとっては、コストを抑える一方で徴収費用を増やすことが可能な仕組みになっているのである。

また、貧困の拡大によって無料低額宿泊所のマーケットが広がったこと、利用者も福祉事務所も無料低額宿泊所を必要としていることから、路上でのリクルートや福祉事務所からの紹介を通じた顧客確保も容易である。このような儲けを生み出しやすいシステムが、「貧困ビジネス」と呼ばれるような悪質業者を生み出すことにつながったといえよう。逆にいえば、儲けを生み出せない構造であれば、悪質業者が拡大することはなかったと考えられる。

以上のように、利用者、福祉事務所、事業者のそれぞれにとって無料低額宿泊所を必要とする構造が存在していることがその拡大を促してきたといえる。無料低額宿泊所の中に悪質な事業者があるならば、無料低額宿泊所を必要としない、あるいはそれに依存しない構造をいかに作っていくかが重要となるだろ

う。このことが、本書で取り上げるいくつかの研究に共通する分析の視座である。

(4) 概念規定

最後に、本書が研究対象とする無料低額宿泊所の概念規定について付言しておきたい。本書では、無料低額宿泊所を、社会福祉法が規定する「生計困難者のために、無料又は低額な料金で、簡易住宅を貸し付け、又は宿泊所その他の施設を利用させる事業」（第2種社会福祉事業）と捉える。

既に述べたように、無料低額宿泊所としての届出はしていないが、それに類似する無届施設も数多く存在している。ただし、無届施設も届出施設も、その果たしている役割や機能、抱えている課題はほぼ共通している。少なくとも本書の問題意識からすると、届出の有無はそれほど重要ではない。しかしながら、無届施設は明確に定義しにくく、そのため研究上の分析対象とするには困難が伴う。したがって、本書では、無料低額宿泊所（届出施設）を主な分析対象とする。ただし、問題意識としては無届施設も含んでおり、また部分的には無届施設も分析対象としている。

無料低額宿泊所の概念規定にとってより重要なのは、無料低額宿泊所は第1種社会福祉事業か第2種社会福祉事業かという点である。繰り返しになるが、社会福祉法第2条第3項第8号に規定する無料低額宿泊所とは、「生計困難者のために、無料又は低額な料金で、簡易住宅を貸し付け、又は宿泊所その他の施設を利用させる事業」であり、第2種社会福祉事業である。一方、同法第2条第2項第1号は「生活保護法に規定する救護施設、更生施設その他生計困難者を無料又は低額な料金で入所させて生活の扶助を行うことを目的とする施設を経営する事業及び生計困難者に対して助葬を行う事業」（傍点筆者）を、第1種社会福祉事業として規定している。

第1種社会福祉事業としての宿泊所（1種宿泊所）と第2種社会福祉事業としての宿泊所（2種宿泊所）の法律上の違いは、1種宿泊所の目的が「生活の扶助を行うこと」とされているのに対して、2種宿泊所は「宿泊所その他の施設を利用させる事業」としている点である。社会福祉法のコンメンタールである『社会福祉法の解説』には、1種宿泊所が目的とする「生活の扶助」とは何

かについて、次のように記述されている。「『生活の扶助』とは、生活保護法に規定する生活扶助とはその範囲を異にする。すなわち、生活保護法の生活扶助は、『衣食その他日常生活の需要を満たすために必要なもの』及び『移送』の範囲内において行われることになっている（生保第12条）が、ここにいう『生活の扶助』は、これよりも範囲が広く、生活に関するすべての扶助を含みうるものである」（社会福祉法令研究会 2001：70）。これに対して、2種宿泊所については、「一時的な宿泊をさせる場所であって、その宿泊料金が無料又は相当低額なことが要件であると考えられる」（同：96）と記述されている。すなわち、1種宿泊所と2種宿泊所の違いは、一時的な宿泊場所を無料又は低額な料金で提供するだけのもの（2種宿泊所）か、生活に関する何らかの扶助を行うもの（1種宿泊所）か、という点にあると考えられる。

　厚生労働省によると、全国の無料低額宿泊所のうち週3回以上の入浴を確保している施設が全体の約99％、食事の提供を行っている施設が約85％、自立支援のための職員を配置している施設が約86％、自立に関する支援計画を作成している施設が約51％、居宅生活移行支援を実施している施設が約58％となっている（厚生労働省 2011）。つまり、現在運営されている無料低額宿泊所の大半は、単に一時的な宿泊場所を提供するだけでなく、「生活に関する何らかの扶助」を行っていると判断できる。したがって、無料低額宿泊所の多くは、第2種社会福祉事業として届け出されているものの、その内容は事実上第1種社会福祉事業に相当するものであると考えるのが妥当である。なお、現在運営されている無料低額宿泊所が事実上第1種社会福祉事業に該当するという点については、日本弁護士連合会も同様の見解を示している（日本弁護士連合会 2010）。

　しかしながら、現実には、無料低額宿泊所は第2種社会福祉事業として届け出られ、運営されている。筆者は、現存の無料低額宿泊所は、法解釈上は第1種社会福祉事業に該当すると考えるが、現実に第2種社会福祉事業として運営されていることから、本書では第2種社会福祉事業として無料低額宿泊所を規定する。

4．本書の構成

　本書は、序章と終章のほか、全7章で構成する。第1章と第2章では無料低額宿泊所の現状分析の前提となる基礎的事実を検討し、第3章以降では筆者が独自に実施した、あるいは深く関与した無料低額宿泊所に関する調査研究等を用いた実証分析を行う。以下、各章の概要を述べる。

　第1章「無料低額宿泊所の歴史的展開」では、戦前から戦後にかけての無料低額宿泊所の歴史的変遷を整理する。無料低額宿泊所の源流は明治期の篤志家による慈善事業に求められるが、貧困層の拡大とともにその量は拡大し、また質的にも社会（福祉）事業としての公共的性格が与えられてきた。こうした無料低額宿泊所の展開過程を『日本社会事業年鑑』における宿泊所の記述などをもとに検討する。

　第2章「無料低額宿泊所をめぐる政策動向」では、政府による無料低額宿泊所問題への政策的対応について整理する。無料低額宿泊所は、2000年代以降になって急増したが、その一部に「貧困ビジネス」と呼ばれるような劣悪施設が存在することも指摘されるようになる。特に、「静養ホームたまゆら」での火災事故を契機として、2009年以降の民主党政権下で無料低額宿泊所対策が活発化する。第2章では、これらの政策動向を整理し、その特徴を検討する。

　第3章「無料低額宿泊所調査の再検討」では、2010年に厚生労働省が実施した無料低額宿泊所の実態調査の結果を分析する。本調査は、全国の無料低額宿泊所の施設設備や利用料、サービス内容などを調査したものである。2011年6月に調査結果が公表されたが、全ての調査項目について結果が公表されたわけではなかった。そこで筆者は、行政文書開示請求制度を通じて本調査データの開示を求めた。開示されたデータをもとに、全国の無料低額宿泊所の実態と特徴を明らかにする。

　第4章「無料低額宿泊所入所者の現状」では、2010年に貧困ビジネス対策全国連絡会が実施した無料低額宿泊所等入所者調査の結果を分析する。本調査は、全国の無料低額宿泊所等の入所者及び元入所者から、入所に至る経緯や入所中の状況、退所に向けた意識などを聞き取ったものである（回答数：138名）。本調査の結果を分析し、無料低額宿泊所入所者の現状を明らかにする。

第5章「無料低額宿泊所と福祉事務所」では、2013年にNPO法人ささしまサポートセンターが実施した、全国の福祉事務所に対するアンケート調査の結果を分析する。本調査では、全国の福祉事務所（回答数：719ヶ所）を対象に無料低額宿泊所等の有無や活用方法、入所者への支援内容、宿泊所に対する福祉事務所の意識などを調査した。無料低額宿泊所から一般住宅への転居は、無料低額宿泊所問題の主要な論点の1つである。調査結果をもとに、生活保護行政における無料低額宿泊所の位置づけについて検討する。

　第6章「無料低額宿泊所と医療機関」では、筆者が2013年度に実施した、大都市の2次・3次救急医療機関の医療ソーシャルワーカーを対象としたアンケート調査（回答数：151ヶ所）及びヒアリング調査（回答数：6ヶ所）の結果を分析する。医療機関は、無料低額宿泊所と同様にホームレスの生活保護適用場所として重要な位置を占めており、また退院後の居住場所として無料低額宿泊所を活用している場合もある。医療機関がホームレス患者をどのように受け入れ、また無料低額宿泊所に対してどのような意識を持っているのか検討する。

　第7章「居宅生活移行支援事業の分析」では、無料低額宿泊所から一般住宅への移行支援を目的に2010年度から実施されている居宅生活移行支援事業の現状分析を行う。行政文書開示請求制度を通じて筆者が入手した本事業の実績データと、筆者が2015年に実施した本事業実施自治体へのアンケート調査（回答数：21ヶ所）を用いて、本事業の実績や課題、居宅生活への移行を困難にする要因を分析する。

　終章「総括と提言」では、以上の議論を総括し、無料低額宿泊所のあり方について若干の提言を行う。

　なお、本書を構成する調査研究のいくつかは、既に論文や調査報告書の形で公表されており、加筆修正を加えた上で本書に収録した。また、筆者が過去に執筆した論文等も本書の内容に関連している。以下に、本書に関連する既発表論文や報告書等を示す。

〈第2章関連〉
　山田壮志郎（2011）「無料低額宿泊所問題対策の動向と課題」『季刊公的扶助研究』63、23-32.

〈第3章関連〉

山田壮志郎(2012)「無料低額宿泊所の現状と生活保護行政の課題」『社会福祉学』53(1)、67-78.

山田壮志郎・村上英吾(2012)「無料低額宿泊所および法的位置づけのない施設に関する厚生労働省調査」『貧困研究』8、108-122.

〈第4章関連〉

貧困ビジネス対策全国連絡会(2011)『無料低額宿泊所等入所者調査報告書』

〈第5章関連〉

特定非営利活動法人ささしまサポートセンター(2014)『ホームレスの地域生活移行に向けた中間施設での支援モデル開発に関する調査研究(平成25年度社会福祉推進事業報告書)』

〈第6章関連〉

山田壮志郎(2014)『ホームレスの地域生活移行に向けた公私連携の現状に関する調査権研究(済生会生活困窮者問題調査会平成25年度調査研究助成事業報告書)』

〈その他〉

山田壮志郎(2011)「無料低額宿泊所問題(人権キーワード2011)」『部落解放』646、122-125.

山田壮志郎(2011)「宿泊所被害の根絶に向けて」『消費者法ニュース』87、116-117.

山田壮志郎(2014)「貧困ビジネス」日本社会福祉学会事典編集委員会編『社会福祉学事典』丸善出版、288-289.

山田壮志郎(2015)「簡易宿泊所火災事故にみる『住まいの貧困』」『月刊福祉』98(11)、56-57.

なお、本書は、JSPS科研費21730470、24330179、15H03437による研究成果の一部である。

【注】

(1) 厚生労働省「社会福祉施設等調査」。

(2) 厚生労働省社会・援護局長「社会福祉法第2条第3項に規定する生計困難者のために無料又は低額な料金で宿泊所を利用させる事業を行う施設の設備及び運営について」。

(3) 厚生労働省「ホームレスの実態に関する全国調査」各年版。

第1章　無料低額宿泊所の歴史的展開

はじめに

　本章では、無料低額宿泊所の歴史的展開過程を概観する。既に述べたように、無料低額宿泊所は社会福祉法第2条第3項第8号に定める第2種社会福祉事業であるが、この事業は社会福祉法の前身である社会福祉事業法、あるいはその前身である戦前の社会事業法の段階から、社会福祉事業ないし社会事業として位置づけられていた。さらにその源流には、明治期の篤志家が生活困窮者のために開設した無料宿泊所がある。

　本章では、まず第1節において、明治・大正期において宿泊所が誕生した経緯について述べる。明治期に民間篤志家の慈善事業として始まった宿泊所が、大正期において社会事業とりわけ経済保護事業の発展とともに拡大していったことを確認する。第2節では、昭和初期において宿泊所がさらに拡大・発展していった過程を検討する。昭和恐慌の中、「ルンペン」問題が深刻化する中で宿泊所の拡大が昭和10年前後にピークを迎えたことを確認する。第3節では、戦時体制下から戦後にかけて宿泊所への社会的ニーズが低下し、施設数が減少してきたことについて述べる。と同時に、社会事業法制定以降の宿泊所の法的位置づけについても検討する。

　以上の作業を通じて、無料低額宿泊所とはどのような存在であったのか、その歴史的意味を明らかにしてみたい。

第1節　明治・大正期──宿泊所の誕生

1．宿泊所の誕生と拡大

（1）明治期における宿泊所の誕生

　わが国における貧困者を対象とした宿泊施設の先駆は、1901（明治34）年に真宗大谷派の僧侶で東京浅草別院輪番の大草慧実が、東京養育院の幹事も務めた社会事業家である安達憲忠らの助言の下に東京の浅草神吉町に開設した無料宿泊所であるとされている。これは「地方より上京してきた路金のない者、路頭の病者、失業者に対する宿泊及び職業紹介等の施設」（吉田 1994：107）であった。また、廃娼運動や結核療養所の設立などの社会事業で知られる山室軍平率いる救世軍も1906（明治39）年に、本所に木賃宿「箱船屋」を開き、職業紹介機関として、戦地からの引き揚げ兵士のため労働紹介部を置いたという。また、こうした民間篤志家による慈善事業だけでなく、1911（明治44）年に浅草と芝に東京市営の職業紹介所が設置された時には、木賃宿の半額程度の有料宿泊所が付設された（岩田 1995a）。

　この時期は産業革命期にあたり、出稼ぎ労働者などの形で農村から都市へ人口が大量に流出し、過剰人口が都市下層社会を形成した。加えて、日清・日露の二度の戦争、日露戦争後の凶作、1891（明治24）年の濃尾大震災なども貧困を拡大させた（吉田 1984）。横山源之助は、名著『日本之下層社会』の中で「いかなる窮民といえども、身体を胖うする家屋あり、しかれども立ちん坊には家屋なし」（横山 1949：39）と述べ、荷物運搬の手伝いをして生計を立てる「立ちん坊」と呼ばれる人々が住居を失い生活に困窮する様子を伝えている。

　以上のように、産業革命下における貧困問題の深刻化に伴い急増する生活困窮者を救済するために、民間の篤志家や社会事業家が先行して取り組み、やや遅れて行政も開設していったのが宿泊所の始まりであった。

（2）経済保護事業と共同宿泊所

　前述の通り、失業者や住居のない生活困窮者に居住場所を無料又は低額で提

供する宿泊所が実態として現れ始めるのは明治期であった。当初は一部の民間篤志家による慈善事業としてスタートしたが、次第に公立の宿泊所も誕生し、大正期に入ると公立・私立問わずに施設数が増加する。

　大正期は、わが国において社会事業が発展した時期でもある。社会事業の中でも特にこの時期に重視されたのが経済保護事業であった。経済保護事業は、1918（大正7）年の米騒動に象徴される物価高騰に伴う賃金労働者の生活苦を受けて進展した。それまでの救貧事業が一部の窮民の貧窮を問題にしていたのに対して、経済保護事業は「少額所得者」すなわち広汎な労働者階級の生活問題を対象とする防貧事業として展開した。明治期に誕生した宿泊所は、この経済保護事業の1つである「共同宿泊所」として位置づけられるようになる。同じく経済保護事業に位置づけられる低所得階層向けの簡易食堂や公益浴場も、共同宿泊所の附帯施設として開設された（池田 1986）。

　共同宿泊所に対しては、政府の補助も行われるようになる。その理由について、内務省社会局福利課長の武島一義は次のように述べている。「是等の者（独身の賃金労働者、日雇労働者、少額所得者―引用者）の為に共同宿泊所が宿泊設備に依る一種の経済保護施設たる所は、全国に木賃宿又は之に類似の間貸同居を認むる業者極めて多きも、是等の宿泊業者は何れも不廉なる料金を徴収しているので、労働者階級の下層者に取って経済上の不利を招いていることと、其の生活は放縦に陥り易く、また衛生上の危険や風紀の退廃等を醸し易いので、之等の利害を排除すると共に宿泊施設によって其経済を救護する要あるを認め、政府は以上の理由に於ける社会政策の見地より之が施設を奨励し助成を図るに至ったのである」（武島 1937）。つまり、利用料の高い一般の木賃宿ではかえって低賃金労働者の経済上の不利を招くため、民間篤志家による宿泊所に政府が補助を行うことによって居住ニーズに対応しようとしたと考えられる。

　なお、大正期に発展した経済保護事業について、池本（1999）は、国家体制維持のための主要な施策であったと特徴づける。すなわち、労働問題などに代表される社会問題は、権利をめぐる闘争によらずに家族国家的親和策によって解決されようとした。恤救規則のような既存の救貧事業を解体するのではなくむしろ前提としながら、貧困層も一般階層も含めた全体を対象とし、権利性を伴う社会政策による問題解決ではなく上からの保護を試みたのがこの時期の

「日本式社会事業」であった。経済保護事業は、労働者や低所得者の消費生活の改善を図るという意味で、「日本式社会事業」の中核を担っていたといえる。

　いずれにせよ、この時期に経済保護事業が国策として発展し、その中の1つに共同宿泊所が位置づけられていたことを確認することができる。

2．『日本社会事業年鑑』にみる大正期の共同宿泊所

　ここでは、『日本社会事業年鑑』の各年版における宿泊所関連の記述を整理しながら大正期の宿泊所の動向を概観してみたい。『日本社会事業年鑑』は、「全国における社会事業の状況を叙述し、また年々新たに起こる施設を調査し、もって学者、為政家、実際家の参考に供せんとする」（大正9年版「序」より）ため大原社会問題研究所が編纂したものである。1920（大正9）年に創刊され、同研究所による刊行は1926（大正15）年まで続く。その後は刊行が途絶えていたものの、昭和期に入り、1933（昭和8）年から1941（昭和18）年までは中央社会事業協会が刊行した（1939年は未刊）。大正版と昭和版は、大原社会問題研究所の自由な空気と中央社会事業協会の半官半民的性格により編集方針は異なるが（吉田1965）、当時の社会事業の状況を把握するための貴重な史料であることは共通している。以下では、大原社会問題研究所が刊行した大正期の『日本社会事業年鑑』の各年版における宿泊所の記述を整理する。

（1）大正9年版

　大正9年版には、「第二編　本年度新事業一覧」の1項目として「共同宿泊所」が取り上げられている。この時期、生活に困窮する者を対象に宿泊場所を提供する事業は共同宿泊所と呼ばれていたようである。共同宿泊所には低廉な宿泊料を徴収するものもあれば宿泊料を徴収しないものもあり、後者については無料宿泊所と呼ばれる場合もあったようである。

　さて、大正9年版によれば、大正8年度に、大阪市において今宮、西野田、築港の3ヶ所に大阪市直営の共同宿泊所が新設された。各宿泊所には食堂、職業紹介所、人事相談所、理髪所が附設され、宿泊料は入浴料を含め1泊7銭、食費は1回10銭であった。既に述べたように、職業紹介所に附設する形で失業

者・求職者のための宿泊施設を開設するのは1つの典型的な形態であった。

　また、大正9年版では、新設の宿泊所のほかに、既設の宿泊所に増築した例として、東京の浄土宗労働共済会、大阪の大阪職業紹介所、暁明館の3ヶ所が紹介されている。これらはいずれも、「社会状態の変遷に伴い、その必要に応ずるため」増築された。

(2) 大正10年版

　大正10年版においては、「第一編　本年度社会事業施設」の1項目として「共同宿泊所」が取り上げられている。大正9年度に新設された無料宿泊所は計4ヶ所である。1ヶ所は、岡山市で蓮昌寺住職の高見慈悦が石岡定吉と協力し、蓮昌寺の茶室1棟を改修して無料宿泊所を新設したものである。また、無料宿泊及び職業紹介事業を運営する大日本勤倹会が東京府下に2ヶ所新設した。なお、大日本勤倹会は、この年本部を横浜市から東京・三河島に移したとある。もう1ヶ所は、和歌山県粉河町に新設されたものである。同町粉河寺は、西国三番札所として巡礼者の来訪が多く、疾病あるいは貧困のために宿泊に窮した者を山崎栄吉が所有する大師堂に収容していたが、不況により出稼ぎ人の帰郷や失業者が増加したため、巡礼者に限らず一般貧困者に対して無料宿泊所として開放することになったという。このように、公営の宿泊所だけでなく篤志家や民間社会事業団体によって開設される宿泊所もみられる。

　新設の宿泊所のほか、浜松市の積善会無料宿泊所が既設施設を拡張し、東京市本所若宮町の無料宿泊所は創立20周年記念事業として深川西町に第三宿泊所の建設を決定したとある。また神戸市に市営施設が1ヶ所、横浜匡済会経営の施設が横浜市と川崎町に各1ヶ所起工された。

　なお大正10年版は、新規事業の紹介とは別に、「第二編　日本社会事業概要」の1項目としても「宿泊事業」を取り上げている。ここでは、宿泊事業の概要を説明した上で、東京と大阪の宿泊所の統計や施設名を紹介している。はじめに宿泊事業について、家族を有する者と同様に独身者においても公益的宿泊所の設備が必要であり、特に商業使用人、工業労働者その他事務員の需要が多い都市部においてはその必要性が高いとする。ただし、様々な職業に従事する単身者に公益的宿泊所の必要があるにもかかわらず、従来設立された宿泊所のほ

とんどは不熟練労働者向けのものであったとも指摘している。宿泊所の多くは職業紹介事業を兼営しており、宿泊料は無料のものと5銭ないし10銭を徴収するものがあるという。公営の宿泊所が最も発達しているのは大阪市であるとも記述されている。

東京市営の宿泊所は、浅草、芝、小石川の3つの職業紹介所に附設されたものであり、大正8年度の宿泊者は計3万543人(男3万2008人、女335人)であった。職業別にみると、労働者が2万余人と全体の約3分の2を占め、次いで職工、無職などが多い。このことから、「宿泊者の多数は一定の技術に熟達しない日雇労働者に属し、しかも転々漂浪の身のものである」と記されている。大正8年度の東京市営宿泊所の統計は**表1-1**の通りである。

表1-1　東京市営宿泊所統計

年齢	性別	職工	行商	外勤員	労働	無職	計
20歳未満	男	1,579 (5.2)			2,396 (7.8)	591 (1.9)	4,566 (14.9)
	女						
30歳未満	男	2,117 (6.9)			7,713 (25.3)	1,672 (5.5)	2,502 (8.2)
	女					57 (0.2)	57 (0.2)
40歳未満	男	1,080 (3.5)	79 (0.3)		4,141 (13.6)	687 (2.2)	5,987 (19.6)
	女					23 (0.1)	23 (0.1)
50歳未満	男	61 (0.2)			3,408 (11.2)	547 (1.8)	4,016 (13.1)
	女						
60歳未満	男	115 (0.4)		96 (0.3)	1,801 (5.9)	376 (1.2)	2,388 (7.8)
	女					33 (0.1)	33 (0.1)
60歳以上	男		670 (2.2)		739 (2.4)	340 (1.1)	1,749 (5.7)
	女		222 (0.7)				222 (0.7)
計	男	4,952 (16.2)	749 (2.5)	96 (0.3)	20,198 (66.1)	4,213 (13.8)	30,208 (98.9)
	女		222 (0.7)			113 (0.4)	335 (1.1)

注:単位は人、カッコ内は全宿泊者3万543人に占める比率(%)。
資料:大原社会問題研究所『日本社会事業年鑑(大正10年版)』。

一方、大阪市営の宿泊所は、今宮共同宿泊所、築港共同宿泊所、西野田共同宿泊所の3ヶ所であり、いずれも東京市営宿泊所に比べて大規模であるとされる。1年間の宿泊者数は28万2424人に上り、職業別にみて最も多いのは職工で10万3883人と全体の2分の1弱を占めている。次いで労働者、手伝人、仲仕、雑役、無職と続いている。このことから、東京と同様に大阪でも、一定の

技術を有する宿泊者は極めて少なく、漂浪細民の救済施設となっているとされる。宿泊者の年齢層は 20 歳以上 25 歳未満が最も多く全体の約 4 分の 1 を占めており、東京と比較すると 25 歳未満の若い宿泊者が多いことが指摘されている。大阪市営宿泊所の統計は**表 1-2** 及び**表 1-3** に示した通りである。

表 1-2　大阪市営宿泊所統計（職業別）

職業	人	%	職業	人	%
職工	103,883	36.8	料理人	692	0.2
労働	62,229	22.0	海員	603	0.2
手伝	30,713	10.9	漁業	296	0.1
仲仕	22,520	8.0	潜水夫	229	0.1
雑役	18,853	6.7	理髪人	170	0.1
無職	9,294	3.3	消防手	143	0.1
土工	6,337	2.2	学生	113	0.0
大工	5,301	1.9	火夫	88	0.0
行商	4,269	1.5	給仕	51	0.0
事務員	4,184	1.5	露店	21	0.0
技術員	3,433	1.2	畳工	16	0.0
農業	2,822	1.0	軍人	6	0.0
店員	2,761	1.0	按摩	4	0.0
配達	1,195	0.4	易者	1	0.0
左官	1,102	0.4	合計	282,423	100.0
商人	1,094	0.4			

資料：表 1-1 に同じ。

表 1-3　大阪市営宿泊所統計（年齢別）

年齢	人	%
15 歳未満	156	0.1
20 歳未満	60,645	21.4
25 歳未満	73,148	25.8
30 歳未満	52,471	18.5
35 歳未満	37,897	13.4
40 歳未満	18,666	6.6
45 歳未満	12,794	4.5
50 歳未満	14,078	5.0
55 歳未満	8,103	2.9
56 歳以上	5,459	1.9
合計	283,417	100.0

資料：表 1-1 に同じ。

さらに、ここでは、東京と大阪における公益的宿泊所の施設名の一覧も示されている。東京では、公営施設として浅草紹介所附属宿泊所（浅草区玉姫町）、芝紹介所附属宿泊所（芝区新堀町）、小石川紹介所附属宿泊所（小石川区大塚坂下町）、私営施設として無料宿泊所（本所区若宮町）、第二無料宿泊所（深川区西町）、救世軍無料宿泊所（浅草区黒船町）、救世軍月島労働寄宿舎（京橋区月島）、浄土宗労働共済会（深川区西平野町）、労働者保護会（浅草区浅草町）の計 9 ヶ所が記載されている。

大阪では、公営施設として今宮共同宿泊所（南区宮津町）、築港共同宿泊所（西区鶴町）、西野田共同宿泊所（北区西野田江成町）、私営施設として大阪職業紹介所附属労働寄宿所（南区恵美須町）、北野職業紹介所附属労働寄宿所（北区北野

高垣町)、大阪自彊館（西成郡今宮町)、大阪自彊館築港分館（西区天保町)、大阪暁明館（西区四貫島町)、大阪婦人ホーム（北区中之島）の計9ヶ所が記載されている。

　東京、大阪の他にも、函館、京都、横浜、名古屋、岡崎、神戸にも無料宿泊所または労働寄宿舎の設備があると記載されているが、詳細は省略されている。

(3) 大正11年版

　大正11年版では、「第11章　住宅の供給」の1項目として「宿泊事業」が取り上げられている。これによると、大正11年度は横浜、川崎、神戸、仙台、徳島、京都、松江等で計8ヶ所の宿泊所が新たに設置された。中でも、横浜、川崎、神戸の3施設について詳しく記述されている。

　横浜市に開設された横浜市社会館は、神奈川県匡済会が経営する施設で鉄筋コンクリート3階建て563坪の建物である。合宿室は79室あり1室約6坪で8人以内が合宿し、618人の収容力があると記述されており、かなり大規模な施設であったことがわかる。また娯楽室、談話室、食堂、売店、理髪室、医療室等の附属室があり、ほかに職業紹介所と人事相談所を併置している。宿泊料は1泊15銭、食費は1食15銭（朝食12銭）であった。

　神奈川県川崎町に開設された川崎町社会館は、横浜市社会館と同様、神奈川県匡済会の経営で木造スレート葺2階建て437坪の建物である。合宿室は9室あり1室9坪で12人以内が合宿する。附属室として授産室、診察室、食堂、託児室、売店、理髪室、浴場等がある。また職業紹介の事務も取り扱っている。宿泊料・食費は横浜市社会館と同様で、入浴料は1人1回3銭、保育料は1人1日4銭である。

　神戸市葦原通に開設された神戸市西部共同宿泊所は、神戸市の経営で鉄筋コンクリート及び煉瓦造り3階建て573坪の建物である。宿泊室は67室、収容人員は235人である。食堂、浴室、理髪室、売店、娯楽室等の附属施設や職業紹介所が附設されている。宿泊料は1泊15銭、食費13銭である。開所後1ヶ月の宿泊者は116人であり収容人員の半数程度であった。神戸市社会課によれば、宿泊者数が少ないのは労働争議の影響を受けたためであるという。罷工職工が会社から賃金を支給されず、宿泊所に宿泊を希望しても現在の下宿屋の支払い

ができないため下宿屋に宿泊せざるを得ない状態にあるからだという。

　横浜、川崎、神戸以外に新設された宿泊所については詳しい記述はないが、安価宿泊所（仙台市元寺小路）、徳島同情会無料宿泊所（徳島市警察署内）、壬生簡易合宿所（京都市壬生車庫前）、方船館簡易宿泊所（松江市松江育児院内）などであると推測される。

(4) 大正12年版

　大正12年版においては、「第1編　社会行政」の1項目として「共同宿泊所概況」が取り上げられている。これによれば、研究所が収集できた資料の範囲内では、大正10年中の宿泊延べ人員が最も多いのは横浜社会館の6万5974人、次いで大阪職業紹介所の5万8137人、救世軍月島労働寄宿舎の3万6384人と続き、粉河無料宿泊所が7人で最も少ない。1ヶ月平均では、横浜社会館の8247人が最多で、次いで大阪職業紹介所が4844人、神戸市立西部共同宿泊所が3357人と続き、粉河無料宿泊所が0.5人と最も少ない。また、ここでは宿泊人員の季節変動についても触れている。東京市の3ヶ所と大阪市の2ヶ所の宿泊人員を季節ごとにみると、表1-4にみられるように、夏と秋に多く春に少ない。このことについて、大正12年版は、「宿泊所の多くは、職業紹介所に附設されているものが多いので、この季節による増減は、労働者の季節的移動状態が大なる関係を有しているのではないかと思う」と述べている。なお、宿泊所の収容定員充足状況をみると、多くの施設では収容定員の半数にも達しておらず、宿泊人員が定員の半数以上となっているのは東京、大阪、神戸の5ヶ所に過ぎないことから、一般には宿泊所が十分に利用されていないと指摘している。

表1-4　季節別宿泊人員

都市名	春（3～5月）	夏（6～8月）	秋（9～11月）	冬（12～2月）
東京市（3ヶ所）	24,713	25,771	26,827	24,867
大阪市（2ヶ所）	19,113	21,809	21,952	20,694
合計	43,826	47,580	48,779	45,561

注：単位は人。
資料：大原社会問題研究所『日本社会事業年鑑（大正12年版）』。

　また、大正11年度に新設された共同宿泊所として、神戸市立東部共同宿泊

所（神戸市神若通、定員 223 人、宿泊料 17 銭、公営）、浜松市立職業紹介所附設宿泊所（浜松市田町、定員 8 人、宿泊料無料、公営）、門司市立共同宿泊所（門司市広石町、定員 20 人、宿泊料 10 銭、公営）、松本市立簡易宿泊所（松本市西堀町、定員 15 人、宿泊料 10 銭、公営）、大正赤心園労働者無料宿泊所（東京市深川区平久町、定員 80 人、宿泊料無料、私営）、仙台市立職業紹介所附設宿泊所（仙台市北目町、定員 65 人、宿泊料一般 30 銭・求職者 10 銭、公営）の計 6 ヶ所を紹介している。なお、埼玉県共済会が、県内各町村の木賃宿を利用して代用無料宿泊所を 15 ヶ所設置し、①宿泊の資を有せず他に宿泊の途無きこと、②身元及び旅行の目的及び現在の働き場所明白なこと、③犯罪その他不良行為の嫌疑なきこと等を条件に宿泊をさせているとの記述もある。

(5) 大正 13 年版

大正 13 年版は、「第 6 章　住宅の供給」の 1 項目として「共同宿泊所」を取り上げている。まず、大正 12 年度に新設された共同宿泊所は、無料宿泊所（岐阜市菅原町、公営＝岐阜市）、第一共同宿泊所（大阪市北区西野田大開町、私営）、天幕共同宿泊所（大阪市、私営＝汎愛扶植会）、共同宿泊所（福井市日出下町、公営＝福井市）、無料宿泊所（水戸市根積市和合幼稚園内、私営＝仏教和合会）、無料宿泊所（愛知県一宮市九品地、私営＝尚正会）、天満簡易宿泊所（大阪市北区堀川町綿屋橋西詰、私営＝天満職業紹介所）、共同宿泊所（東京市本所被服廠跡、公営＝東京市）、無料宿泊所（横浜市中村町、私営＝県医師会）、独身婦人合宿所（東京市万世橋際、公営＝東京府）の 10 ヶ所であった。また、東京、大阪、神戸の各市立共同宿泊所の宿泊者数が紹介されている。その詳細は表 1-5 の通りであり、大

表 1-5　東京・大阪・神戸市立共同宿泊所成績（大正 11 年）

宿泊所名	宿泊者数	一日平均
東京市営本所簡易宿泊所	44,634	182
大阪市立今宮共同宿泊所	107,264	289
大阪市立西野田共同宿泊所	113,383	294
大阪市立鶴町共同宿泊所	68,062	197
神戸市立東部共同宿泊所	46,575	128
神戸市立西部共同宿泊所	47,967	131

資料：大原社会問題研究所『日本社会事業年鑑（大正 13 年版）』。

阪の今宮、西野田の両宿泊所が突出して多くなっている。

(6) 大正14年版

大正14年版では、「第8章　住宅の供給」の1項目として「共同宿泊所及簡易宿泊所」が取り上げられている。ここでは、大正13年度に新設された宿泊所が次の11ヶ所あったことが紹介されている。すなわち、京都市簡易宿泊所（京都市新町、公営＝京都市）、横浜市労働合宿所（横浜市東神奈川、公営＝横浜市）、愛国婦人会婦人無料宿泊所（東京市本所区外手町、私営＝愛国婦人会）、真龍女学校婦人会婦人宿泊所（東京市浅草区松葉町、私営＝真龍女学校）、浅草寺婦人会婦人相談宿泊所（東京市浅草、私営＝浅草寺婦人会）、東京府婦人宿泊所（東京市万世橋、公営＝東京府）、水戸市職業紹介所附属無料宿泊所（水戸市職業紹介所内、公営＝水戸市）、東京府亀戸町立職業紹介所附属宿泊所（東京府亀戸町、公営＝亀戸町）、救世軍横浜簡易宿泊所（横浜市南吉田町、私営＝救世軍）、下関無料宿泊所（下関市大坪了園寺内、私営＝個人）、内鮮協会木津共同宿泊所（大阪市南区木津、私営＝大阪府内鮮協会）である。この多くが東京に開設されているが、前年に発生した関東大震災からの復興事業の一部として実施されたものであるとされている。

(7) 大正15年版

大正15年版では、「第7章　住宅の供給」の1項目として「共同宿泊所の現況」が取り上げられている。ここでは、大正13年下半期の時点で、全国に90ヶ所の共同宿泊所が開設されていると報告されている。宿泊所は6大都市（東京市、横浜市、名古屋市、京都市、大阪市、神戸市）を有する府県に多く設置されており、その数は61ヶ所と全体の68％を占めている。また宿泊者延べ人員も、全国の97万4645人のうち、6大都市を有する府県の宿泊所が93万9452人と96％を占めている。なお、ここでは新設の共同宿泊所の主なものとして、名古屋市立共同宿泊所（名古屋市中区西日置町）、大阪市立鶴橋無料宿泊所（大阪市東成区猪飼野）、東京市立富川町簡易宿泊所（東京市深川区富川町）、横浜市立子安簡易宿泊所（横浜市子安町）、大阪簡易宿泊所（大阪市東淀川区本庄、私設）が紹介されている。

大正 15 年版において初めて、社会局福利課調べによる府県別の共同宿泊所数が示された。その内容は**表 1-6** の通りである。全国の宿泊所の半数近くは東京に集中していることが分かる。次いで多いのは大阪の 7 ヶ所であるが、岐阜にも 5 ヶ所あり、東京以外では必ずしも大都市部に施設数が偏っているとはいえない。ただし、1 施設平均の宿泊者数をみると、神奈川、大阪、兵庫、東京が多く、利用実績としてはやはり大都市部に集中している傾向が読み取れる。

　以上、大正期における宿泊所の動向を、『日本社会事業年鑑』の記述を整理することを通して概観してきた。大正期後半においては、毎年共同宿泊所が新設

表 1-6　共同宿泊所調査結果（大正 13 年下半期）

府県名	施設数			宿泊者数		
	公営	私営	計	延人員	1ヶ月平均	1施設平均
北海道	−	1	1	6,532	1,088	6,532
東京	14	28	42	542,660	90,445	12,920
京都	2	−	2	11,082	1,845	5,541
大阪	3	4	7	197,937	32,991	28,277
神奈川	1	2	3	110,549	18,424	36,850
兵庫	2	2	4	71,742	2,956	17,936
長崎	1	−	1	309	51	309
埼玉	−	1	1	134	22	134
群馬	−	2	2	283	47	142
茨城	1	−	1	106	21	106
三重	−	1	1	1,828	305	1,828
愛知	−	3	3	5,482	914	1,827
静岡	2	1	3	5,609	9,125	1,870
山梨	−	2	2	187	31	94
岐阜	−	5	5	5,752	959	1,150
長野	−	1	1	668	111	668
宮城	1	3	4	10,542	1,757	2,636
青森	−	1	1	1,267	211	1,267
福井	1	−	1	593	18	593
鳥取	−	1	1	40	7	40
岡山	−	2	2	287	48	144
山口	−	1	1	2	2	2
和歌山	1	−	1	1,056	176	1,056
合計	29	61	90	974,645	162,374	10,829

資料：大原社会問題研究所『日本社会事業年鑑（大正 15 年版）』。

されていたことがわかる。『日本社会事業年鑑』の各年版の記述をもとに新規開設の状況をまとめると**表1-7**のようになる。大正10年ごろまでは公営施設の新設は少なく、篤志家や民間社会事業団体による私営施設が目立っていたが、大正11年頃からは公営の施設も多く建設されるようになった。明治期にみられたような慈善事業としての共同宿泊所の設置が、大正後期において社会政策上の課題になってきたことが分かる。また、宿泊所に入所していたのは不熟練の労働者が多く、大正末期には半年間で100万人近くの延べ宿泊者数を数えるに至った。

表1-7 大正後期における共同宿泊所の新設数

	公営	私営	不明	計
大正8年度	3	−	−	3
大正9年度	−	4	−	4
大正10年度	1	2	5	8
大正11年度	5	1		6
大正12年度	4	6		10
大正13年度	5	6		11
大正14年度	4	1		5

資料：大原社会問題研究所『日本社会事業年鑑』各年版より筆者作成。
注：大正14年度の新規開設は「主なもの」のみ。

第2節　昭和初期──隆盛する宿泊所

1．昭和恐慌と「ルンペン」問題

　昭和期に入ると、1927（昭和2）年の金融恐慌、1933（昭和8）年の世界大恐慌と経済不況が続く。この深刻な経済不況は失業問題を深刻化させ、また公園や路上で寝泊まりする人たち──この頃から「ルンペン」と呼ばれるようになる──を増加させた。しかし、貧困対策として1932（昭和7）年に施行された救護法は、従前の貧民救済制度である恤救規則と比較すれば近代公的扶助立法としての体裁を整えたものの、稼働年齢層を救護対象から排除しており、また

居住地の定まらない者に対する救済を十分規定していなかったため「ルンペン問題」の解決策としては十分機能しなかった。その結果、「ルンペン」の救済が、市営・民営の無料宿泊所と警察に委ねられ、その収容先として宿泊所がしばしば活用されていた（岩田1995a）。

また、昭和初期には、行政による「浮浪者調査」も活発に行われるようになる。岩田（1995b）によれば、貧民窟・細民街など集団居住（スラム居住）する貧困層や、木賃宿・野宿・浮浪など住居とはいえない場所で雨露をしのぐ貧困層など、居住を基軸にした貧困の形態は、近代の大都市社会の発展にとって衛生・治安上の大問題と映り、把握が試みられるようになる。こうした居住が不安定な貧困層の実態把握のため、宿泊所入所者が調査対象となることも少なくなかったが、そのうち、1931（昭和6）年に東京府が実施した「無料宿泊所止宿者に関する調査」から、当時の宿泊所入所者の実態をみてみよう（東京府学務部社会課1931）。

本調査は、東京府の補助を受けて調査前年に急設した7ヶ所の臨時無料浮浪者収容所と既設の東京市浜園無料宿泊所の宿泊者計1953人（男性1941人、女性12人）を対象に実施された大規模な調査である。宿泊者の年齢構成は**表1-8**に示した通りである。26歳〜35歳までの若年層が最も多く29.4％を占めている。この点について調査者は、「浮浪者といえばその多数が老齢者階級にあるものと一般的に概念を有っているが、本調査によってそれが明瞭に覆された」とし、その理由として「働き盛りの青年階級に失業者が多い」ことを指摘している。

また、宿泊者の出生地は東京府が最も多いがその割合は22.7％であり、東京近接の各県から流入した者が多い。また、出生地を市町村別にみると、市が606人（31.2％）、町が474人（24.4％）、村が849人（43.7％）となっており、「半都市」とされる町や農村から東京に集中してきた者が多い。

表1-8　宿泊者の年齢構成（男性のみ）

25歳以下	26歳〜35歳	36歳〜45歳	46歳〜55歳	56歳以上	合計
235人	570人	493人	368人	276人	1,941人
12.1％	29.4％	25.4％	19.0％	14.2％	100.0％

資料：東京府学務部社会課（1931）。
注：人数の合計値が合わないが原資料のまま記載した。

浮浪生活に陥った原因については、失業や無業など職業に関する原因が819人（62.5％）を占め、次いで性癖による原因が82人（6.3％）、疾病による原因が63人（4.8％）と続く。調査者は、個人の性癖や私的事情が原因で浮浪生活に陥った者も少なくないと評価しているものの、大半を占めているのは職業上の理由である。

表1-9は、宿泊者の職業構成について、現在の職業と浮浪生活に陥る直前の職業の上位10職種を示したものである。現在の職業では人夫が最も多く429人（22.1％）を占めているが、拾い屋、バタヤ、屑屋などの都市雑業に従事している者も少なくない。また、失業している者も274人（14.1％）を占めている。一方、浮浪生活に陥る直前の職業では、人夫が346人（17.8％）と多くを占めるのは同様だが、職業構成はより多様である。土工、農作、大工などの職業に従事していた者も多い。

表1-9　宿泊者の職業構成（男性のみ）

現在の職業			浮浪生活に陥る直前の職業		
職業	人数	％	職業	人数	％
人夫	429	22.1	人夫	346	17.8
拾い屋	348	17.9	土工	218	11.2
失業	274	14.1	失業	136	7.0
土工	191	9.8	無業	116	6.0
行商	137	7.1	農作	100	5.2
軽子	115	5.9	大工	54	2.8
バタヤ	115	5.9	左官	31	1.6
雑役	46	2.4	鳶職	31	1.6
屑屋	45	2.3	車力	29	1.5
車力	26	1.3	機械工	27	1.4
			行商	27	1.4

資料：表1-8に同じ。
注：職業区分は原資料による。不明を除く。

また、もともとの本業から現在の職業に至るまでの間の転職回数が2回以内の者は681人（35.1％）であり、3回が826人（42.6％）、4回と5回がそれぞれ124人（6.4％）を占めている。従前は一定の職業に従事していたものの、転職を繰り返す中で都市雑業などの職業に移行し、「浮浪生活」に陥って宿泊所に入所してきたことが推察される。

以上のように、昭和初期の経済不況を背景に失業者が増大し、農村部から大都市部に流入した貧民が「浮浪者」「ルンペン」として宿泊所に収容されていった様子がうかがえる。こうした性格をもつ宿泊所は昭和初期に量的にも拡大する。その様子を次項で検討する。

２．『日本社会事業年鑑』にみる昭和初期の共同宿泊所

　大正15年版をもって刊行が途絶えていた『日本社会事業年鑑』は、昭和8年版から中央社会事業協会の手によって再び刊行されるようになる。中央社会事業協会の『日本社会事業年鑑』は、その後昭和18年版まで刊行されることになる（昭和16年版は未刊）。ここでは、『日本社会事業年鑑』における共同宿泊所の記述を整理することを通じて、昭和初期における共同宿泊所の動向を概観してみたい。

　なお、大原社会問題研究所による大正版の『日本社会事業年鑑』は、前節でみたように、新設の宿泊所を紹介することに主眼が置かれていた。記述方法にも統一性はなく、同研究所が収集した資料の範囲内で個別の宿泊所の現状を紹介することが多かった。ある意味では研究所の自由で自主的な編集方針に基づき編纂されていたとみることもできるが、昭和版になると、内務官僚が解説するなど中央社会事業協会の半官半民的性格を体現した編集方針に変化していく。記述内容も、①経済保護事業の解説、②共同宿泊所の解説、③共同宿泊所の統計という構成に概ね統一されていくようになる。以下では、この構成に倣って昭和初期における宿泊所の動向を敷衍する。

（1）経済保護事業の解説

　経済保護事業の総論的解説は、昭和8年版から昭和12年版まで記述されている。昭和8年版によれば、わが国の社会事業の中でも救貧事業は早くから行われていたが、防貧を目的とする経済保護事業は比較的近年において発達した。経済保護事業が発達した初期においては職業紹介事業、宿泊事業が行われるに過ぎなかったが、第一次世界大戦後の異常な好況が少額所得者の生活難をきたしたため、各種の防貧的経済保護施設が必要になったという。こうして政府の

奨励指導の下に、公共団体・公益団体等において、住宅供給、共同宿泊所、公設市場、公設浴場、簡易食堂、公益質屋等を経営するものが多くなり、経済保護事業が異常な発達をみるに至ったとされる。こうして宿泊所は経済保護事業の一形態として位置づけられることになる。

　昭和9年版における経済保護事業の解説は概ね昭和8年版と同様の内容であったが、昭和10年版になると、経済保護事業に対するスタンスに変化がみられる。昭和10年版では、内務省社会局福利課長の灘尾弘吉が経済保護事業の解説を書いている。灘尾によれば、経済保護事業については近年ほとんど進展していないという。農村部においては共同作業場などが普及しつつあるものの、都市部での発展はみられず、「之が前途については相当考究を要するものがあるのではないか」という。つまり、従来の経済保護施設は物価騰貴時代における消費者の生活を保護する目的で整備されてきたが、今日の時代においては低廉な民営食堂も増加しており、公設食堂等を経営する合理的根拠がどこにあるかとの議論もあるという。灘尾は「従来の経済保護施設は、今日決してその意義を喪失したとはいえぬと思うけれども、ある程度の行きつまり状態にあるといえる」と述べている。

　ところが、昭和11年版になるとその論調は再び変化する。昭和11年版にも経済保護事業の総論的解説を書いた灘尾は、第一次世界大戦当時の物価高を背景に発展した経済保護事業は不況期には効果が少なくその存在価値を疑問視する議論もあるという昭和10年版と同様の見解を述べつつも、「最近における事情は再び変化しつつあるものと考えられる」という。つまり、近年においては、労働者の賃金は漸減傾向にある一方で小売物価は昭和7年以後連続的に高騰しており、労働者・少額所得者に及ぼす影響は次第に大きくなると思われるという。また農村部においても、昭和10年度は収入増がみられたものの、多年の負債と租税公課の負担、肥料の高騰などもある。したがって「都市といわず農村といわず、それぞれの特長に応じた防貧的経済保護施設の充実がかかる事態に対する一対策として真摯に研究され、実施せらるべき時であることを痛切に感ずる次第である」と述べている。

　昭和12年版では、新たに社会局福利課長に就任した武島一義によって経済保護事業の解説が書かれている。武島も、経済保護事業は「社会政策的事業の最

重要部門を占むるもの」とその重要性を指摘している。特に「現時のごとき事変下にありては、国民生活の安定に関する問題が、時局対策上平時に比し更に一段の緊切にしてかつ重要なる性質を帯ぶるに至るものであるが、思うにこれは国民生活の不安を排除もしくは緩和し、その生活標準を維持もしくは向上せしむる上において経済保護施設は、社会政策の目的達成の方法としてきわめて重要かつ基本的地位を占むるものであるからである」と述べている。

このように、昭和10年版において論調の若干の変化はみられるものの、内務官僚からみた経済保護事業の位置づけは、国民の経済不安を緩和するための重要な施策として、一貫して認識されていたと考えることができよう。

(2) 共同宿泊所の解説

共同宿泊所の解説については、昭和8年版からほぼ毎年記述されている。昭和8年版によれば、共同宿泊所は主として独身労働者その他の者に対して無料または低廉な料金で宿泊設備を利用させる施設である。もともと独身労働者の多くは木賃宿やそれに類する安宿に宿泊するのが一般的であったが、その宿泊料は低くないため経済的不利益が大きく、その生活も、ややともすれば放縦になり風紀上衛生上弊害が少なくないため廉価な宿泊料の社会的施設が重要になるという。

共同宿泊所の解説の基調は、昭和9年版以降も基本的に同じであるが、昭和9年版では、これに加え、特に近年は都市部でルンペンが続出したことにより一般の安宿を利用できない者が激増したこと、政府が低利資金融通等によって共同宿泊所の設置を奨励助成していること、三井家から失業者救済の趣旨で300万円の寄付があったので政府はその一部を使って東京に5ヶ所、大阪に2ヶ所、京都に1ヶ所、横浜に2ヶ所、名古屋に2ヶ所、神戸に2ヶ所の無料宿泊所を設置したとの記述もある。これ以降は、共同宿泊所に関する説明は毎年ほぼ同じ内容で記述されている。

(3) 共同宿泊所の統計

共同宿泊所の統計も、昭和8年版から毎年記述されている。統計の内容は、道府県別の宿泊所数、宿泊延人員、1ヶ月平均延人員、宿泊料などである。図

1-1は、各年版の記録をもとに昭和2年度から昭和16年度までの宿泊所数及び宿泊延べ人員をまとめたものである。また表1-10は、『日本社会事業年鑑』にデータの記録がある昭和6年度から昭和15年度までの道府県別の施設数の推移を示したものである。

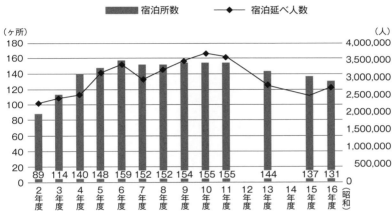

図1-1　宿泊所の動向（昭和2年度〜昭和16年度）

資料：中央社会事業協会『日本社会事業年鑑』各年版より作成。
注：昭和12年度と昭和14年度は記録なし。

　前節でみたように、大正13年下半期の時点で全国の宿泊所数は90ヶ所であった。図1-1に示されるように、昭和2年度の宿泊所数は89ヶ所と大正末期からほぼ横ばいであった。しかし、昭和3年度から昭和6年度にかけて宿泊所数は増加し続け、昭和6年度には159ヶ所と報告されている。表1-10の道府県別の施設数でみると、大正13年度と比べて北海道、東京、大阪、神奈川、愛知で特に増加していることがわかる。なお、昭和8年版の『日本社会事業年鑑』には、付録として全国の共同宿泊所の一覧が収録されているので、この5道府県の宿泊所のうち設立年が大正14年から昭和5年までの間にあるものを挙げてみると次の通りである。

　①北海道：愛隣館無料宿泊所（札幌市豊平、昭和2年）、札幌無料宿泊所（札幌市、昭和4年）。②東京：陸海軍将校婦人会寄宿寮（東京市牛込区若松町、大正

表1-10　道府県別宿泊所数

	大13	昭6	昭7	昭8	昭9	昭10	昭11	昭12	昭13	昭14	昭15
北海道	1	10	10	8	9	9 *	9		9 *		8
東京	42	53	53	52	54	53	62		49		30
京都	2	1	2	2	2	2	2		1		1
大阪	7	11	6	6	6 *	7	7 *		7 *		2
神奈川	3	15	14	15	14	15	8		10		5 *
兵庫	4	4	4	7	7	7	7		7 *		4
長崎	1	-	-	-	-	-	-		-		-
新潟		2	2	2	1	2	2 *		3		3
埼玉	1	1	1	1	1	1	1		1		1
群馬	2	2	3	3	-	-	-		1		1
千葉											
茨城	1	1	1	1	1	1	1		1 *		
栃木		1	1	1	2	2	2		-		- *
奈良		-	-	-	-	-	-		-		-
三重	1	1	1	1	1	1	1		1		2
愛知	3	11	11	14	13	11	10		10 *		9
静岡	3	4	5	5	6	6	6		5		5
山梨	2	1	1	1	1	1	1		2		2
滋賀		3	2	1	3	2	2		2*		2
岐阜	5	3	4	2	3	3	3 *		2		2
長野	1	2	2	2	2	2	2		2		2
宮城	4	3	3	2	2	2	2		2 *		-
福島		-	-	-	-	-	-		1		1
岩手		3	3	3	3 *	3 *	3 *		3 *		1
青森	1	-	-	-	-	-	-		-		1
山形		-	-	-	-	-	-		1		-
秋田		2	2 *	2	2	2	2		2		2
福井	1	1	1	1	1	1	1		1		1
石川		-	-	-	1	1	-		3		2
富山			1	1	1	1	- *		-		-
鳥取	1	-	-	-	-	-	1		1		1 *
島根		-	-	-	-	-	-		-		-
岡山	2	3	3	3	3	4	2		2		2
広島		7	7	7	6	6	6 *		6 *		4
山口	1	2 *	2	2	2 *	2 *	2 *		2		-
和歌山	1	-	-	-	-	-	-		-		-
徳島		1	1	1	1	1	1		-		-
香川		-	-	-	-	-	-		-		-
愛媛		1	1	1	1	1	1		1		1
高知		1 *	-	-	-	-	- *		-		-
福岡		7	4	5	5	5 *	7		5		3
大分		-	-	-	-	-	-		-		-
佐賀		-	-	-	-	-	-		-		-
熊本		1	1	1	1	1	1		1		1
宮崎		-	-	-	-	-	-		-		-
鹿児島		-	-	-	-	-	-		-		-
沖縄		-	-	-	-	-	-		-		-

注：中央社会事業協会『日本社会事業年鑑』各年版および大原社会問題研究所『日本社会事業年鑑（大正15年版）』より作成。＊印は、報告未着のため前年度分を計上したとされている。図1-1に示した合計数と道府県別の合計数とが一致しない場合がある。空欄は統計がないもの。

14年)、東京市設富川町宿泊所(東京市深川区富川町、大正14年)、東京市設浜園町宿泊所(東京市深川区浜園町、大正14年)、力行社(東京市豊島区長崎仲町、大正14年)、東京府社会事業協会大島簡易宿泊所(東京市城東区大島町、大正14年)、日本海員掖済会東京海員宿泊所(東京市芝区日ノ出町、大正15年)、労働者矯風会簡易宿泊所(東京市浅草区浅草公園、大正15年)、東京市設田中町宿泊所(東京市浅草区田中町、昭和3年)、東京市設江東橋宿泊所(東京市本所区緑町、昭和5年)。③大阪:浦賀会館(三浦郡浦賀町芝生、大正14年)、鶴見社会館(横浜市鶴見区潮田町、大正14年)、横浜基督教女子青年会寄宿舎山王寮(横浜市中区西戸部町山王山、大正14年)、九条共同宿泊所(大阪市港区九条南通、大正15年)、長柄共同宿泊所(大阪市東淀川区長柄中通、大正15年)、姫島有隣館(大阪市西淀川区姫島町、昭和3年)、今宮保護所(大阪市西成区東田町、昭和4年)、大阪労働共励館(大阪市港区泉尾松之町、昭和4年)。④神奈川:愛国婦人会神奈川県支部隣保館(横浜市保土ヶ谷区天王町、大正15年)、根岸会館(横浜市中区根岸町字竹ノ丸、昭和2年)、堀ノ内宿泊所(横浜市中区堀之内町石畠、昭和5年)。⑤愛知:名古屋市日置共同宿泊所(名古屋市中区西日置町出先、大正14年)、梅本報徳園(名古屋市東区西二葉町、大正14年)、名古屋市熱田共同宿泊所(名古屋市南区熱田東町横田、昭和2年)。

　その後、宿泊所数は昭和10年前後まで横ばいを続けるが、宿泊延べ人員でみると、昭和10年度がピークであり、350万人を超えている。昭和13年以降は宿泊所数、宿泊延べ人員数とも減少していくことになるが、この時期の状況については次節で述べたい。いずれにせよ、昭和5年から10年頃にかけての時期が、戦前期において宿泊所が最も隆盛した時期であったといえよう。

第3節　戦時体制下から戦後
——宿泊所の衰退と法的位置づけ

1．戦時体制下における宿泊所の衰退と戦後の動向

　前節でみたように、昭和初期に増加した宿泊所数及びその宿泊者数は戦時体制が色濃くなるにつれ減少していく。既に図1-1で示したように、昭和10年頃には全国に155ヶ所ほどあった宿泊所は、昭和13年度には144ヶ所、昭和15年度には137ヶ所、昭和16年度には131ヶ所と減少していく。宿泊延べ人員も、ピーク時の昭和10年度には350万人を超えていたが、昭和15年度には250万人を下回った。

　この背景について、特別区人事・厚生事務組合社会福祉事業団の記録は、「日中戦争の勃発により、失業者や浮浪者などの施設利用者が兵役にとられたり、軍需工場などに徴用されていったため、減少したものであった」（特別区人事・厚生事務組合社会福祉事業団2000：19）と振り返っている。東京都直営の宿泊所も、1944（昭和19）年に東京都厚生事業協会に移管された後、1946（昭和21）年には5施設にまで減少した。しかも入所者は「最近の住宅不足の結果殆んど長期の在寮者であり、宿泊事業本然の性格は殆んど失われている」と評価されている（東京市政調査会1947）。民間の宿泊所も同様であり、施設数は8施設に減少し「何れも本来の宿泊事業として活発な活動を行っていない状態にある」とされている。

　他方、戦争による混乱は多くの住居喪失者を生んだ。戦前の段階で宿泊所が「ルンペン」対策の役割を担ってきたことは既に指摘したが、終戦直後の時期においても「本来の機能」を失った宿泊所が「浮浪者狩り込み」後の受け皿として機能した。東京では1948（昭和23）年に東京都宿泊所条例が施行され、「狩り込み」として保護施設に収容された人のうち保護基準以上の収入のある者に対する処遇においては、宿泊所を積極的に活用して自立更生させることとされた（特別区人事・厚生事務組合社会福祉事業団2000）。

　高度経済成長期に入り終戦直後のような混乱が落ち着くと、宿泊所に対する

ニーズはさらに停滞する。住居を失った生活困窮者は存在したものの、生活保護法に基づく生活保護施設でカバーし得る規模であり、宿泊所の存在意義は薄れていく。

図1-2は、厚生労働省の社会福祉施設等調査をもとに、戦後における無料低額宿泊所の施設数の推移をみたものである。戦前のピーク時には全国に150ヶ所以上あった宿泊所も、戦後は100ヶ所前後に減少し、高度成長期も横ばいで推移する。その後、低成長期を経てバブル期に入ると宿泊所のニーズはさらに低下し、施設数も50ヶ所前後にまで減少する。バブル経済崩壊直後も施設数が増加することはなく、1998（平成10）年には43ヶ所にまで減少した。

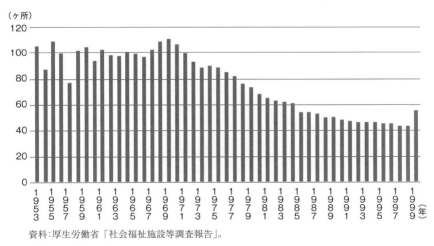

図1-2 社会福祉施設等にみる無料低額宿泊施設数の推移

資料：厚生労働省「社会福祉施設等調査報告」。

このように、戦時体制下から戦後の高度経済成長期にかけて、無料低額宿泊所は減少傾向を続けていく。一時的に「浮浪者狩り込み」の受け皿として機能することはあったが、全体的には、宿泊所へのニーズは低下し続けてきたとみることができよう。

ただし、1999（平成11）年に突如増加に転じており、図1-2には示していないが、2000年代に入ると宿泊所の数は急激に増加する。この点については序章で既にみた通りである。

2．宿泊所の法的位置づけ

（1）社会事業法による規制とその含意

　これまでみてきたように、明治期に篤志家による慈善事業としてスタートした宿泊所は、大正期以降になると経済保護事業の1つとして制度的な位置づけも徐々に明確になっていく。つまり、利用料の高い一般の木賃宿では低賃金労働者の経済上の不利を招くため、民間篤志家による宿泊所に政府が補助を行うことによって居住ニーズに対応しようとしたのであった。こうした制度的位置づけは、1938（昭和13）年に社会事業法が成立することで、さらに明確になっていく。

　社会福祉法の源流である社会事業法は、民間社会事業に対する助成と監督を目的として、厚生省発足直後の1938（昭和13）年に制定された、わが国最初の社会事業立法である。同法は、第1条で「本法ハ左ニ掲グル社会事業ニ之ヲ適用ス」として、同法の適用となる社会事業を列挙している。同条第4号では、その1つとして「授産場、宿泊所其ノ他経済保護ヲ為ス事業」を挙げ、社会事業法施行規則第4条第5号ではその具体的事業の1つとして「宿泊所其ノ他無料又ハ低廉ナル料金ニ依リ宿泊ヲ為サシムル事業」を規定している。このように、社会事業法の段階で、既に今日の社会福祉法の規定に通じる表現で宿泊所が社会事業として位置づけられていたことが分かる。

　当時、宿泊所に限らず高齢者や障害者、身寄りのない児童などを保護するための民間社会事業は、貧困問題の深刻化を受けて活発に取り組まれていたが、低金利・物価昂騰・軍関係以外の寄付金不許可方針という「三重圧」によって経営困難に陥っていた（小川1981）。同法制定以前の社会事業は、施設創始者の資財投入、家族ぐるみの奉仕が当然視されており、有力な寄金源を持たない施設の財政は極端に厳しい状況にあった。そうした中で、悪質な資金集めを行う事業者もあり、委託や補助と同時に監督や規制を行う社会事業法が制定された（窪田1985）。

　しかし小川（1981）によれば、同法は助成と監督の両面から構成されているものの、助成よりも監督面に重点が置かれている制度であったという。つまり、助成の具体的内容は土地・建物への免税と国庫補助であるが、免税は地方税に

限られた。補助規定も漠然としたものであり、国庫補助に関する規定は「政府ハ社会事業ヲ経営スル者ニ対シ予算ノ範囲内ニ於テ補助スルコトヲ得」(第11条)の1か条のみであった。

一方、監督面については、事業開始・廃止についての地方長官への届出(2条)、地方長官による建物・設備の改良命令・使用禁止・制限処分(4条)、寄付金募集についての許可制(5条)、地方長官による立入検査(6条)などの詳細な監督規定を置いた。さらに、第3条第1項では「地方長官ハ社会事業ヲ経営スル者ニ対シ保護ヲ要スル者ノ収容ヲ委託スルコトヲ得」と規定し、第2項ではこの委託について「社会事業ヲ経営スル者ハ正当ノ事由アルニ非ザレバ之ヲ拒ムコトヲ得ズ」とした。しかもこの委託は無償を原則とすると解釈された。福原徹(厚生省社会局保護課・当時)によれば、社会事業法は、最終的には社会事業の経営について届出主義を採用したが、法案の起草段階では、監督を行き届かせ悪質なものを排除する等の理由から許可主義にすべきとの意見もあったという(福原1938)。

もともと経営困難に陥った民間社会事業への助成の要請を受けて制定されたにもかかわらず、助成よりも監督に偏重し、また行政にとって都合の良い規定が数多く含まれたことから、同法に対しては国家責任の転嫁であるとの批判もあったという。時代はまさに国家総動員体制のもとにあり、国家が担うべき役割を民間に背負わせたという性格は否定できないが、逆にいえば、同法によって厳しい監督の下に置かれた社会事業は、本来国が担うべき重要な事業であり、宿泊所もその1つであったとみることもできる。

(2) 社会福祉事業法の制定経緯と公的責任主義

社会事業法は、終戦後の1951(昭和26)年に社会福祉事業法が制定されたことによって廃止される。社会福祉事業法が制定された経緯について、当時の厚生省社会局長・木村忠二郎は「社会事業法が、終戦後のあたらしい社会情勢に即応することができず、社会福祉事業の各分野についての諸立法が整備するのとあいまって、ほとんど死文化してしまったのにともない、社会福祉事業の全分野にわたる共通的基本事項を規定する立法を制定して、社会福祉事業の各分野について制定される各立法に体系をあたえることの要望は、つとに社会福祉

事業界をはじめとして、これに関心をもつ各方面から、その声があげられるにいたった」（木村 1955：23-24）と述べている。ただし、本書の課題に即していえば、こうした戦後の社会福祉事業全般を体系づける基本法としての性格はもとより、憲法89条との関係も重要である。

　つまり、憲法89条は「公金その他の公の財産は、宗教上の組織若しくは団体の使用、便益若しくは維持のため、又は公の支配に属しない慈善、教育若しくは博愛の事業に対し、これを支出し、又はその利用に供してはならない。」と定めた。前述の通り社会事業法は、不十分ながらも民間社会事業団体に対する補助を定めていたため、これが「公の支配に属しない事業」への公金支出に該当しないかどうかが問題となった。この点について、第90回帝国議会における政府説明によると、民間社会事業団体であっても、社会事業法による一般的監督を受けていれば「公の支配」に属しているといえる（すなわち補助金を支出することができる）と解釈された。[1]

　しかし、連合国軍最高司令官総司令部（GHQ）はその占領政策の中で、民間社会事業への補助金支出を強く嫌った。1946（昭和21）年2月27日にGHQが日本政府に対して発した指令「社会救済」（SCAPIN775）は、①国家責任、②公私分離、③無差別平等、④必要十分の4つの原則を踏まえて貧困者救済計画を策定することを指示したが、連合国軍最高司令部公衆衛生福祉局による同年10月30日の覚書「政府の私設社会事業団体に対する補助に関する件」では、SCAPIN775における②公私分離原則の趣旨は、私設社会事業団体に対して原則補助金を支出してはならないものと解釈しなければならないと示された。

　こうしたGHQ側の意向を受け、日本政府も前記憲法89条の解釈を変更することとなる。1949（昭和24）年2月11日の法務調査意見は、「公の支配」とは、社会事業法に規定していたような一般的な監督でなく、人事や財政に対する干渉までを含む「決定的な支配」という特別強力な監督を意味するものであるとした（小川 1992：178）。これにより、民間社会福祉事業に対して補助金を支出するためには、社会事業法よりもさらに強い規制・監督規定を備えた法律が必要となった。こうして、社会福祉法人制度をはじめ戦後わが国の社会福祉システムの基盤を形作ることになる社会福祉事業法が制定されることになる。

　以上のような社会福祉事業法の制定経過に鑑みれば、同法に規定される社会

福祉事業とは、強い公的責任主義に裏打ちされた、きわめて公共性の高い事業であるといえよう。

(3) 社会福祉事業としての無料低額宿泊所
①無料低額宿泊所の社会福祉法上の位置づけ

さて、以上のような経緯で制定された社会福祉事業法を受け継いで2000年に制定された社会福祉法では、無料低額宿泊所がどのように位置づけられているかについて確認したい。無料低額宿泊所は、社会福祉法第2条第3項第8号に規定する「生計困難者のために、無料又は低額な料金で、簡易住宅を貸し付け、又は宿泊所その他の施設を利用させる事業」（第2種社会福祉事業）として位置づけられている。ここに規定される「宿泊所」について、『社会福祉法の解説』では、「一時的な宿泊をさせる場所であって、その宿泊料金が無料又は相当低額なことが要件であると考えられる」と説明している（社会福祉法令研究会2001）。すなわち、居住の一時性と宿泊料金の低廉性が無料低額宿泊所の要件であると考えられる。

なお、実際に運営されている宿泊所の多くは、法解釈上は第1種社会福祉事業に位置づけられるべきものであるが、本書ではあくまで第2種社会福祉事業として捉えることは序章で既に述べた通りである。第1種社会福祉事業と第2種社会福祉事業の性質上の違いは、一般的には、第1種社会福祉事業は利用者に対する影響が特に大きく、経営の適正を欠くと非常に重大な人権侵害を生ずる可能性があり、公的責任として強い規制が必要とされるものとされる。とはいえ、この点に関する第1種社会福祉事業と第2種社会福祉事業との間の差異はあくまで相対的なものであり、第2種社会福祉事業と位置づけられる各事業は自主性と創意工夫とを助長することが必要と考えられるため第2種社会福祉事業に位置づけられているに過ぎない（社会福祉法令研究会2001）。

つまり、第2種であっても社会福祉事業である以上、社会福祉法の規制や監督の下に置かれているのであり、事業経営者は自らが提供するサービスの内容が利用者の生活や人権に与える影響の大きさを自覚し、福祉サービス提供者としての理念を遵守しなければならないことはいうまでもない。

例えば、社会福祉法は第3条で福祉サービスの基本的理念として、「福祉サー

ビスは、個人の尊厳の保持を旨とし、その内容は、福祉サービスの利用者が心身ともに健やかに育成され、又はその有する能力に応じ自立した日常生活を営むことができるように支援するものとして、良質かつ適切なものでなければならない」と定めている。また第5条は、福祉サービス提供の原則として、社会福祉を目的とする事業を経営する者に対し、サービス提供にあたって利用者の意向を十分に尊重すること、関連サービスとの有機的連携を図るよう創意工夫を行うことを求めている。いうまでもなくこうした理念は、無料低額宿泊所を含むすべての社会福祉事業の経営者が共通して遵守すべきものである。

②社会福祉法上における無料低額宿泊所への規制

また、社会福祉法は、無料低額宿泊所を含む社会福祉事業に対して、一定の規制や行政による指導監督権限についても規定している。ここでは、第2種社会福祉事業としての無料低額宿泊所に即して、そのポイントを整理しておく。

第1に、国・都道府県以外の者が無料低額宿泊所事業を開始したときは、開始から1ヶ月以内に事業経営地の都道府県知事（政令指定都市、中核市の場合は市長―本項において以下同じ）に、経営者の名称、事務所所在地、事業内容、定款その他の基本約款を届出なければならないとされる（第69条第1項）。また、届出事項の変更時や事業廃止時にも届出義務が課されている（同条第2項）。

第2に、サービス内容についても一定の規制が加えられている。例えば、無料低額宿泊所の経営者は、利用者の適切かつ円滑なサービス利用のために事業に関する情報提供を行う努力義務が課されている（第75条第1項）。また、利用希望者から利用申し込みがあった場合には、契約内容等に関する事項を説明する努力義務も課されている（第76条）。あるいは、事業利用契約成立時には、遅滞なく契約書を交付することが義務づけられており、契約書には、経営者の名称、事務所所在地、サービス内容、利用料などを記載しなければならないとされている（第77条第1項）。さらに、良質かつ適切なサービスを提供する努力義務（第78条第1項）、誇大広告の禁止（第79条）、利用者等からの苦情解決の努力義務（第82条）なども規定されている。

なお、第78条第1項の良質かつ適切なサービスを提供する努力義務規定について付言しておきたい。同規定は、社会福祉事業経営者に対して、サービスの

自己評価などを通じて、「常に福祉サービスを受ける者の立場に立って良質かつ適切な福祉サービスを提供するよう努めなければならない」としている。利用者本位のサービス提供を定めた本条項について、前出『社会福祉法の解説』は次のように述べている。「利用者の『立場に立って』いるといえるか、提供されている福祉サービスが『良質かつ適切』であるか、については、その時代における社会通念や福祉サービスの技術水準、利用者側の意識などによって決定されるものである。なお、サービスの提供が開始されて以後、事業者が合理的理由もなく利用者からの要望に対応しなかったり、利用者に対して自ら保証した質のサービスを実際には提供しないことによってトラブルが発生し、利用者─事業者間の民事訴訟へと及んだような場合には、本条は私法上の裁判規範として作用し、利用者の利益の保護が図られやすくなる」（社会福祉法令研究会 2001）。

　無料低額宿泊所は、ホームレスなど住居のない人を対象に、居住の場という緊急性・切実性の高いニーズを充足するという現実的な役割を果たしてきた。そうしたこともあってか、後述する国のガイドラインで求められる運営・設備水準も、他の社会福祉事業に比べると劣っているといわざるをえない。しかし、無料低額宿泊所であっても社会福祉事業である以上、今日の社会通念、福祉サービスの技術水準、利用者側の意識に見合うような質の高いサービスを提供することが必要であるといえよう。

　さて、社会福祉法では、第3に、行政による指導監督権限も規定されている。第70条は、都道府県知事が、社会福祉法の目的達成のため、無料低額宿泊所経営者に対し、必要事項の報告を求めたり、検査・調査を行ったりすることができるとされている。また、第69条第2項で義務づけられている変更・廃止届をしない事業者、第70条で求められている報告要請に応じなかったり検査や調査を拒否したりする事業者、事業に関し不当に営利を図ったり利用者の処遇につき不当な行為をした事業者、第77条で義務づけられている契約書を交付しない事業者、第79条で規定する誇大広告禁止規定に違反する事業者に対しては、都道府県知事が事業停止命令をすることができるとしている（第72条第1項・第2項）。さらに、都道府県知事に届出をせずに無料低額宿泊所を経営する事業者が不当に営利を図り、もしくは利用者の処遇について不当な行為をしたときは、都道府県知事が事業経営の制限や停止を命ずることができるとしている（同条

第 3 項）。また、この命令に違反した場合は 6 ヶ月以下の懲役又は 50 万円以下の罰金に処するとされる（第 131 条）。

おわりに

　以上、本章では、戦前から戦後にかけての無料低額宿泊所の歴史的展開過程を概観した。産業革命期に現れた都市貧困層の居住ニーズに対応するため篤志家による慈善事業として明治期に誕生した宿泊所は、大正期になると公設・私設を問わず拡大していった。大正期に発展した社会事業の中では、当時内務省が重視していた防貧対策としての経済保護事業の一環として共同宿泊所が政府の奨励のもとで新設されていく。さらに、昭和恐慌以降の「ルンペン」問題の深刻化を受け、昭和 10 年頃まで新規開設が進み、ピーク時には年間延べ 350 万人を超える人々が共同宿泊所を利用するに至る。しかし、戦時体制下において軍需産業が貧困層の受け皿として機能するようになると、次第に宿泊所へのニーズは低下し、施設数も減少する。第二次世界大戦後は、敗戦直後に「浮浪者狩り込み」の機能を持つ時期もあったが、高度成長期以降の生活水準の向上と生活保護法に基づく生活保護施設の拡充を背景として宿泊所へのニーズはさらに低下し、1998 年には 43 ヶ所にまで施設数が減少していった。

　一方、戦前に成立した社会事業法は、社会事業を発展させるとともに悪質業者を排除することをねらいとして制定され、宿泊所も、社会事業の 1 つとして位置づけられることになる。戦後になって社会事業法が社会福祉事業法に衣替えすることになった際も、社会福祉事業に対する公的責任主義が強調された。すなわち、宿泊所を含む社会福祉事業には、それを利用する人々の人権を擁護し生活問題を解消することが使命として与えられ、それを公的に担保するものとして法的な規制と監督の下に置かれているといえる。この位置づけは、社会福祉事業法が社会福祉法に改正された今日においても基本的には変わらない。

　無料低額宿泊所は、2000 年代以降になって一転して増加に転じ、ホームレスをはじめとする住居のない生活困窮者の受け皿として機能してきたが、ときに「貧困ビジネス」と非難されるような悪質業者が生まれてきたことも否定できない。しかしながら、無料低額宿泊所は一般的な市場サービスとは異なり、明治

期の篤志家による慈善事業に端を発する、公共的な性格を有する社会福祉事業であることを改めて確認しておくことがきわめて重要なのである。

【注】
(1) 昭和21年7月6日、第90回帝国議会衆議院帝国憲法改正案委員会での河合良成厚生大臣の答弁。

第2章　無料低額宿泊所をめぐる政策動向

はじめに

　本章では、2000年代以降における無料低額宿泊所問題に対する政策的対応の変遷を検討する。前章でみたように、戦前期に増設された無料低額宿泊所は戦後になって減少傾向を続けていた。それが一転して増加に転じるのが1999年である。序章でみたように、わが国の貧困問題が拡大し、住居を失ったホームレスが増加するなか、またホームレスに対する生活保護の適用が制限されていたなか、ホームレスの居住場所として無料低額宿泊所が急増することとなる。しかし、2000年代以降、無料低額宿泊所の中に「貧困ビジネス」と非難されるような劣悪な施設が存在していることが社会問題化し、国もその対策に乗り出すようになる。

　本章では、第1に、政策的対応の前提として、無料低額宿泊所問題が社会問題として注目を集めるようになっていった経過を、いくつかの新聞記事や裁判事例をもとに敷衍する。第2に、2000年代以降、とりわけ民主党政権下における2009年以降の無料低額宿泊所対策の動向を整理する。第3に、こうした国レベルでの直接的な無料低額宿泊所対策とは別に、地方自治体による条例制定の動きと、2015年7月の住宅扶助基準改定が無料低額宿泊所対策に与えた影響について検討する。

第1節　社会問題化する無料低額宿泊所

1．無料低額宿泊所への社会的注目

　2000年代に入り、無料低額宿泊所が増加し始めると、その一部に「劣悪施設」があるとして社会的な注目が集まることになる。

　1999年11月1日付「東京新聞」は、無料低額宿泊所の運営方法に関する問題をいち早く報じた。記事によれば、東京都内に事務所を置く政治団体が、首都圏の空いた社員寮などを借り上げ、第2種社会福祉事業として届け出たホームレスの宿泊施設を次々開設しているとし、「行政のもたつきのすき間をついた"新ビジネス"」として紹介している。こうした施設は過去1年で都内と川崎市に計16施設開設され、約520人が住んでいるが、生活保護費から宿泊費などを集めており「生活保護費の支給形態としていびつだ」との指摘や「ホームレスを金づるにした搾取ではないか」との批判もあると報じている。

　また、2000年7月6日付「朝日新聞」も、NPO法人が運営する宿泊施設を紹介している。記事によれば、同法人は上野駅周辺などで野宿生活をしているホームレスに生活保護を申請させ、空き家やアパートなどを改装して、生活保護が認められたホームレスを集団生活させているという。記事ではNPO法人の代表のインタビューも掲載され、代表は「法外なお金を徴収しているわけではなく、批判は納得いかない」とコメントしている。また、同年2月まで野宿生活をしていた52歳の男性の「畳の上で眠れるとは思ってもいなかった。私たちも生活保護を受けられるなんて、考えもしなかった」とのコメントも載せられている。しかし一方で、福祉事務所の所長会ではこうした施設を疑問視する意見があるともされ、ある福祉事務所長の「営利目的で、巧妙な脱法行為の印象がぬぐえない。法的要件を満たしているので、生活保護費を支給したが、集められた税金が何に使われているのか気になる」とのコメントも紹介している。

　このように、無料低額宿泊所が増加し始めた時期から、問題ある運営をしている「新ビジネス」があるのではないかとの報道がなされていた。その後、無料低額宿泊所をめぐる報道はいったん沈静化していたが、再び注目を集める契

機となったのが、2009年3月に発生した「静養ホームたまゆら」(群馬県渋川市)の火災事故であった。同施設には22人の高齢者が入所していたが、火災事故によって10人が死亡した。同施設は群馬県に所在しているにもかかわらず、死亡した10人のうち6人は東京都墨田区から、1人は三鷹市から生活保護を受給していた。他の入所者も多くは東京の福祉事務所からの紹介で入所していたことが明らかになった。同施設は社会福祉法上の無料低額宿泊所ではなく、いわゆる無届施設であるが、ホームレス状態にある人たちが生活保護を受けて入所する施設であるという点では無料低額宿泊所に類似する施設として注目された。

2．無料低額宿泊所をめぐる訴訟

　無料低額宿泊所が「貧困ビジネス」として注目を集めるようになると、その処遇内容をめぐる民事訴訟も全国各地で提起されるようになる。ここでは、本書執筆時点で判決が確定したか、和解が成立している4つの事件についてその概要を整理し、訴訟で問われた争点を確認する。

(1) 岡崎事件（2010年）

　本件は、愛知県岡崎市の人材派遣会社が寮の空き部屋を利用して経営していた宿泊施設に関して、同施設に入所していた原告3名が、施設を経営する人材派遣会社を相手取り、徴収された生活保護費や慰謝料を請求した事件である。なお、同施設は原告らが入所した当初は無届施設として運営されていたが、2009年8月以降は無料低額宿泊所として届け出ている。

　原告のうち2名は生活に困窮して路上生活に陥り、福祉事務所に生活保護申請をしたところ福祉事務所から同施設を紹介され、入所して生活保護を受給した。原告のうち1名は失業し車上生活に陥り仕事を探して人材派遣会社である被告の事務所を訪れたところ、被告の勧めにより同施設へ入所し生活保護を受給した。

　原告の主張によれば、生活保護費から徴収される費目は、居室料として住宅扶助基準上限額の3万7000円、施設運営費1万5000円、共益費3000円、管

理費5000円、食費2万7000円、水道光熱費5000円の合計9万2000円であり、生活保護費との差額は2万円弱であった。

　一方、同施設の居室は3畳半程度でトイレや水回りは共同利用であった。食事は、生活保護費の支給日に保護費の徴収と引き換えに生米4kgが渡されるほか、朝食として生卵とインスタントみそ汁1パック、夕食として弁当のおかずと白米、味噌汁が支給され、昼食はなかった。入所者の自立に向けた支援も特段行われていなかった。被告は入所者に対して部外者の訪問を禁止し、近親者でも被告による許可の上指定の場所でしか会わせなかった。また、「お出掛け報告ノート」を用意し、入所者に対して外出時には外出先や目的等の記載を求めた。

　これらのことから、原告らは、被告が徴収した経費は、居室環境、食事の内容、提供されるサービスの内容に見合っておらず、暴利行為にあたると主張した。また、2009年7月まで無料低額宿泊所と類似する事業を運営しながらその届出をしていなかった社会福祉法違反、不当な費用徴収によって最低生活を送ることを妨げた生活保護法違反、憲法25条違反も不法行為を構成するとした。

　岡崎地裁判決（2013年6月24日）は、居室料、食費、施設運営費など徴収された費用のいずれについても、暴利行為といえるほど高額とは認められないとした。また、手元に一定程度の現金が残り緩やかな管理の下で気ままな生活を送っていた原告らにとって、施設での生活は生活保護法違反とか憲法25条違反と評価されるほど人間の尊厳を脅かされ、虐げられた生活を送らされていたと評価することはできないとした。さらに、施設の事業形態は社会福祉法の趣旨にそぐわないものであったものの、社会福祉法違反によって金銭徴収が不法行為となるとはいえないとして、原告の訴えを退けた[(3)]。

　このように原告の主張は受け入れられなかったものの、判決は、例えば居室料について、原告の1人が施設退所後に居住している一般アパートの居住環境及び家賃と比較すると「高額であるといえなくもない」としている。後述するように、無料低額宿泊所の設備運営に関する厚生労働省のガイドライン（当時）は、家賃について「近隣の同種の住宅に比べて、低額な金額であること」を求めている。本件では、被告の宿泊所の家賃について、暴利行為に該当するとは認定されなかったものの、近隣の同種の住宅に比べて低額な金額であるとも認

定されていない。

　また、本件に関しては、岡崎市の生活保護行政の運用上の問題点も指摘されている。船崎（2010）によれば、住居のない相談者が生活保護申請のため岡崎市福祉事務所を訪れた際、相談室内には被告が運営する施設の従業員が在席し、同施設が今後の住居になると説明を受けた上で契約書への署名捺印を求められた。また、入所後に徴収される費用が高額なため自立が困難であることを理由に住宅扶助上限額より低額な家賃のアパートを見つけて岡崎市に転居を申し出たが、2度にわたり合理的理由なく拒否されたという。このように、福祉事務所が事実上施設入所を斡旋する役割を担い、また一般住宅への転居を認めずに入所期間が長期化したことも重要な点である。

（2）岐阜事件（2010年）

　本件は、生活に困窮する外国人を自らが借り上げたアパートに住まわせて生活保護を受給させ毎月生活保護費から一定額を徴収していた被告の株式会社に対して、原告である入居者が、契約は成立していないとして不当に徴収された金員の返還を求めた事件である。

　被告は、岐阜県可児市や美濃加茂市内で、生活に困窮する外国人を対象に住居を提供する事業を行っていた。原告5名も生活に困窮する外国人であり、被告に相談したところ、被告が借り上げているアパートに入居して生活保護を受給することを勧められた。原告の中には、被告代表者を市役所職員と誤信した者もいた。

　原告らによれば、被告は入居者に対して、生活保護の申請に必要だからとして、生活保護費から共益費5000円、業務委託費1万500円を徴収するという内容の同意書に署名・押印させていた。業務委託の内容は、日本語で「共有スペース及び管理、通訳、折衝、指導等、各種業務」と記載されていたが、英語訳は不明確なものであり、またポルトガル語訳には業務委託内容についての記載はなかった。また、時間がないと言って原告らを急かして同意書の内容を確認させないようにした。同意書は一通しか作成されずに被告が持ち帰ったため、原告らは後日内容を確認することもできなかった。以上のような経緯で作成された同意書に基づき、毎月の生活保護費から共益費及び業務委託費が徴収され

ていたが、この契約が成立しているかどうかが問われたのが本事件である。

　被告は契約内容について原告らに十分説明し同意を得ていると主張したが、判決は、原告らが外国人であり生活保護の手続きへの理解が不十分であったこと、生活に困窮する原告らは被告を全面的に信用していたこと、外国語の訳文が不正確であったことなどを認定した上で、「同意書の内容について十分説明を受けることができず、自分自身でも読む機会が与えられず、また、仮に同意書を読んでも理解できない状況下で、生活保護を受けるために必要と思い、被告代表者の言われるまま同意書に署名、押印したと認定するのが相当である」として、契約の不成立と不当利得返還請求を認容した[4]。

　本件は、届出している無料低額宿泊所に関する事件ではないものの、生活困窮者に宿泊場所を提供し、生活保護を受給させた上で保護費の一部を徴収するという事業形態は、多くの無料低額宿泊所と共通するものである。本件で問われたことは、住む場所がないという極限的な状況に置かれた人々との間で交わされる契約は慎重を期すべきであるということである。本件は原告が外国人であることもあり、慎重な契約がとりわけ厳しく問われることとなったが、仮に外国人でなかったとしても、生活困窮状態に置かれた人々との間で交わされる契約は、通常以上の慎重さが求められて然るべきであろう。

(3) 千葉事件①（2010年）

　本件は、千葉県内でホームレスに宿泊場所を提供して生活保護を受給させ、生活保護費から一定額を徴収する事業を行っていた市民活動団体に対して、その利用者であった原告らが不当利得の返還及び損害賠償を請求した事件である。なお、本事件は2010年2月に原告3人によって1次訴訟が提起された後、同年11月に原告5人による2次訴訟が提起された。

　原告らによれば、被告は東京都内の公園に住むホームレスに声をかけ、千葉県に連れてきた上で、協力不動産業者が用意するアパートに住まわせていた。その上で、生活保護を申請させていたが、被告から「福祉事務所にはずっと千葉にいたと話すように」といわれた者もいた。家賃は住宅扶助上限額と同額であり、家賃と合わせて計10万円が生活保護費から徴収されたが、その内訳に関する十分な説明はなかった。また、生活保護費が口座振込となると通帳や

キャッシュカードも被告に預けることになったという。入所中、原告らは手元に残る生活保護費約2万円と、被告から現物支給される10kgの米で生活しなければならず、生活に困窮したため不当利得の返還と損害賠償を請求したものである。

　原告の主張に対して被告側は争ったが、最終的には2012年3月に和解が成立した。1次訴訟における主な和解条項としては、①被告は原告らに対して慰謝料100万円を支払う義務があること、②被告は原告らに対し大きな精神的苦痛を与えたことについて謝罪すること、③被告は今後の事業運営において、実質の伴った自立支援に誠実に努め、契約締結時には料金等の根拠を文書で示し、物件の家賃が不相当なものでないように配慮し、生活保護費や預金通帳を管理しないことを遵守することなどであった。和解条項の内容からみて、原告側の勝訴的和解であったと解釈できよう。なお、2次訴訟でもほぼ同じ内容による和解が2012年4月に成立している。(5)

　本件は、届出された無料低額宿泊所に関する訴訟ではないものの、ホームレスに居住場所を提供して生活保護を受給させ、生活保護費から一定の金員を徴収するという意味では多くの無料低額宿泊所と同様である。本件では、明確な根拠が示されないままに徴収された費用の不当性が争われた。多くの無料低額宿泊所は家賃以外にも一定の経費を徴収しているが、それが最低限度の生活を維持するための生活保護費から徴収される以上、明確な根拠が求められることはいうまでもない。

(4) 千葉事件②（2011年）

　本件は、NPO法人が運営する千葉市内の無料低額宿泊所の入所者であった原告が、同法人を被告として損害賠償及び不当利得の返還を請求した事件である。原告らによれば、被告はホームレスなどに声をかけて無料低額宿泊所に入所させ、生活保護を申請させていた。生活保護費からは施設利用料として住宅扶助上限額である4万5000円、食費として3万円、雑費として1万5000円の計9万円が徴収され、利用者の手元には約3万円程度が残った。

　同施設の居室は2畳半程度で、施設から最寄り駅までは徒歩で約30分かかるという。食事は毎食出されるが外出して食べられない場合に食費が返還される

ことはなかった。また、他の入居者の居室への訪問を禁じられ、居室に鍵をかけることも禁じられていた。原告のうち1人は、被告によって無断で預金通帳を作成されたとも主張した。原告らは、このような環境の下での生活は人間らしく生活する権利を侵害しているなどとして損害賠償と不当利得の返還を求めたものである。

　原告の主張に対して被告側は争ったが、最終的には2012年11月に和解が成立した。主な和解条項は、①被告は原告に対し不当利得金として60万円の支払い義務があること、②被告は原告名義の預金通帳を同意なく作成されたと原告が認識し精神的苦痛を受けていることについて遺憾の意を表明し再発防止に努力すること、③被告は利用者ができるだけ短期間で自立することができるように努めること、④被告は利用者の預金口座を開設するにあたっては事前に説明の上承諾を得ることなどである。和解条項の内容からみて、原告側の勝訴的和解であったと解釈できよう。[6]

　本件で争われたのは、無料低額宿泊所における処遇内容の水準であった。駅から徒歩約30分かかる場所にある2畳半程度の部屋が住宅扶助上限額の家賃に見合う環境なのかどうか、また居室に鍵をかけることも許されずプライバシーが確保されない環境に置くことが妥当なのかどうかなどが問われている。

第2節　国による無料低額宿泊所対策の動向

1．2003年ガイドライン

　2000年代に入り無料低額宿泊所をめぐる問題が社会問題化するようになると、これに対する政策的対応も講じられるようになる。無料低額宿泊所問題に対する国レベルでの政策的対応の嚆矢となったのは、2003年7月31日の厚生労働省社会・援護局長通知で示された、設備・運営ガイドラインであった。[7]無料低額宿泊所は、第2種社会福祉事業であるため行政による許認可は求められておらず、開設者は都道府県・政令指定都市・中核市への届出をすればよいこと

される。本通知は、無料低額宿泊所を所管する自治体に対して、届出を受理する際の指針を示したものであった。

例えば居室については、「1の居室は、原則として、2以上の世帯に利用させないこと」すなわち原則個室とすると定められ、これにより難い場合は居室の床面積が1人当たり3.3㎡以上確保されていることとした。また、談話室及び相談室を整備すること、食事を提供する場合は食堂を設置することなどの設備基準が示された。また、運営基準として、入居にあたって利用者に事業者の名称や利用料に関する事項等を記載した書面を交付しなければならないこと、保証人を求めないこと、常時生活の相談に応じるなど利用者の自立支援に努めることなどが示された。さらに、費用について、居室使用料は無料又は低額であること、ここでいう「低額」とは近隣の同種の住宅に比べて低額な金額であること、食費・日用品費等を徴収する場合はそれに見合った食事や日用品等を提供すること、これらの費用の金額は文書で本人に明示することなどが定められた。

ただし、これはあくまで届出を受理する際のガイドラインを示したものであり、法的拘束力を持たない。したがって、他の社会福祉施設にみられるような施設最低基準とは異なるものである。そのため、本通知とは別に自治体独自のガイドラインを別途定めている自治体も少なくない。

本通知の内容としてもう1つ重要なのは、設備や費用面での指針だけではなく、無料低額宿泊所を利用する場合の保護の実施機関の留意事項などについても記載されていることである。具体的には、「無料低額宿泊所に起居する被保護者について、福祉事務所等保護の実施機関は、適切な処遇が行われているか等の生活実態の把握や一般賃貸住宅への転居等自立の支援に努めること」と示されている。つまり、無料低額宿泊所を利用している被保護者については、福祉事務所が定期的に訪問して、一般住宅への転居を進めていくことが求められている。なお、本ガイドラインは2015年に改定されている。改定内容については第3節で述べる。

2．民主党政権下の無料低額宿泊所対策

(1) 2009年の動向

既に述べたように、2009年3月に「静養ホームたまゆら」での火災事故が起こると、無料低額宿泊所への社会的注目が一気に高まった。これを受け、当時の民主党政権は、無料低額宿泊所問題への対応を急速に展開することとなる。具体的には、同年10月に次の3つの無料低額宿泊所対策を実施した。

①無料低額宿泊所に関する実態調査

第1に、「無料低額宿泊所に関する実態調査」が実施されたことである。これは全国の無料低額宿泊所の実態に関する初めての調査であり、2009年6月時点における無料低額宿泊所の現状が明らかにされた。同月時点の全国の無料低額宿泊所数は439施設であり、1万4089人が入所、うち90％以上にあたる1万2894人が生活保護を受給していることが明らかになった。施設数が最も多い自治体は東京都であり、全体の約4割を占めること、次いで神奈川県、横浜市が多く、首都圏に集中していることが分かった。設備については、入居者の約7割が個室に入居していること、約9割の施設が食堂を設置していること、運営については9割の施設が職員を配置していること、約3割の施設が金銭管理を行いそのうち約3割が契約なしで、2割が現金出納簿なしで金銭管理をしていることも明らかになった。

また、本調査では、「たまゆら」事件を背景に、社会福祉各法に法的位置付けのない施設に関する調査も行われており、その結果も公表された。それによれば、法的位置付けのない施設を利用している生活保護受給者の数は1万2587人、施設数は1437施設に上るとされた。その内訳は、①高齢者を対象とした施設が825、②ホームレスを対象とした施設が127、③アルコール依存症者を対象とした施設が41、④薬物依存症者を対象とした施設が39、⑤その他が405であった。このうち、②ホームレスを対象とした施設の中には、無料低額宿泊所としての届出はしていないものの、それに類似した施設が多く含まれていると予想される。

なお、本調査は、翌年にも実施されているが、その調査結果については第3

章で詳しく検討する。

②保護課長通知の発出

第2は、社会・援護局保護課長通知「生活保護受給者が居住する社会福祉各法に法的位置付けのない施設及び無料低額宿泊施設に関する留意事項について」（10月20日付・社援保発1020第1号）が発出されたことである。本通知では、無料低額宿泊所を所管する自治体に対して、①保護の実施機関が訪問調査を徹底すること及び劣悪な居住環境にある場合に転居支援を進めること、②防火安全体制の確認について消防署等との連携を図ること、③法的位置付けのない未届施設について担当部局への情報提供等を行うこと、④施設入所者の生活扶助費については必ず本人に交付すること、⑤収支状況の公開について無料低額宿泊所への指導を徹底することなどが示された。

特に①の保護の実施機関による訪問調査及び転居支援については、無届施設や無料低額宿泊所に居住する被保護者に対して少なくとも年に2回以上の訪問活動を行って生活実態の把握に努めるとともに、居住環境や処遇内容について随時確認することが求められた。その際、住環境が著しく劣悪な状態であることが確認された場合については、ほかの施設への転居を促すこと、また居宅生活ができると認められた場合は、公営住宅等への転居支援に努めることとされた。

ここで示された内容について重要な点を2点指摘しておきたい。1つは、前述した2003年の通知は、基本的には無料低額宿泊所、つまり第2種社会福祉事業として届け出ている施設に限定した通知だったのに対して、本通知は、法的位置付けのない施設（いわゆる無届施設）も含めて留意事項を示していることである。届出施設だけでなく無届施設についても訪問調査の徹底や転居支援を進めることとしている点が特徴的である。

いま1つは、「住環境が著しく劣悪と確認された場合には、他の施設への転居を促す」という文言と、「居宅生活ができると認められた場合は転居支援に努める」という2つの文言の関係が不明確であることである。この2つの内容を一体的に捉えると、居宅生活ができると認められた場合であっても、入所している施設の住環境が著しく劣悪であると確認されなければ公営住宅等への転居が

できないと解釈しうる。一方、両者を切り離して捉えた場合には、入所先施設の住環境が劣悪であるかどうかにかかわらず、居宅生活が可能であれば無料低額宿泊所や無届施設に入所している人の転居支援を進めていくと解釈することもできる。

本来、無料低額宿泊所は一時的な居住場所を提供するものであり、一般住宅への転居が可能であればそれを進めていくべきと考えられるが、前者の捉え方をした場合、「著しく劣悪な住環境」であると判断する基準が曖昧なままでは、一般住宅への転居支援が進みにくくなってしまうことが懸念される。

　③無料低額宿泊所検討チームの設置

第3は、厚生労働省内に「無料低額宿泊施設等のあり方に関する検討チーム」を設置したことである。同検討チームは、生活保護受給者本人の意向に反して生活保護費を施設側に費用徴収されているのではないか、また無届施設として放置されているのではないか等の問題が指摘されていることを受け、自治体等関係者のヒアリングや自治体の当該施設への指導状況等を踏まえつつ、無届施設を含む無料低額宿泊施設等のあり方について検討することをねらいとしたものであった。厚生労働大臣政務官を主査に、厚生労働副大臣を顧問にそれぞれ充てた上、社会・援護局長、同局総務課長、保護課長、地域福祉課長を構成メンバーとしている。

検討チームは2009年10月30日に第1回が開催され、その後概ね月に1回のペースで第5回（2010年3月16日）まで開催された。会議の内容は、第1回は前述した実態調査の結果報告が行われたが、その後は関係者や関係自治体、関係事業者からのヒアリングが中心となった。ただし、本検討チームは報告書等を作成していないため、実際の政策に直接的な影響を与えたとはいいがたい。

(2) 2010年の動向
①保護課長通知「無料低額宿泊施設等に関する生活保護の運用改善について」
　ア）通知の内容
民主党政権下における2010年の無料低額宿泊所対策としては、第1に、5月21日付で発出された保護課長通知「無料低額宿泊施設等に関する生活保護の運

用改善について」がある。本通知によって、「生活保護法による保護の実施要領について」「生活保護法による保護の実施要領の取扱いについて」「生活保護問答集」が一括して改正された。

　その内容は、第1に、無料低額宿泊所入所者への訪問活動を徹底することであり、前年の通知でも示された「少なくとも年に2回以上の訪問」が実施要領上改めて明記されるとともに、訪問活動を徹底するために住宅確保・就労支援員を活用することが促された。

　第2に、劣悪な施設からの転居の支援である。この点について通知されたことは、①無料低額宿泊所や法的位置付けのない施設に入所している被保護者が適切な法定施設に転居する場合に敷金等の支給ができるようにすること、②無料低額宿泊所だけでなく法的位置付けのない施設に入所している被保護者についても、一般住宅に転居する際の敷金等が支給できるようにすること、③無料低額宿泊所等から転居する場合の移送費が支給できるようにすること、④劣悪な無料低額宿泊所等に居住している場合は速やかに転居指導を行うようにすることである。

　第3に、劣悪な施設への入居防止として、住居のない要保護者が居住場所を確保する際、入居先の住環境が劣悪な場合は敷金等を支給しないこととした。

　第4に、住宅扶助の適正化として、1つの居室に複数人が居住する場合の住宅扶助費は住宅扶助基準額を人数で割った額などで認定する取り扱いを、無料低額宿泊所だけでなく法的位置付けのない施設にも拡大することとした。

イ）本通知の特徴と課題

　このように本通知は、法的位置付けのない施設の生活保護の運用上の取扱いを無料低額宿泊所のそれに合わせること、劣悪な住環境に被保護者が居住することを入口と出口で防ぐことを主な内容としている。

　なお、本通知には、**表 2-1** に示した付表が付されており、各施設から転居する際の敷金等の支給要件の一覧が示されている。ここに示されているように、無料低額宿泊所及び法的位置付けのない施設から一般アパートに転居する場合は、「一時的な起居の場として利用している場合であって、居宅生活ができると認められる場合」に敷金等が支給されることになっている。したがって、当該

表 2-1 各施設から転居する際の敷金等支給要件

現住居＼転居先	無料低額宿泊施設 ※4	法的位置付けのない施設	福祉アパート	一般アパート	GH・有料老人ホーム　等
ホームレス状態	—	○→△ ※1	○→△ ※1	○→△ ※1	○→△ ※1、2
無料低額宿泊施設	—	△ ※3	△ ※3	○→△ ※3	×→△ ※2
法的位置付けのない施設	—	?→△ ※3	?→△ ※3	?→△ ※3	×→△ ※2
簡易宿泊所	—	?→△ ※3	?→△ ※3	?→△ ※3	×→△ ※2
福祉アパート	—	×	×	×	×→△ ※2
GH・有料老人ホーム　等	—	△ ※5	△ ※5	△ ※5	×→△ ※2

○：支給、△：条件つきで支給、×支給しない、?：取扱いが不明確

※1：住環境が著しく劣悪な状態であることが確認された場合その他実施機関において居住することが不適切と認めた場合は支給しない。【局長通知新設】
※2：被保護者の状態等を考慮の上、適切な法定施設（GH（グループホーム）、有料老人ホーム等）に入居する場合【課長通知改正】
※3：「無料低額宿泊所等」に一時的な起居の場として利用している場合であって、居宅生活ができると認められる場合。（「無料低額宿泊所等」の「等」に法的位置付けのない施設が含まれることを明確化し、転居支援を促進。【事務連絡新設】）
※4：無料低額宿泊施設のガイドラインでは、敷金・礼金による負担を求めないこととしている。
※5：社会福祉施設等から退所するに際し帰住する住居がない場合【課長通知】
出所：「無料低額宿泊施設等に関する生活保護の運用改善について」（厚生労働省社会・援護局保護課長事務連絡・平成 22 年 5 月 21 日）。

施設を「一時的な起居の場」として利用しているかどうかという点と、「居宅生活ができると認められる」かどうかが転居に際して問題となってくる。前者については、序章でみたように居住の一時性は無料低額宿泊所の要件であるのだが、実際には、長期にわたって入所している例も少なくないことから、一時的な起居の場として利用しているかどうかについては実施機関による裁量の余地を残す可能性がある。法的位置付けのない施設に至ってはこうした要件が明確ではないため、実施機関の裁量の余地はさらに大きい。

後者の「居宅生活ができると認められる」かどうかについては、保護の実施要領において、「居宅生活ができるか否かの判断は、居宅生活を営むうえで必要

となる基本的な項目（生活費の金銭管理、服薬等の健康管理、炊事・洗濯、人とのコミュニケーション等）を自己の能力でできるか否か、自己の能力のみではできない場合にあっては、利用しうる社会資源の活用を含めできるか否かについて十分な検討を行い、必要に応じて関係部局及び保健所等関係機関から意見を聴取した上で、ケース診断会議等において総合的に判断すること。なお、当該判断に当たっては、要保護者、その扶養義務者等から要保護者の生活歴、過去の居住歴、現在の生活状況を聴取する等の方法により、極力判断材料の情報収集に努め、慎重に判断すること」と示されている（課長通知問7-78）。これについても実施機関による裁量の余地は大きい。

　このように、一般アパートへの転宅に際して必要となる敷金等の支給要件については、居住の一時性と居宅生活の可能性の両面において実施機関の判断に委ねられている点が特徴である。

　また、付表では「福祉アパート」については、一般アパートに転居する場合の敷金支給を認めないこととされている。「福祉アパート」について明確な定義があるわけではないが、当時主に関西地域でみられた、一般アパートを活用する形の居住支援施設を想定しているものと推測される。関東地域では、無料低額宿泊所としての届出をしているかどうかは別として、社員寮等の施設を改修した施設が主流であったのに対して、関西地域では一般のアパートやマンションに住まわせて、食事その他のサービス契約を取り結び生活扶助費から徴収する形態の居住支援施設が主流であった。こうした施設の場合、一般のアパートとの違いが明確でないことから、敷金等の支給が認められなかったものと考えられる。しかし、その業態としては、ホームレスなど住居のない人を勧誘して居住場所を提供し、生活保護を受給させて家賃のほか食事その他の生活支援サービス費用を生活扶助から徴収するという意味において無料低額宿泊所と共通する。この点においても、当該施設を「福祉アパート」とみなすのか「法的位置付けのない施設」とみなすのかについて実施機関の裁量の余地が大きいが、どちらとみなされるかによって敷金等の支給要件が大きく異なることになった。

　以上のような本通知における敷金等の支給要件の曖昧さが、転宅が進まない1つの要因となっていると考えられる。

②居宅生活移行支援事業

2010年における無料低額宿泊所対策の第2として、居宅生活移行支援事業の採択方針が示されたことが挙げられる。同事業は、セーフティネット支援対策等事業の1つである「自立支援プログラム策定実施推進事業」の一環として事業化されたものであり、「無料低額宿泊施設等において、入所中の被保護者に対して自立・就労支援等を行う職員を配置する等、居宅生活等への移行を促進する事業」と説明されている。同事業への補助金を交付する際の採択方針を示したのが、社会・援護局保護課長通知「平成22年度セーフティネット支援対策等事業費補助金『居宅生活移行支援事業』の採択方針について」(社援保発0611第2号・平成22年6月11日付)であった。

本通知によれば、居宅生活移行支援事業は、無料低額宿泊所等において入所者ごとに支援計画を作成し、支援計画の達成状況の検証などを通じて入所者への生活指導、就労支援、居宅移行支援等を行う事業とされている。実施主体は無料低額宿泊所の届出を受理した自治体もしくは無料低額宿泊所が所在する自治体とされ、事業実施にかかる費用の全額を国が補助するとしている。

本事業の実施方法には、実施主体である自治体が無料低額宿泊所を運営する事業者に事業委託する方法と、実施主体が専門職員を直接雇い上げて無料低額宿泊所を訪問する形で上記の支援を実施する方法が想定されている。前者の場合、契約内容の透明化（契約書の作成、利用料明細の提示）、金銭管理などの状況（書面契約に基づく金銭管理の実行、個人ごとの現金出納簿の整備）、入所者ごとの支援計画の作成状況などを検証の上、適切な事業者を委託先とすることとしており、施設に配置される職員の人数に応じた人件費が補助されることとなっている。また、実施主体が直接雇い上げる場合においても同水準の人件費が補助される。

本事業は、無料低額宿泊所入所者の転居を促進する側面と同時に、「優良な」施設を育成するというねらいも併せ持っている。前年度に開催された「無料低額宿泊施設等のあり方に関する検討チーム」においては、無料低額宿泊所が徴収する費用の不透明性をめぐって、宿泊所を運営する事業者から「ケアの対価」を支払うことが提言されている。例えばNPO法人エス・エス・エスは、第2回検討チームに提出した資料の中で、「無料低額宿泊所が利用者に提供するべき

福祉サービス内容を明確にし、それに見合った財政補助制度を設ける」ことを要望している。また、無料低額宿泊所において利用者への自立支援が不十分といわれることについて、その原因は利用者から受け取る施設利用料のみで運営しなければならない財政構造にあるとし、必要な研修を修了した生活相談員を配置することを要件として自立支援予算を補助することを求めている。

　また、NPO法人ホームレス支援全国ネットワークも、第5回検討チームに提出した資料の中で、ホームレスの自立支援のための居住施設を運営する事業者への外部評価を徹底すると同時に、事業者等に対してホームレス支援のケア対価を国庫補助10分の10（もしくは自治体が応分の負担）を想定しながら支払うことを提案している。

　これらの提案は、劣悪業者の取り締まりだけに目を向けるのではなく、無料低額宿泊所がホームレス支援において果たしてきた役割を積極的に評価し、一定の水準を満たすケアを提供している施設にはその対価を補助することによって優良施設を育成していくことが必要であるとの認識に基づいていると考えられる。一定の要件を満たした事業者に対して人件費補助を行うことを可能にした居宅生活移行支援事業は、こうした優良施設育成のための方策としての性格を持っていると考えられよう。なお、本事業の実態と成果については、第7章で詳述する。

③民主党議員連盟の発足と議員立法制定の動き
　2010年4月1日には民主党の議員有志によって議員連盟「貧困問題と貧困ビジネスを考える民主党議員の会」が発足した。同議員連盟は、無料低額宿泊所等を運営する劣悪業者を規制することを主な目的とした「被保護者等住居・生活サービス提供事業の業務の適正化等に関する法律案」を議員立法によって提出することを目指した。同法案は、結果として国会提出に至らなかったためその内容は不透明な部分も多いが、生活保護問題対策全国会議による意見書の中で、その一端が明らかになっている[9]。

　意見書によれば、同法案は、2人以上の被保護者等に対し、宿泊所等を利用させることにより住居を提供するとともに、有償で生活サービス（衣類、食材等の日常の生活必需品の供与、入浴、食事、金銭の管理その他生活に関するサービス）

を提供する事業などを「被保護者等住居・生活サービス事業」と呼び、これに該当する事業を経営する者に対して届出義務を課すこととしている。この中には、無料低額宿泊所のほか、これに類似する法的位置付けのない施設、さらには「福祉アパート」などと呼ばれる一般アパートを借り上げる形で住居と生活サービスを一体的に提供する事業も含まれると考えられる。都道府県知事は、同事業の経営者に対する業務改善命令や、被保護者等の処遇につき不当な行為をしたときなどの事業停止命令の権限を持つ。

　また、施設設備等については、厚生労働省令で「業務の運営について必要な基準」を定めるとされ、現在はガイドラインとして示されているに過ぎない施設設置基準が、一定の法的拘束力を持つものとなる。ただし、その基準は、法案上は「宿泊所等の構造及び設備並びに管理に関する事項」「事業者の経営に関する情報の公開に関する事項」などと示されているに過ぎず、具体的内容は省令に委ねられることになる。

　徴収される費用については、「事業者が提供する住居及び生活サービスの内容並びにそれぞれの対価の額に関する事項」を都道府県知事に届け出ることや、同事項を記載した書面を利用者に交付する義務が事業者に課せられている。ただし、これについても費用の上限額等が示されるわけではないため、対価の妥当性については不問に付されている。

　入所期間の問題については、地方公共団体が「宿泊所等の利用が不当に長期にわたることのないよう、当該被保護者等の転居の支援等自立の支援に努める」とされる。これは、現在の宿泊所の中に必要以上に長期にわたって入所者を囲い込んでいるものがあることへの問題意識があると考えられる。この点に関連して、法案では、被保護者等は少なくとも1月前に予告すれば当該被保護者等住居・生活サービス提供契約を解除することができる旨を（契約に）定めなければならないと規定しており、利用者による解除権を明確化することで本人の意思に沿わない利用契約を防ごうとしている。ただし、このことは逆にいえば、契約を解除したいと考えても1ヶ月間は当該施設で生活しなければならないことを意味しており、生活保護問題対策全国会議の意見書は、その1ヶ月間の生活を考えると、利用者が契約解除の意思表示をすることが困難になるのではないかと批判している。

さらに、金銭管理について、法案は、事業者が金銭管理業務担当者の氏名等を提出してあらかじめ都道府県知事の承認を受ければ、利用者の保護費や保護費が振り込まれる預貯金口座の通帳・カード等を管理することを認めている。いわば、都道府県知事による事前承認を得れば、保護費や通帳・カードの管理が包括的に認められることを意味している。

第3節　地方自治体による条例制定と住宅扶助基準改定

1．地方自治体による条例制定

　以上のような国レベルでの施策のほか、地方自治体においても、無料低額宿泊所やそれに類する事業に規制を加えることを目的とした条例を制定する動きがみられる。最初に宿泊所規制条例を制定したのは大阪府だった。大阪府福祉部地域福祉推進室社会援護課（2011）によれば、2009年夏頃から大阪市や堺市で「貧困ビジネス」が多発したという。ただし、先にも言及したように、大阪の場合は、宿泊所型の施設よりも、ワンルームマンションを含む住居提供に生活サービスを付加する事業手法が中心であるという地域特性があった。前述した議員立法が国会に提出されない状況の中、契約の書面化と解約の自由の保障を軸とした条例化の提案を知事からも受け、議員立法案も参考としながら条例案を作成し、2010年10月に「被保護者等に対する住居・生活サービス等提供事業の規制に関する条例」が公布・施行された。その後、2013年3月に埼玉県で条例が制定されたのを皮切りに、他の自治体でも条例制定の動きが進んだ。筆者の知る限り、現在までに、川越市、さいたま市、茨城県、越谷市を含めた6自治体で条例が制定されている（表2-2）。

　これらの条例の構成は、後述するように共通する部分が少なくなく、先行する条例を参照しながら作成されたと考えられる。事実、さいたま市の条例について、市会議員の戸島よし子は、「条例案は、大阪府と埼玉県の両条例を参考にし、両条例を比較・検討しながら独自の考えを出し合うというかたちですすめ

表 2-2　全国の宿泊所規制条例

自治体名	条例名	公布・施行日
大阪府	被保護者等に対する住居・生活サービス等提供事業の規制に関する条例	2010 年 11 月 4 日公布 2010 年 11 月 4 日施行
埼玉県	被保護者等住居・生活サービス提供事業の業務の適正化等に関する条例	2013 年 3 月 29 日公布 2013 年 10 月 1 日施行
川越市	被保護者等住居・生活サービス提供事業の業務の適正化等に関する条例	2013 年 6 月 27 日公布 2013 年 10 月 1 日施行
さいたま市	被保護者等住居・生活・金銭管理サービス提供事業の業務の適正化等に関する条例	2013 年 7 月 9 日公布 2013 年 10 月 1 日施行
茨城県	被保護者等に対する住居・生活サービス等提供事業の規制に関する条例	2014 年 3 月 26 日公布 2014 年 10 月 1 日施行
越谷市	被保護者等住居・生活サービス提供事業の業務の適正化等に関する条例	2014 年 12 月 22 日公布 2015 年 11 月 1 日施行

られました」と述べている（戸島 2013）。とはいえ、当然ながら各地の条例の内容には異なる部分も少なくない。以下では、上記 6 自治体の条例の内容を整理する。

(1) 条例の概要と目的

　各地の条例の基本的な枠組みは、2 人以上の被保護者や生活保護の開始申請者（以下、被保護者等）に対して住居サービスと生活サービスをセットで提供する事業を「被保護者等住居・生活サービス提供事業」などの名称で定義し、この事業を実施する事業者に自治体への届出義務を課すものである。また、事業者と利用者が締結する契約に関する規制を定めたり、不当な行為があった場合の事業停止等の命令権限を行政に与えたりするものである。

　これらの規制を定めることで、「事業を行う者の被保護者等の処遇についての不当な行為を防止し、もって被保護者等の生活の安定及び自立の助長を図り、福祉の増進に寄与すること」（大阪府、茨城県）、「事業者の業務の適正な運営を確保し、被保護者等の処遇を改善するとともに、その自立の支援を図ること」（埼玉県、川越市、越谷市）、「事業者の業務の適正な運営を確保し、もって事業者の不当な営利行為を防止し、被保護者等の権利利益を擁護するとともに、その自立の支援を図ること」（さいたま市）を目的としている。

(2) 対象となる事業

　前述の通り、各地の条例では、2人以上の被保護者等に住居サービスと生活サービスをセットで提供する事業を規制対象としている。大阪府、さいたま市、茨城県では、住居サービスと金銭管理サービス（金銭、預金、通帳の預かり）をセットで提供する事業も含んでいる。また、1つの事業者が自らこれらのサービスを提供するケースだけでなく、住居サービス提供事業者が、指定した事業者に生活サービスや金銭管理サービスを提供させるケースも規制対象としている。埼玉県、川越市、さいたま市、越谷市は、住居や生活サービスを提供していない事業者が、指定した事業者に住居サービスと生活サービスや金銭管理サービスをセットで提供させる事業も対象としている。

　なお、生活サービスの定義は、自治体によって若干異なる。衣類提供、食事提供、家事サービス提供を生活サービスの中に含めている自治体が多いが、川越市は、規制対象事業として金銭管理サービスを明記していないものの、生活サービスの中に金銭管理を含めている。また、大阪府、さいたま市、茨城県の条例は、生活サービスを、「1ヶ月を超えて継続的に提供するもの」と定義している。

　各条例は、2人以上の被保護者等に上記の事業を提供する事業を条例による規制対象事業としているが、他の法令によって事業開始や設置に際し行政への許認可・届出などが必要な事業は、規制対象から除外されている。しかし、社会福祉法に基づく無料低額宿泊所は、除外規定の例外として、規制対象に含めている自治体がほとんどである（茨城県を除く）。さらに、大阪府とさいたま市は、無料低額宿泊所以外の社会福祉事業や生活保護施設、有料老人ホーム、サービス付き高齢者向け住宅なども除外規定の例外として規制対象に含めている。

(3) 届出

　全ての条例が、対象事業の事業者に届出義務を課している。届出事項は、事業者の名称や住所、提供するサービスの内容は共通しているが、埼玉県とさいたま市は定款その他の基本約款の届出を求めている点、川越市と越谷市は被保

護者等が事業者に支払う額、苦情受付窓口、サービス提供契約の期間の届出を求めている点が特徴的である。

各条例は、これら届出事項について、事業開始時及び届出事項に変更があった場合や事業を廃止する場合に首長にその旨届け出ることを義務づけている。事業開始時においては、大阪府は事前に、それ以外の自治体は開始後1ヶ月以内の届出を、変更・廃止時においては、全ての自治体が1ヶ月以内の届出を求めている。

(4) 契約

全ての条例が、契約前に被保護者等に重要事項を説明すること、契約時には書面を交付することを義務づけるとともに、契約内容に関する一定の規制を設けている。

まず、重要事項の説明については、大阪府、さいたま市、茨城県の条例は、契約締結前に、サービス内容や居室の床面積、被保護者等が事業者に支払う金銭の額などを書面で説明すること、同書面に説明を受けたことを示す署名又は押印をさせることを義務づけている。それに対して、埼玉県、川越市、越谷市の各条例は、利用申し込み時の説明を求めているが、説明が義務づけられている事項は後述する契約内容の禁止事項のみであり、契約内容及びその履行に関する事項については「併せて説明するよう努めなければならない」とするにとどまっている。

次に、契約手続きに関するルールについては、全ての自治体が契約内容を書面で交付することを義務づけている。契約書に盛り込むべき事項としては、サービス内容や利用料、契約解除などに関する事項は共通しているが、大阪府、さいたま市、茨城県は提供する住居の床面積を、埼玉県、川越市、さいたま市、越谷市は苦情受付窓口を、それぞれ盛り込むべきとしている。また、埼玉県、川越市、さいたま市、越谷市は、契約書の写しその他契約内容を記載した書面を1ヶ月以内に首長に提出することを義務づけているが、大阪府、茨城県の条例にはそうした規定はない。

また、各自治体とも、契約内容に関する禁止事項についても定めている。共通するのは、被保護者等が生活サービスないし金銭管理サービスの解約を申し

出たときに、事業者がそのことを理由に住居サービスの契約を解除してはならないことと、サービス内容にかかわらず、被保護者等が解約を申し出たときに違約金の支払いを求めてはならないことである。加えて、埼玉県、川越市、さいたま市、越谷市の条例は、1年を超えるサービス提供契約も禁じている。

　さらに、各自治体の条例は、契約解除に関するルールも定めている。まず、被保護者等からの解約の申し出があった場合の取扱いについて、大阪府、さいたま市、茨城県の条例は、住居提供サービスに関しては予告から1ヶ月以内に、生活サービスや金銭管理サービスについては直ちに解除することを求めている。埼玉県、川越市、越谷市の条例は、サービス内容にかかわらず、被保護者等からの解約申し入れがあれば遅滞なく解約することを求めている。また、事業者が解約しようとする場合の取扱いについては、いずれの自治体も、6ヶ月前までに被保護者等に予告しなければならないとしている。ただし、埼玉県、川越市、さいたま市、越谷市の条例では、失踪その他のやむを得ない事情がある場合はその限りではないと規定している。

　なお、大阪府の条例を検討した小久保（2011）は、この解約ルールに関して、「安心して（あるいは勇気をもって）解約権を行使することができる当事者がどれだけいるか」を懸念している。業者に囲い込まれている当事者は、たとえ不満があっても再び野宿に戻る恐怖から声をあげられないことが考えられるため、保護の実施機関が転居のための敷金等を支給するなど適切な支援を行うことが必要であると指摘している。

(5) 行政の監督権限

　各自治体とも、事業者の事業内容に関する行政の監督権限に関する規定を設けている。その内容はいくつかのレベルに分かれるが、およそ共通するのは、①事業者に対する報告徴収・立入検査権限、②事業を制限又は停止する命令権限、③事業を改善させるための勧告・命令権限、④不当な行為に対する罰則規定、⑤保護の実施機関との連携規定である。

　第1に、報告徴収・立入検査権限については、大阪府の場合、重要事項説明及び契約書交付に関する条例の規定に違反する疑いがある場合、その他条例施行に必要な限度において、知事が事業者ないし関係者に必要事項の報告又は資

料提出を求めることができるとしている。茨城県は、条例の施行に必要な限度において、知事による事業者への報告徴収とともに立入検査の権限も与えている。埼玉県、川越市、越谷市については、事業の届出、重要事項説明、契約書交付、その他条例施行に必要な限度において、首長による報告徴収と立入検査の権限を与えている。さいたま市の場合は、これらに加えて、後述する居室環境規定や虐待防止規定の施行のために必要な場合にも報告徴収と立入検査の権限を与えているほか、市長が事業者に対し事業の適正な運営を確保するために必要な指導及び助言をすることができるとの規定も設けている。

　第2に、事業の制限・停止命令権限については、さいたま市の場合、事業者が事業に関し不当に利益を図り、又は被保護者等の処遇につき不当な行為をしたとき、報告徴収に応じなかったり虚偽の報告をしたとき、立入検査を拒否したり忌避したときに、市長が事業経営の制限又は停止を命ずることができるとしている。埼玉県、川越市、茨城県、越谷市も同様の事業制限・停止命令ができるとしているが、加えて、届出をしていない事業者が不当な営利を図ったり被保護者等の処遇につき不当な行為をしたりしたときにも、当該事業者に事業制限・停止命令ができることを明記している。なお、大阪府の条例では事業者に対する知事の事業制限・停止命令権限は規定されていない。

　第3に、いずれの自治体も首長が事業者に対して事業改善のために必要な措置を講ずるよう勧告することができる旨規定しているが、勧告の対象となる事態についてやや違いがある。大阪府の場合は、契約解除規定、重要事項説明規定、契約書交付規定に違反した場合で、被保護者等の生活安定・自立助長を害するおそれがあると認められるときに、適切な契約書を交付するなど必要な措置を講ずるよう勧告することができるとしている。埼玉県、川越市、茨城県、越谷市の条例は、契約に関する規定のほか、後述する虐待防止規定に違反する場合も勧告の対象としている。これに対して、さいたま市の条例における勧告対象事象は幅広く、契約関連規定、虐待防止規定のほか、届出規定や居室環境規定に違反した場合、衛生管理や災害予防に関して必要な措置が講じられていないと認められる場合にも、市長が勧告できるとしている。

　なお、いずれの自治体も、勧告された必要な措置を事業者が講じない場合にその内容を公表する旨規定している。大阪府、さいたま市、茨城県の条例は、

勧告に従わない場合は従うよう命令し、命令に違反した場合に公表するとしている。それに対して、埼玉県、川越市、越谷市は、勧告に従わなかった場合に、命令を経ずに公表するとしている。

　第4に、罰則規定について、大阪府は、第3の点で述べた勧告に従うべきとの命令に違反した場合に、6ヶ月以下の懲役又は100万円以下の罰金に処するとしている。その他の自治体は、第2の点で述べた事業制限又は事業停止命令に違反した場合に、6ヶ月以下の懲役又は50万円以下の罰金に処するとしている。なお、いずれの自治体も、罰則対象となる行為について法人と従業員の両罰規定を設けている。

　第5に、さいたま市を除く5自治体が、条例の実施に関して生活保護法に基づく保護の実施機関との連携について規定している。5自治体に共通するのは、首長が事業者に関する情報を実施機関に提供するとしている点である。これに加えて、大阪府、埼玉県、茨城県、越谷市の条例は、条例違反が疑われるときに、首長が実施機関に対して情報提供などの協力を求めたり、実施機関が首長に対して必要な措置を講じるよう求めたりすることができる旨規定している。

(6) サービス内容に関する規定

　各地の条例では、事業者が提供するサービスの内容に関する規定も設けられている。具体的には、虐待防止、居室環境、利用料に関する規定である。ただし、大阪府の条例はいずれの規定も設けていない。また、茨城県は虐待防止についてのみ規定している。

　虐待防止については、大阪府を除く全ての自治体が、事業者に対して、被保護者等の権利利益を侵害することがないよう、身体的・心理的・経済的その他の虐待防止に関する取り組みを推進したり必要な措置を講じたりすることを求めている。併せて、地方公共団体が実施する被保護者等の自立支援施策に協力することも求めている。

　居室環境及び利用料に関する規定は、埼玉県、川越市、さいたま市、越谷市の条例で定められている。居室環境については、いずれも個室を原則としている。ただし、埼玉県と川越市は「一の居室を二以上の世帯に利用させないよう努めなければならない」としているのに対して、さいたま市と越谷市は「一の

居室を二以上の世帯に利用させてはならない（特別の事情がある場合を除く）」とやや強い規定になっている。また、1人当たりの専用部分（収納部分等除く）については、いずれも床面積を4.5㎡以上かつ空間容積を9.45㎡以上とするよう努めなければならないとしている。さらに、さいたま市の条例では、隣室や廊下との境界を明確に区画し、生活の平穏を害することのない環境を確保しなければならないとしている。

　利用料については、埼玉県、川越市、越谷市の条例では、住居費を社会通念上相当と認められる額となるよう求めている。これに対して、さいたま市の条例では、住居費を被保護者等の生計状況などを勘案し近傍同種の住居の家賃より低額になるよう定めるものとするとして、より明確に規定している。さらに、さいたま市の条例では、住居以外のサービス費について、サービス内容相当額を超えて不当に利益を図ることのないよう定めなければならないこと、徴収する光熱水費等についても現に要した費用を超えることのないようにしなければならないことを規定している。

　さいたま市の条例は、サービス内容に関してさらに細かい規定も盛り込まれている。例えば、①食事提供について、飲食料品の提供を行うときは被保護者等の身体状況、栄養状態等に配慮した種類及び調理方法によるとともに適当な熱量・栄養量が含有されるよう努めなければならないこと、②衛生管理について、施設、設備、飲用水を衛生的に管理し、その他衛生上必要な措置を講じなければならないこと、③災害防止について、被保護者等の生命、身体、財産を地震、火災等から保護し、災害による被害を軽減するため必要な措置を講ずるよう努めなければならないことなどである。

（7）各地の条例の共通点と相違点

　以上、本項で検討した各地の条例の主要な共通点と相違点を要約すると、次のようにまとめることができるだろう。

　第1に、いずれの条例も、2人以上の被保護者等に対して、住居サービスと生活サービスないし金銭管理サービスをセットで提供する事業を規制対象事業とし、こうした事業を営む者に対して行政への届出を課している点で共通している。他の法令で許認可や届出が必要となる事業は本条例の規制対象から外し

ているが、茨城県を除く各自治体では、無料低額宿泊所を例外的に規制対象に含めている。さらに、大阪府とさいたま市では、有料老人ホームやサービス付き高齢者向け住宅など幅広い事業についても例外的に規制対象に含めている。

　第2に、事業者と利用者との間で締結する契約についてルールを定めている点も共通している。契約前に重要事項を説明すること、契約時には書面を交付すること、利用者の解約申し出には迅速に応じること、生活サービスや金銭管理サービスの解約を理由に住居サービスを解約してはならないこと、解約時に違約金を求めてはならないことなどが共通して規定されている。埼玉県内の4自治体は、契約書を1ヶ月以内に首長に提出することや、1年を超えるサービス提供契約を禁じている点が特徴的である。

　第3に、行政の事業者に対する監督権限を規定している点も共通している。主に契約に関する条例の規定を遵守させるために、首長が事業者に報告を求めたり、必要な措置を講じるよう勧告したり、勧告に従わない場合は従うよう命令したりその内容を公表したりすることができるとしている。また、大阪府以外の自治体では、届出規定の違反や虚偽の報告、不当な行為があった場合に事業を制限したり停止したりするよう命じる権限も与えている。事業制限・停止命令に違反した場合の罰則規定も設けている。大阪府の条例は事業制限・停止命令の規定がないため、勧告に従うべきとの命令に違反した場合の罰則規定を設けている。なお、さいたま市は、これらの監督権限が発動できる事態に、契約関連事項の違反だけでなく、居室環境規定など幅広い事態を含めている点が特徴的である。

　第4に、サービス内容に関する規定を設けている自治体も多い。大阪府の条例にはこうした規定がないが、その他の自治体は虐待防止規定を設けている。さらに埼玉県内の4自治体は居室環境や利用料に関する規定も設けている。特にさいたま市は、住居費以外のサービス費にもルールを定めたり、食事提供、衛生管理、災害防止など広範にわたってサービス内容に関する規定を設けている点が特徴的である。

　これらの規定は、全体的にみて、第1章第3節の2で述べた社会福祉法上の規制や指導監督権限を大きく超えるものではない。ただし、社会福祉法が第2種社会福祉事業としての届出をした宿泊所を中心に規制しているのに対し

て、各地の条例は、無料低額宿泊所としての届出をしていなくても、2人以上の被保護者に住居と生活サービスをセットで提供する事業を明確に規制対象にしている点が特徴的である。この背景には、無料低額宿泊所としての届出をしている宿泊所が488ヶ所であるのに対して、社会福祉各法に法的位置付けのない施設が1314ヶ所に上ること、そのうちホームレスを対象とした施設だけでも214ヶ所に上ることがあると考えられる[11]。こうした無料低額宿泊所に類する施設への行政の指導監督権限を明確にすることが、各条例のねらいの1つであるといえよう。

　また、各地の条例では、社会福祉法に比べて、契約に関するルールがより厳格化されていることも特徴的である。とりわけ、契約解除に関して、利用者側からの解約申し入れに迅速に対応することや、生活サービスの解約を理由にした住居サービスの解約を禁じている自治体が多い。このことは、無料低額宿泊所をめぐる問題の中でも、契約の不透明さを各自治体が特に強く問題視していることを示していると考えられる。

2．住宅扶助基準改定と無料低額宿泊所

　2015年7月より、生活保護の住宅扶助基準が改定された[12]。従来は、都道府県、指定都市、中核市ごとに、①単身世帯に適用される基準額、②複数人世帯や障害者等特別な事情がある場合などに適用される基準額、③7人以上の世帯に適用される基準額が設定されていたが、世帯人数に応じた区分がより細かく設定されることとなった。また、単身世帯については、住居の床面積に応じた基準額が導入され、床面積が狭い住居の場合は基準額を減額する措置がとられることとなった。ただし、「自立助長の観点から引き続き当該住居等に居住することが必要と認められる場合」などは、減額措置をとらないとされている。

　このうち、後者の床面積に応じた基準額が導入された背景には、社会保障審議会生活保護基準部会における、無料低額宿泊所等をめぐる議論がある。ここでは、同部会の議事録を中心に基準改定に至った経緯とその論点を整理し、実際の基準改定の内容と特徴を検討する。

（1）無料低額宿泊所に関する基準部会の議論

　生活保護基準部会において住宅扶助をめぐる議論が本格的に始まるのは第16回部会（2014年3月4日）からだが、その嚆矢は第15回部会（2013年11月22日）での議論にも既にみられた。住宅扶助基準の設定に関して、大竹文雄委員が、最低生活にふさわしい質を伴わない住宅に基準額通りの家賃が支払われていることを問題視し、住宅の質に対応した家賃かどうかの仕組みづくりが必要であると述べている。これに対して、園田眞理子委員が、「ある東京の事例」として、1つの建物に複数名を入居させて1人ずつから基準額の家賃を徴収し、生み出された金額を「生活の規律も守れないし、1人でいるとどうにもならない」人への見守りなどの費用として補っている善意の事業者の存在を指摘している。

　こうした園田委員の見解は、第16回部会でより明確に示される。園田委員は、「（収容人数×住宅扶助）−（低質住宅費＋最低限の食事と見守り）＝a」という図式を示し、aがプラスマイナスゼロだったらあまり問題にならないが、aの部分で別の利益を上げることが問題であるとしている。これに対して、岡部卓委員は、一般的に住宅の質に見合った家賃になっているか、家賃の額が妥当性を持つかどうかという問題があると述べ、aがゼロであれば問題はないという見解に異議を唱えている。

　この論点は無料低額宿泊所のあり方を考える際にきわめて重要である。この点については、第17回部会（2014年5月16日）でも議論されている。園田委員によれば、貧困ビジネスといっても悪いものばかりではないという。被保護世帯の中には信用力がない人がおり、それをカバーするために同じ水準の住宅でも高額な家賃を支払っている場合がある。信用力のなさによる関係資本の不足は人的な対応でサポートする必要があり、それが家賃に上乗せされていると主張する。道中隆委員も、家主はトラブルを起こすなどのリスクを抱えている人の入居を回避する傾向にあるため、そのリスク負担を家賃に上乗せするのが市場の現実であると述べている。

　これに対して岡部委員は、面積や設備などをもとに算出される「住宅そのものの値段」と対人サービスのコストのような「住宅関連費用」とを区別した上で、住宅扶助の議論はあくまで前者を評価すべきであり、後者をどのように考

えるかは住宅扶助の次のステップの課題であると述べている。岡部委員は、第18回部会（2014年5月30日）でも、対人サービスコストを含めた家賃が、住宅扶助の性格を曖昧なものにしていると指摘している。

（2）無料低額宿泊所等の実態に関する検証結果

第19回部会（2014年10月21日）では、被保護世帯の居住実態等に関する作業班による検証結果が示された。無料低額宿泊所に関しては、主に次のような検証結果が明らかになった。

第1に、単身の被保護世帯が居住している住居の床面積について、民営借家の場合は平均26㎡であるのに対して、無料低額宿泊所は平均9㎡であること。第2に、家賃が住宅扶助基準上限額の1.0倍以上である住宅の比率が、民営借家だと43％、公営借家だと1％であるのに対して、無料低額宿泊所は72％であること。第3に、近隣同種の住宅の家賃よりも明らかに高額な家賃が設定されている疑いがあるとケースワーカーが評価した住居について、高額家賃が徴収される特別な理由として最も多く挙げられたのが「その他」であり、その内容として多いものが「簡易宿所あるいは無料低額宿泊所だから」というものであることである。

この検証結果に対して、岡部委員は「貧困ビジネスと言われているような、（中略）面積が狭小で高家賃が一部はっきりとデータで出て」いると評価し、どのように今後の方策に結び付けたらよいか検討すべきと述べている。

（3）基準部会報告書
①第21回部会での議論

第21回部会（2014年12月26日）では、厚生労働省から部会報告書の案が示された。報告書案における、無料低額宿泊所に関する記述は、以下のように要約できる。

1) 無料低額宿泊所では、床面積が狭いにもかかわらず、住宅扶助特別基準以上で家賃額が設定されている割合が高くなっている。
2) 現行の住宅扶助特別基準は住宅の質に応じた上限額の設定がないため、劣悪な住宅で生活保護受給者の自立の助長に支障をもたらす恐れがあるにもか

かわらず、住宅扶助特別基準で家賃額を設定し、不当な利益を得る、いわゆる貧困ビジネスの温床にもなっている。

3) より適切な住環境を備えた住宅へ誘導していくため、床面積が狭小な住宅については、床面積に応じた支給額とするなど住宅扶助費の支給額を住宅の質に見合ったものにする必要がある。その際には、居住の安定の確保に支障が生じるおそれがあることを踏まえる必要がある。

4) 一方、無料低額宿泊所等においては、支援が必要な方に対して、居室の提供のほか見守りや家事援助など生活支援サービスも併せて提供し、当該サービスにかかる人件費などのコストを、実質的に住宅扶助費で充当している実態が見受けられる。

5) 住宅扶助の趣旨を踏まえると、生活支援サービスにかかるコストに住宅扶助が充当されることは適切ではないが、生活支援サービスを提供する無料低額宿泊所等に対して、床面積に応じて減額した住宅扶助特別基準を適用することとした場合、生活支援サービスの提供が困難となり、利用者の自立の助長に支障が生じるおそれがある。

6) そのため、生活支援サービスを提供する無料低額宿泊所等に入居する世帯については、床面積に基づき、一律に判断するのではなく、自立助長の観点から生活支援サービスが維持されるような措置を講じることが必要である。

7) なお、将来的には、生活支援サービスにかかるコストに対応する扶助の仕組みを設けることなども検討することも必要であるとの意見もあった。

つまり、無料低額宿泊所では、住宅の質に見合わない家賃を徴収する貧困ビジネスがみられるため、住宅扶助を床面積に応じて支給する必要があるとした上で、家賃に含められている生活支援サービスが維持できるための措置を講じることも必要であるとの認識が示されている。

この報告書案に対して、園田委員からは、居室の床面積の計算方法について、「その人が使う専用の居室面積だけであると明らかに面積が低いのに高い家賃なのですが、ひょっとすると共同で生活するための、例えば食堂があるとか浴室があるという共用部分まで含めると、その面積のカウントが全然違ってくる」との意見が出された。また、床面積に応じた住宅扶助支給額の設定について、「住宅のその人の専用面積だけで見れば完全にアウトですけれども、実は単

身者で障害あるいは自立した生活ができない場合に、サポートする部分の共同的な面積も必要なので、そこの部分をどう考えるのかというのは非常に大きな問題ではないかと思います」として、弾力的な運用の必要性を指摘した。

②部会報告書

以上の議論の結果、2015年1月9日に発表された最終的な部会報告書では、次のような修正が加えられた。

第1に、無料低額宿泊所や簡易宿所等で床面積が狭いにもかかわらず住宅扶助特別基準以上で家賃が設定されている割合が高い理由について、①不当な利益を得ることを目的とした、いわゆる貧困ビジネスであると考えられること、②1人では自立・自律した生活を営むことが困難な人を受け入れている無料低額宿泊所等において、共同的な生活を営むための床面積がある場合や何らかの生活支援を行っている場合があること、そのような例が作業班によるヒアリングでも確認されたことの2点が示された。

第2に、こうした実態への対応策について、前項の3)に関わる記述が次のように修正された。「…床面積が狭小な住宅については、床面積に応じた支給額とするなどにより、住宅扶助費の支給額を住宅の質に見合ったものにするなどの措置を検討することも考えられる。しかしながら、いわゆる貧困ビジネスは、生活保護受給者本人ではなく、受け入れる側の問題が大きく、その是正に向けての取組は別途必要である。住宅扶助費の支給額の変更等により、生活保護受給世帯の居住の安定確保に支障が生じないよう留意する必要がある」(傍点筆者)。

すなわち、床面積に応じた住宅扶助支給額の設定は、当初案にあった「必要がある」との表現から「検討することも考えられる」との表現に変わり、貧困ビジネスの是正は別の取り組みで対応するべきであること、支給額の変更によって居住確保に支障が生じないよう留意することとされた。なお、当初案にあった無料低額宿泊所入所者は、床面積に応じた住宅扶助支給額の設定について一律に判断するのではなく、生活支援が維持できるような措置を講じる必要があるとの文言(前項6の内容)は維持されている。

(4) 住宅扶助基準の改定

　基準部会報告書を踏まえ、2015年4月の社会・援護局長通知で住宅扶助基準が改定され、同年7月から適用されることとなった。その内容は前述の通りであるが、床面積別の住宅扶助限度額が導入され、自立助長の観点から、また当該地域の住宅事情により引き続き当該住居に居住することが必要な場合は適用外とすることとされた。

　さらに、局長通知と同じ日に課長通知も発出され、無料低額宿泊所に起居している場合の取扱いが示された[13]。そこでは、床面積別の住宅扶助限度額を適用する場合、①生活の支援が必要な要保護者であって、かつ居室の提供以外の支援を実施している無料低額宿泊所等を利用することが、本人の自立助長の観点から真に必要と認められる場合、②安定した住居のない要保護者であって、居住期間が6ヶ月未満の利用であると見込まれる場合のいずれかに該当する場合は、局長通知がいうところの「当該世帯の自立助長の観点から引き続き当該住居等に居住することが必要と認められる場合」「当該地域の住宅事情の状況により引き続き当該住居等に居住することがやむを得ないと認められる場合」に該当する、すなわち床面積別の住宅扶助限度額を適用しないものとして扱って差し支えないとされた。

　なお、本通知では床面積別住宅扶助限度額の取扱い以外にも、次のことが示されている。①生計が同一でない者が居室を共用している（相部屋）場合は、人数で割るなどして1居室につき1世帯分の基準額範囲内で住宅扶助を支給すること、②保護費は事業者に支払うのではなく本人へ確実に支払われるようにすること、③福祉事務所の訪問により入所者の生活実態の把握に努めるとともに、劣悪な状況であると認められるときには転居指導などを行うこと等である。

(5) 住宅扶助基準改定と無料低額宿泊所

　以上、ここでは、住宅扶助基準改定の動向における無料低額宿泊所の位置づけについて、社会保障審議会生活保護基準部会の議論を中心に検討してきた。同部会では、床面積が狭いにもかかわらず高額な家賃を徴収している無料低額宿泊所が多いとの検証結果が示された。その背景には生活サービスにかかる費用を家賃に含めていることがあるとの認識が共有されたが、その評価をめぐっ

ては、現行システムでは生活支援にかかるコストをカバーするための扶助費がないためやむを得ないとする委員と、住宅扶助として支給される家賃はあくまで住宅の質によって設定されるべきとする委員との間で見解が対立していた。結果的に、床面積に応じた住宅扶助限度額が導入されたが、無料低額宿泊所入所者については、生活支援が必要な場合で自立助長のために必要と認められるときは適用除外とすることとされた。

　もともと、床面積別の住宅扶助限度額の設定は、床面積に見合わない家賃を徴収している住居があるという「狭小面積・高額家賃」問題を背景に、質に見合った家賃に誘導することを目的として導入が検討された。その際、主に想定されていたのは無料低額宿泊所等であった。部会の検証結果においても、生活保護受給者が居住する住居の平均床面積は、民営借家が30㎡、無料低額宿泊所が9㎡であり、また家賃額が住宅扶助上限額の1倍以上の割合も、民営借家が43％であるのに対して無料低額宿泊所は72％と大きな差があった。

　しかし、無料低額宿泊所の生活サービスを維持する必要があるとの意見により、床面積別の住宅扶助限度額の導入は、部会報告書当初案の「必要である」との表現が、最終報告書では「検討することも考えられる」とトーンダウンした。一方、無料低額宿泊所では一律の判断がふさわしくないとの記述は維持された。そして、実際の基準改定では、生活支援が必要な無料低額宿泊所入所者には、床面積別住宅扶助限度額を適用しないことが可能になった。

　吉永（2015）は、こうした政策動向について、住宅扶助基準の設定方法は、居住水準を考慮せずに家賃額を限度額まで保障する「家賃準拠型」ではなく、構造物としての住宅の最低居住水準を確保する「最低居住水準確保型」に転換すべきと主張している。最低居住水準を確保した上で、人的支援部分については住宅扶助から切り分けて保障することによって、悪質な貧困ビジネスを解消することが可能になるという。しかしながら、2015年の住宅扶助基準改定では、生活保護基準部会で議論された無料低額宿泊所の居住環境を、最低生活を送るに相応しい質に引き上げていくための措置は、ほとんど対応されることがなかった。

3．ガイドライン改定

　住宅扶助基準改定通知に併せ、本節の冒頭で述べた無料低額宿泊所の設備運営に関する設備・運営ガイドラインを定めた通知が12年ぶりに改正された[14]。前述の通り、基準部会報告書では、貧困ビジネスの是正に向けての取り組みは別途必要であると記述されたが、この通知改正はその一環と考えることができよう。以下では、主な改正内容を整理してみたい。

（1）無届施設の取扱い

　無料低額宿泊所の開設にあたっては、自治体（都道府県、指定都市、中核市）への届出が義務づけられており、届出をした施設についてはガイドラインに基づき運営に一定の規制がかけられることになる。一方、無料低額宿泊所に類似する事業を運営しているにもかかわらず届出がされていない施設に対する規制はやや不明確であった。

　改正通知では、生計困難者に簡易住宅を貸し付け、又は宿泊所その他の施設を利用させることを目的とし、かつ、近隣の同種の住宅に比べて低額であるか、又は1ヶ月当たりの料金を住宅扶助で賄うことができる宿泊所については、届出の有無にかかわらず、無料低額宿泊所に該当するものであることが明記された。

（2）指導監督権限の明確化

　既に述べたように、無料低額宿泊所は社会福祉法に基づく社会福祉事業であるため、同法により行政の指導監督権限が規定されている。旧ガイドラインでも、必要な調査を実施して環境改善を働きかけること、必要に応じて社会福祉法第70条に規定する調査を実施すること、事業者が不当に営利を図るなどした場合は同法第72条に基づく事業経営の制限・停止命令をすることなどが規定されていた。

　新ガイドラインは、この点をより明確にした。社会福祉法第70条に基づく調査等を定期的に実施することを求めたほか、この調査は無届施設も対象となることを明記した。また、同法第72条に基づく命令対象となる「不当に営利を

図り、もしくは利用者の処遇につき不当な行為をしたとき」の判断基準として、①居室の利用及びそれ以外のサービスの利用を強要し、又はあいまいな名目による不適切な金銭の支払いを求めているとき、②居室の利用以外のサービスに係る費用の契約を締結しないことにより退去を求めているとき、③その他利用者の生命又は身体の安全に危害を及ぼすおそれがあるときの3つを示した。

(3) 設備環境基準の強化

新ガイドラインでは、無料低額宿泊所の設備環境基準も強化された。旧ガイドラインでは、「1の居室は、原則として、2以上の世帯に利用させないこと」として個室を原則とし、「これにより難い場合は、居室の床面積が1人当たり3.3㎡以上確保されていること」としていた。新ガイドラインでは、「居室は、原則として個室とし、一居室の面積は7.43㎡以上とすること」として、個室の面積基準をおよそ4畳半とした。その上で、「これにより難い場合は、居室の床面積が1人当たり4.95㎡以上確保すること」として、やむを得ず相部屋とする場合の1人当たりの面積基準を、2畳相当から3畳相当に引き上げた。

さらに「既存の無料低額宿泊所の居室について、上記床面積が確保されていない場合には、段階的、計画的に基準を満たすよう整備すること」とし、旧ガイドラインにより開設された宿泊所についても、新基準を満たすようにすることが求められた。

(4) 契約手続きの明確化

利用契約に関して、旧ガイドラインは、社会福祉法第77条第1項に規定する、事業者の名称、利用料、サービス提供開始年月日を記載した書面を交付することを求めるのみであった。新ガイドラインでは、社会福祉法が定めるその他の契約関連条項—入居募集にあたってサービス内容を十分情報提供すること（第75条関係）、利用申し込み時に重要事項を説明すること（第76条関係）を明記した。

加えて、社会福祉法に定められていない独自の契約ルールも定めた。すなわち、契約書に記載するべき事項として苦情受付窓口を追加したほか、「福祉サービス（宿泊所の利用）以外のサービスを提供する場合には、当該サービスの内容

及び費用等を明らかにした上で、福祉サービスの利用契約とは別の書面で契約すること」、また、「福祉サービス以外のサービスに係る契約を締結しないことを福祉サービスの利用契約解除の条件としないこと」を定めた。これらは、各地で定められた宿泊所規制条例の内容を反映したものと考えられる。

(5) 居室使用料規定の改正

旧ガイドラインは、居室使用料は無料又は低額であることとした上で、使用料を徴収する場合には、「当該使用料に見合った居住環境を確保すること」と規定していた。新ガイドラインでは、居室使用料について、「当該宿泊所の整備に要した費用、修繕費、管理事務費、地代に相当する額等を基礎として合理的に算定したものとし」、当該使用料に見合った居住環境を確保することと修正した。単に「低額」とするだけでなく、積算の合理的根拠を示すことを求めた改正といえるが、積算基礎の中に「管理事務費」を含めていることから、社会保障審議会生活保護基準部会で論点となった、家賃にサービスコストを含めることの妥当性について、曖昧さを残しているともいえる。

また、旧ガイドラインは、「低額」の基準を、「近隣の同種の住宅に比べて、低額な金額であること」としていたが、新ガイドラインでは「近隣の同種の住宅に比べて低額であるか、又は1ヶ月当たりの料金が当該無料低額宿泊所所在地における厚生労働大臣が自治体ごとに定める生活保護の住宅扶助の特別基準額以内の額であること」と修正された。

ここで追加された後者の規定については、検討する必要があるだろう。すなわちこの規定は、無料低額宿泊所が住宅扶助の特別基準額と同額の家賃を徴収することを「低額」な家賃として公認したことを意味している。しかし、無料低額宿泊所に求められる居室の最低水準は、(3)で述べたように、個室の場合7.43㎡である。これは、国土交通省が定める単身者の最低居住面積水準が25㎡であることと比べると、あまりに低水準である。既にみたように、生活保護基準部会報告書でも、無料低額宿泊所の居室面積が平均9㎡であり、また72%の宿泊所が住宅扶助特別基準の1.0倍以上の家賃を徴収しているという検証結果を踏まえ、「民営借家と比較して、床面積が狭いにもかかわらず、住宅扶助特別基準以上で家賃額が設定されている割合が高くなっている」と述べている[15]。し

かし新ガイドラインは、居室面積の最低水準を7.43㎡としておきながら住宅扶助特別基準と同額の家賃を「低額」の中に含めることによって、無料低額宿泊所の「狭小面積・高額家賃」を追認しており、基準部会の議論に逆行しているといわざるを得ない。仮に住宅扶助特別基準と同額の家賃を「低額」に含めるのであれば、前段で述べた居室使用料積算の合理的根拠を、曖昧さを残すことなく厳格に求めることが必要になるだろう。

(6) その他運営基準の改正

その他にも、施設運営上の規定が改正された。例えば、配置する職員について、旧ガイドラインでは「施設長を配置すること」が定められているのみであったが、新ガイドラインでは、「施設長及び利用者数、提供するサービス内容に応じて必要な職員数を配置すること」とした。具体的な基準は明確にされていないものの、施設長以外の職員を配置することが望ましいことが示唆された。

また、職員による支援の内容について、旧ガイドラインでは「常時、生活の相談に応じるなど利用者の自立支援に努めること」と記載されているのみであったが、新ガイドラインでは、これに加えて、①利用者の自立支援に資するよう適切な知識、経験等を有する職員配置に努めること、②職員の資質向上のために研修機会を確保するよう努めること、③被保護者の自立支援に際して保護の実施機関と適宜連携するよう努めることが新たに追加された。

さらに、利用者の金銭管理に関しても、新たなルールが設けられた。すなわち、新ガイドラインでは、利用者の金銭、預金等の管理は利用者自身が行うことを原則とすることと明記された。利用者本人が希望して依頼した場合は施設側が管理することもやむを得ないとしているが、利用者からの依頼の事実を書面で確認するとともに、具体的な管理方法や本人への定期的な報告などを管理規定等で定めることとされた。

(7) 新ガイドラインの特徴と課題

以上、本項で検討した新ガイドラインの特徴は、以下の6点に要約することができる。つまり、①無届施設でも類似する事業であれば無料低額宿泊所に該当することを明確化したこと、②施設の不当行為の判断基準を一定程度示した

こと、③不十分とはいえ居室面積の基準を引き上げたこと、④宿泊所利用以外のサービスを利用しないことを理由とした宿泊所利用契約の解除を禁じたこと、⑤住宅扶助特別基準と同額の居室利用料を「低額」の範囲に含めたこと、⑥施設による金銭管理を原則として禁じたことである。

このように政府は、生活保護基準部会から「貧困ビジネスの是正」を住宅扶助基準改定以外の方法で取り組むことを要請されたため、ガイドラインによる規制を強化する形で是正を図ろうとしたといえる。ただし、同部会の議論で最も強く問題視されていた無料低額宿泊所の「狭小面積・高額家賃」問題については、住宅扶助特別基準と同額の居室利用料を「低額」の範囲に含めたことによって、是正が図られなかっただけでなく、むしろ公認し助長する可能性さえ残したと評価せざるを得ない。

おわりに

本章では、2000年代以降に無料低額宿泊所が社会問題化する中で何が問題視されるようになってきたのか、またそうした社会問題としての無料低額宿泊所問題に政策がどのように対応してきたのかを概観した。

戦後を通じて施設数が減少し、社会的ニーズの低下が顕著であった無料低額宿泊所が急増し始めた2000年代初頭から、一部の新聞報道によって、宿泊所が生活保護費を搾取しているなどの報道がなされ、厚生労働省も2003年に無料低額宿泊所の設備運営に関するガイドラインを制定し一定の規制を加えた。その後、無料低額宿泊所への社会的注目は沈静化していたが、2009年の「静養ホームたまゆら」火災事故を契機として、再び無料低額宿泊所問題への注目が集まるようになる。各地で提訴された無料低額宿泊所を相手取った民事訴訟では、徴収される費用と提供されるサービスの整合性や、契約手続時の慎重な説明の必要性が主な争点となった。

「たまゆら」火災当時に政権を握っていた民主党は、無料低額宿泊所問題への社会的注目が集まると、再び政策的対応を活発化させる。宿泊所の実態調査の実施、一般住宅への転居を促す通知の発出、無料低額宿泊所事業者に補助金交付などを行う居宅生活移行支援事業の実施などである。民主党議員の有志が

宿泊所への規制を強める議員立法の制定を模索するが、事実上頓挫することとなった。しかし、いくつかの地方自治体が独自に条例を制定し、議員立法が目指していた宿泊所への規制強化を試みている。

一方、社会保障審議会生活保護基準部会では、2014年頃より住宅扶助のあり方が議論の対象となり、無料低額宿泊所入所者に支給される住宅扶助費が居室面積に比べて高額であることが問題視された。しかし、無料低額宿泊所で提供されている生活サービスのコストを住宅費に転嫁することに理解を示す意見もあり、結果として、2015年7月から導入された床面積別の住宅扶助基準は、無料低額宿泊所には適用しないことが可能となった。

生活保護基準部会で求められていた「貧困ビジネス対策」は、住宅扶助基準によるコントロールとは別の方策で対応することとされ、厚生労働省ガイドラインが12年ぶりに改正された。改正ガイドラインでは、契約ルールや施設設備について、各地で制定された条例に倣った規制強化が図られた一方で、生活保護基準部会で特に問題視されていた「狭小面積・高額家賃」問題については、十分な是正が図られなかった。

以上のような、2000年代以降の無料低額宿泊所対策は、大きく分けると次の3つのルートからの政策的対応であったと特徴づけることができる。

第1に「規制ルート」である。これは、無料低額宿泊所の運営に対して一定の規制を加えたり、劣悪な処遇をしている施設に対して処分や罰則を与えたりするなどして、悪質業者を直接的に排除していくアプローチである。民主党の議員連盟が提出を目指した議員立法や各地の条例、厚生労働省ガイドラインなどは、基本的にはこのルートからの対策であったと考えてよいだろう。しかし、一定の規制は必要であるにせよ、それだけで悪質業者を排除することは困難であるといわざるを得ない。例えば、運営基準について一定の規制を加えたとしても、悪質業者ほどそれをすり抜ける術に長けている。その結果、規制を遵守しようとする事業者だけが規制に縛られ、悪質業者は引き続き劣悪な処遇を行うということも十分想定される。

また、劣悪な処遇をする事業者への事業停止命令等の処分権限が行政に担保されたとしても、実際にそれが発動されるかどうかは別の問題である。無料

低額宿泊所は社会福祉法に規定する社会福祉事業であるため、現行法規においても行政による一定の処分が可能であるが、実際には十分機能していない。その背景には、処分に踏み込む基準が曖昧だという事情もあるが、そもそも無料低額宿泊所が必要とされる構造がある限りは、行政の処分権限を強めてもなかなか機能しにくいといえよう。すなわち、悪質業者を排除するためには、規制や処分権限を強化するだけでなく、行政が無料低額宿泊所に依存しない構造を作っていくことが不可欠である。

　第2は、「補助金ルート」である。これは、一定水準を満たす運営をしている無料低額宿泊所に対して、ケアへの対価としての補助金を給付することで優良施設を育成しようとするものである。2010年に採択方針が示された居宅生活移行支援事業は、こうした性格を有する事業であったことは既に指摘した。むろん、ホームレス状態にある人たちの居住ニーズに応えていくためには、優良な施設が増えていくこと自体は望ましいことである。ただし、全国に488ヶ所も存在する無料低額宿泊所の全てが、本来必要とされているのかどうかという点は慎重な検討が必要である。無料低額宿泊所がホームレス状態にある人々の居住ニーズに応えてきたのは、一般アパートでの保護を厳しく制限してきた生活保護行政の運用が背景にあるのであって、一般アパートが選択肢の1つとして機能していれば、これほど多数の無料低額宿泊所は必要とされていなかったのではないかとも考えられる。

　また、無料低額宿泊所の入所者の中には、高齢者や障害者など一般アパートでの生活が困難な人も含まれており、無料低額宿泊所は、そうした人々の受け皿として機能しているという指摘もある。しかし、無料低額宿泊所はあくまで一時的な居住場所であり、専門的なケアを提供するための施設として想定されているわけではない。そのため、施設設備や人員体制も、専門的ケアを提供するに十分な基準が設けられているとはいえない。高齢者や障害者など一般アパートでの生活が困難な層の居住ニーズを充足していくためには、より専門的なケアを提供しうる施設が整備されていくことが本来的な方向性であることはいうまでもない。すなわち、無料低額宿泊所が、一般アパートでの生活が可能な層も困難な層も受け入れてきたのは、「本来の受け皿」が十分機能してこなかった結果であり、優良な無料低額宿泊所を育成していくこと自体は必要で

あったとしても、そこで必要とされる規模は現在ほど多くはない可能性がある。

　第3のルートは「転宅ルート」である。これは、一般住宅での生活が可能な入所者が移行できるよう促していくアプローチである。2009年から2010年に発出された通知は、内容が適切かどうかは別として、方向性としては一般住宅への転居を促すことを意識したものだった。また、居宅生活移行支援事業も転居促進の目的を有している。無料低額宿泊所入所者の多くが一般アパートでの生活が可能で、かつそれを望んでいるのだとすれば、本人のニーズに合わせた居住場所での生活ができるようにすることは、当事者主体の支援という意味でも重要なことである。そもそも無料低額宿泊所は、居住の一時性がその要件とされているため、長期にわたって入所する人を減らしていくことは制度の理念にも合致する。

　加えて、一般住宅での生活に移行する人たちが増えることは、無料低額宿泊所の顧客が減っていくこと、すなわちマーケットが縮小することを意味する。社会的ミッションに動機づけられた事業者は、マーケットが縮小してもニーズがある限り事業を続けるが、ビジネスとしての「うまみ」に動機づけられた事業者は、収益の見込めない市場からは撤退するだろう。したがって、「転宅ルート」からの施策を進めていくことは、結果的に悪質業者を淘汰することにもつながっていくと考えられる。以上のことから、筆者は「転宅ルート」による施策を進めていくことが、無料低額宿泊所問題の解決のために最も有効な方策であると考えている。

　第3章以降で検討する調査研究は、以上の問題意識に基づいて、今後の無料低額宿泊所対策のあり方を構想するための素材を提供しようとするものである。

【注】
(1)「ホームレスに住居提供、生活保護費から実費」(1999年11月1日付「東京新聞」)。
(2)「NPOがホームレスに食住提供」(2000年7月6日付「朝日新聞」)。
(3) 本件に関する記述にあたっては、舟木(2015)のほか、判決文及び判決後の弁護団声明、支援団体の記録を参照した。
(4) 本事件に関する記述にあたっては、判決文(御嵩簡易裁判所平成24年11月22日・賃金と社会保障1579号)及び川上・谷口(2013)を参照した。

(5) 本事件に関する記述にあたっては、常岡（2013）を参照した。
(6) 本事件に関する記述にあたっては、常岡（2013）を参照した。
(7) 厚生労働省社会・援護局長「社会福祉法第2条第3項に規定する生計困難者のために無料又は低額な料金で宿泊所を利用させる事業を行う施設の設備及び運営について」（平成15年7月31日・社援発第0731008号）。
(8) 「セーフティネット支援対策等事業実施要綱」別添1「自立支援プログラム策定実施推進事業実施要領」。
(9) 生活保護問題対策全国会議「無料低額宿泊所等に関する議員立法の根本的訂正を求める意見書～これでは『規制法案』ではなく『温存育成法案』だ～」（2010年8月3日）。
(10) なお、さいたま市の条例は2015年11月1日より改正施行され、後述する国のガイドライン改定に合わせ、床面積7.43㎡以上、空間容積15.603㎥以上（複数人世帯が利用する場合は、1人当たり床面積4.95㎡以上、空間容積10.395㎥以上）に引き上げられた。
(11) 厚生労働省「住居のない生活保護受給者が入居する無料低額宿泊施設及びこれに準じた法的位置付けのない施設に関する調査結果について」（2011年6月23日）。
(12) 厚生労働省社会・援護局長「生活保護法による保護の基準に基づき厚生労働大臣が別に定める住宅扶助（家賃・間代等）の限度額の設定について」（平成27年4月14日・社援発0414第9号）。
(13) 厚生労働省社会・援護局保護課長「生活保護法による住宅扶助の認定について」（平成27年4月14日・社援保発0414第2号）。
(14) 厚生労働省社会・援護局長「『社会福祉法第2条第3項に規定する生計困難者のために無料又は低額な料金で宿泊者を利用させる事業を行う施設の設備及び運営について』の一部改正について」（平成27年4月14日・社援発0414第7号）。
(15) なお、報告書では「住宅扶助基準以上が72％」と表現されているが、部会に提出された検証結果によれば、無料低額宿泊所に居住する736世帯のうち家賃額が住宅扶助基準の「1.0倍以上1.05倍未満」の世帯は515世帯と70.0％を占めており、そのほとんどが「住宅扶助基準と同額」であるとみるべきであろう。

第3章　無料低額宿泊所調査の再検討

はじめに

　本章では、2010年に厚生労働省が実施した全国の無料低額宿泊所及びこれに準ずる法的位置付けのない施設に関する調査の結果を分析する。
　第2章でみたように、2009年3月に群馬県渋川市の高齢者施設「静養ホームたまゆら」で起きた火災事故を契機に宿泊所問題が社会問題化したことを受け、同年7月、厚生労働省は無料低額宿泊所及び法的位置付けのない施設の実態調査を実施した。同調査の結果は同年10月に公表され、全国に439ヶ所の無料低額宿泊所が存在することなどが明らかになった[1]。
　翌2010年7月には、第2回目となる実態調査が実施されたが、第1回調査の結果が実施後約3ヶ月で公表されたのに対して、第2回調査の結果は実施から1年近く経過しても公表されなかった。そこで筆者が、同調査のデータの開示を求める行政文書開示請求を2011年4月18日付で厚生労働大臣に対して行ったところ、同年6月20日付で開示決定を受けた。その後同調査の結果は6月23日に厚生労働省によって公表されたが、公表資料では全ての調査項目の集計結果が記載されたわけではなかった[2]。そこで本章では、開示されたデータの集計結果を用いて、厚生労働省調査を再検討する。

1．調査の概要

　本調査は、無料低額宿泊所に関する調査と法的位置付けのない施設に関する調査の2つから成る。両調査とも、都道府県・指定都市・中核市が、必要に応じて保護の実施機関に調査した上で、2010年6月末現在の状況を所定の書式に

記載して厚生労働省に報告したものである[3]。調査対象となった施設は、無料低額宿泊所の場合は、社会福祉法第69条に基づく届出を行っている施設であり、法的位置付けのない施設の場合は、生活保護受給者及び生活保護申請者が2人以上利用し、住宅の提供以外に何らかの料金を徴収している施設であった。調査項目は定員、施設設備、利用料、サービス内容等であり、両調査とも概ね同じである。ただしここでは、本書の問題意識を踏まえ、無料低額宿泊所調査の結果のみを紹介する。法的位置付けのない施設の調査結果については、山田・村上（2012）を参照されたい。

ところで、前述した厚生労働省による本調査の結果の公表資料における数値と、筆者が集計した数値とでは若干の誤差がある。例えば、全国の無料低額宿泊所の総入所者数は、厚生労働省資料では、1万4964人と発表されているのに対して、筆者が入手した開示データでは1万5024人となっている。これは、厚生労働省がデータを集計し公表する過程で、各自治体から報告のあったデータ（筆者に開示されたデータ）に何らかの修正を加えたためであると推測されるが、厚生労働省がどのような修正を加えたのかは不明である。ただし、調査結果の大勢には影響がないものと判断し、以下では開示されたデータに基づいて集計・分析する。

2. 無料低額宿泊所の概況

　無料低額宿泊所の施設数は、厚生労働省の公表数値と同じく488施設であった。

　表3-1は、所管自治体（社会福祉法上の届出を受理した自治体）別に施設数をみたものである。東京都が173施設と圧倒的に多い。次いで、神奈川県40施設、横浜市39施設、千葉県34施設、埼玉県と川崎市が23施設と続き、関東地方に集中している。

　施設所在地を市区部―町村部別にみると、町村部に所在する施設は8施設に過ぎず、478施設は市区部に所在している（所在地非公表が2施設）。

　施設を運営している法人は、NPO法人が359施設（73.6%）と圧倒的に多く、社会福祉法人37施設（7.6%）、営利法人34施設（7.0%）、社団・財団法人17施

表3-1 所管自治体別施設数

都道府県所管施設		指定都市所管施設		中核市所管施設	
北海道	1	仙台市	22	いわき市	2
福島県	1	さいたま市	12	宇都宮市	1
茨城県	10	千葉市	17	川越市	2
群馬県	1	横浜市	39	船橋市	3
埼玉県	23	川崎市	23	横須賀市	1
千葉県	34	相模原市	10	豊橋市	2
東京都	173	浜松市	1	岡崎市	1
神奈川県	40	名古屋市	16	大津市	1
静岡県	4	京都市	3	東大阪市	2
愛知県	7	大阪市	22	西宮市	2
三重県	1	堺市	1	尼崎市	1
滋賀県	1	福岡市	1	倉敷市	2
大阪府	2	計	167	下関市	1
福岡県	1			計	21
大分県	1				
計	300				

資料：開示データをもとに筆者集計。

設（3.5%）、その他が41施設（8.4%）であった。「その他」には、任意団体、個人、宗教法人などがあった。

厚生労働省の設備・運営ガイドライン⁽⁴⁾は、施設長の要件として、「ア　社会福祉法第19条各号のいずれかに該当する者」すなわち社会福祉主事任用資格の有資格者、「イ　社会福祉事業に2年以上従事した者」「ウ　ア又はイと同等以上の能力を有していると認められる者」の3つを示している。このうち、施設長がアに該当する施設は67施設（13.9%）、イは302施設（62.7%）、ウは113施設（23.4%）であった。

開設年は図3-1の通りである。1999年以前から開設しているのは24施設であり、ほとんどの施設は2000年以降に開設されている。特に、路上のホームレス数がピークを迎えたといわれる2003年前後に開設ラッシュがあり、2001年から2005年までの5年間に開設された施設が282施設と全体の57.8%を占めて

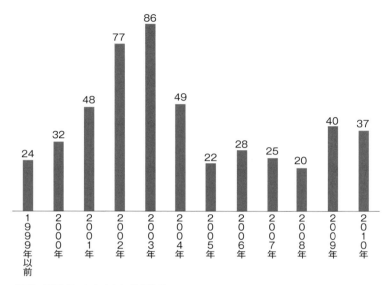

図 3-1　開設年別施設数

資料：開示データをもとに筆者集計。

いる。

　入所者数は全施設の合計が 1 万 5024 人であり、定員充足率は 88.0％となる。施設ごとにみると、定員充足率 100％以上の施設が 274 施設（56.1％）、90％以上 100％未満が 105 施設（21.5％）、80％以上 90％未満が 44 施設（9.0％）、80％未満が 66 施設（13.5％）あった。

　入所者のうち生活保護を受けている者の数は全施設の合計が 1 万 3737 人であり、入所者の保護率は 91.4％となる。保護率 100％の施設は 285 施設（58.4％）であった。

　入所者の年齢は、40 歳未満が 1255 人（8.4％）、40 歳以上 65 歳未満が 9106 人（60.6％）、65 歳以上が 4612 人（30.7％）であった[5]。

　職員数は、全施設の合計が 2545 人であり、施設規模を無視すれば 1 施設当たり 5.21 人の職員が配置されていることになる。定員ベースでみた職員 1 人当たりの定員数は 6.71 人であった。また、職員のうち常勤職員は 1323 人、非常勤職員は 1222 人であり、およそ半数ずつであった。

3. 無料低額宿泊所の運営状況

(1) 居室の状況

　厚生労働省ガイドラインは、居室は原則として個室とすることを求めている。ただし、地域の実情により難しい場合は、居室の床面積が1人当たり3.3㎡以上確保してあれば個室によらない居室も認めている。

　定員数に対する個室数の比率が100％以上、すなわち全入所者に個室が用意されている施設は298施設（61.1％）であった。また、個室以外の居室が1以上ある施設は179施設（36.7％）であった。なお、この179施設の77.1％にあたる138施設は、東京都が所管している施設である。

　この背景には、国のガイドラインが原則個室としているのに対して、東京都の「宿泊所設置運営指導指針」は原則個室とは明示していないことがあると考えられる。東京都が所管する173施設のうち、個室率が100％以上の施設は26施設（15.0％）に過ぎない。とはいえ、個室率100％の施設が存在しないわけではないことから、東京都が、厚生労働省ガイドラインが個室によらない居室を認める基準として示す「地域の実情により難しい場合」に該当する地域なのかどうかは定かではない。

　個室と非個室との併用も含め、1以上の個室を有している施設は378施設、個室がゼロの施設は110施設である。個室が1以上ある施設における個室の居室面積は、3.3㎡以上4.9㎡未満が47施設（12.5％）、4.9㎡以上7.4㎡未満が133施設（35.3％）、7.4㎡以上9.9㎡未満が88施設（23.3％）、9.9㎡以上が109施設（28.9％）であった（無回答の1施設を除く）。個室以外の居室がなく、個室の面積が6畳に相当する9.9㎡以上の施設は96施設（19.7％）であった。

　個室以外の居室を有する施設は179施設あり、その居室の定員は、2人が95施設（53.7％）と約半数を占めた。3人〜5人が計46施設（26.0％）、6人〜14人が計26施設（14.7％）、15人以上が10施設（5.6％）であった（無回答の2施設を除く）。

(2) 利用料

　ここでは、各施設が徴収している利用料についてみる。利用料の合計額が5

万円未満の施設が34施設（7.0％）、5万円以上8万円未満が50施設（10.2％）、8万円以上9万円未満が139施設（28.5％）、9万円以上10万円未満が179施設（36.7％）、10万円以上11万円未満が59施設（12.1％）、11万円以上が27施設（5.5％）であり、8万円〜11万円程度が相場といえる。なお、平均額は8万6040円であった。

利用料の内訳は、宿泊料、食費、その他の3項目に分けて調査されている。それぞれの平均額は、宿泊料が4万1229円、食費が2万9238円、その他が1万6006円である。

宿泊料および食費以外の「その他」の利用料の内訳も調査されているが、「入浴料」が59施設（12.1％）、「介護料」が10施設（2.0％）、「その他」が404施設（82.8％）となっているのみであり、あまり参考にならない。

基準生活費と月額利用料の差額（入所者本人の手元に残る額に相当）は、1万円未満が32施設（6.6％）、1万円〜2万円が55施設（11.4％）、2万円〜3万円が212施設（44.0％）、3万円以上が183施設（38.0％）であった（無回答の6施設を除く）。ただし、表3-2に示したように、差額が3万円以上の施設のうち食事を1日3回提供している施設は12.6％と少なく、食事提供がないか、あっ

表3-2 利用料と食事提供サービス

生活保護基準額と 利用料の差額	食事提供サービス		
	あり	あり（2回）	あり（3回）
1万円未満	0施設 (0.0％)	0施設 (0.0％)	32施設 (100.0％)
1万円以上2万円未満	0施設 (0.0％)	5施設 (9.3％)	49施設 (90.7％)
2万円以上3万円未満	24施設 (11.9％)	48施設 (23.9％)	129施設 (64.2％)
3万円以上	44施設 (24.0％)	116施設 (63.4％)	23施設 (12.6％)
合計	68施設 (14.5％)	169施設 (36.0％)	233施設 (49.6％)

注：無回答の18施設を除く。
資料：開示データをもとに筆者集計。

ても1日2回の施設が多いことから、手元に残る金額が3万円以上であっても、利用者は食事代を一定程度負担することになると考えられる。

　厚生労働省ガイドラインは、費用内訳を示した文書を入所者に示すことを求めているが、サービスごとに内訳を明記した利用明細がある施設は445施設（91.9％）、なしは39施設（8.1％）であった（無回答の4施設を除く）。なお、宿泊料の実態については後述する。

（3）施設設備

　スプリンクラーの設置状況については、設置が29施設（6.0％）、未設置が458施設（94.0％）であった（無回答の1施設を除く、以下同じ）。1人当たりの床面積が3.3㎡を確保できているか否かについては、確保している施設が463施設（94.9％）、確保していない施設が25施設（5.1％）であった。プライバシーが確保されているかどうかについては、確保している施設が477施設（97.9％）、確保していない施設が10施設（2.1％）であった（無回答1）。談話室及び相談室については、設置が466施設（95.5％）、未設置が22施設（4.5％）であった。食堂については、設置が435施設（93.3％）、未設置が31施設（6.7％）であった（無回答22）。定員に見合った浴室、洗面所及びトイレについては、設置が486施設（99.6％）、未設置が2施設（0.4％）であった。消防法の遵守の有無については、遵守が479施設（98.6％）、遵守せずが7施設（1.4％）であった（無回答2）。

（4）サービス等の状況

　自立支援のための職員を設置している施設は423施設（86.9％）、未設置が64施設（13.1％）であった（無回答1）。ただし、支援計画を作成している施設は248施設（51.5％）であり、作成していない施設が234施設（48.5％）に上った（無回答6）。

　居宅移行支援を実施している施設は282施設（58.8％）、未実施が198施設（41.3％）であった（無回答8）。ただし、転居支援対象者数は合計2139人であり、全入所者の14.2％に過ぎない。転居支援退所者が0人と答えた施設も208施設（50.1％）あった。

　介護保険サービスを利用している人がいる施設は68施設（13.9％）であり、

人数は計266人（全入所者の1.8％）である。そのうち、特別養護老人ホームの待機者は33人（同0.2％）であった。障害者自立支援法が適用されている入所者がいる施設は133施設（27.3％）であり、人数は計405人（全入所者の2.7％）であった。

週3回以上の入浴を行っている施設は485施設（99.6％）、行っていない施設は2施設（0.4％）であった（無回答1）。

入所者の金銭管理を行っている施設は108施設（22.2％）であった。そのうち、金銭管理契約を結んでいる施設は93施設（86.9％）、現金出納簿を作成している施設は91施設（89.2％）であった。金銭管理契約を結ばず、現金出納簿も作成せずに金銭管理を行っている施設は3施設であった。

厚生労働省ガイドラインは、施設の収支状況を公開することを求めているが、公開している施設は423施設（86.7％）、公開していない施設は65施設（13.3％）であった。

社会福祉法第72条第1項、同第2項、第131条は、無料低額宿泊所を経営する事業者への事業停止命令等の処分・罰則について定めている。これら社会福祉法による処分を受けた施設は、開示されたデータでは5施設（1.0％）あった。しかし、厚生労働省による発表資料では「行政処分を受けている施設はなかった。（口頭による行政指導等は除く。）」とされていた。この点について厚生労働省の担当者に問い合わせたところ、調査実施後に自治体に確認した結果、なかったことが判明したとの回答であった。

4. 入所者の状況と生活保護

本調査は、2種類の記載様式（記載様式①および②）に自治体が調査事項を記入して報告する形で実施されている。前項までで述べた項目は記載様式①で調査されたものである。一方、記載様式②では、主に生活保護を受給している入所者に関する事項が調査されている。具体的には、宿泊所及び施設名、法人名、入所者数、保護費の支給方法、施設を知った経緯、入所前の状況、施設の利用期間、経費区分、住民登録、移管協議の有無の10項目である。以下では、このうち宿泊所及び施設名、法人名、入所者数を除く7項目について述べる。なお、

記載様式①の入所者数と記載様式②の入所者数が異なっているケースが散見された。記載様式①の入所者数の合計は前述の通り1万5024人（うち被保護者は1万3737人）であったが、記載様式②の入所者数の合計は1万3691人であった。この違いについて厚生労働省に問い合わせたところ「本来両者は同数であるべき。異なっている理由は不明だが自治体の認識の違いではないか」との回答であった。しかし、以下の項目は記載様式②で調査されているものであるため、1万3691人を母数として集計する。

保護費の支給方法については、本人口座に支給されている人が全施設合計で4652人（34.0％）、窓口で本人に支給されている人が6434人（47.0％）、書留で郵送されている人が1258人（9.2％）、その他が1021人（7.5％）であった。

次に、施設を知った経緯についてみる。「病院から」が227人（1.7％）、「業者から」が3655人（26.7％）、「ケアマネジャーから」が27人（0.2％）、「福祉事務所から」が7586人（55.4％）、「その他」が2013人（14.7％）となっており、業者と福祉事務所が主要な2つのルートであると考えられる。ただし、両者の比重は所管自治体によって異なる。

図3-2は、入所者のうち施設を知った経緯が「業者から」である人の割合が0％の施設、0％～50％未満の施設、50％～100％未満の施設、100％の施設に4区分し、その数を所管自治体別にみたものである。また、図3-3は同様の集計を「福祉事務所から」について行ったものである。2つの図からは、東京都の特異性が目立つ。つまり、東京都所管の170施設のうち166施設は業者経由の入所者が0％であり、122施設は福祉事務所経由の入所者が100％となっている。他方、政令市所管の施設の場合は、業者経由の入所者の割合が高く、福祉事務所経由の入所者の割合が低いことが分かる。

入所者の入所前の状況は、「路上生活」が8521人（62.2％）と最も多い。次いで、「居宅」が1754人（12.8％）、「病院」が1334人（9.7％）であった。また、「その他」も1922人（14.0％）いた。入所者の利用期間は、「1年以内」が5375人（39.3％）、「1～3年」が4610人（33.7％）、「4年以上」が3537人（25.8％）であった。

入所者の経費区分、すなわち保護費の地方負担分を誰が負担しているかについては、「区市費」が6934人（50.6％）、「都道府県費」が5838人（42.6％）で

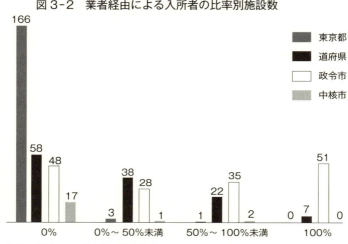

図 3-2　業者経由による入所者の比率別施設数

資料：開示データをもとに筆者集計。

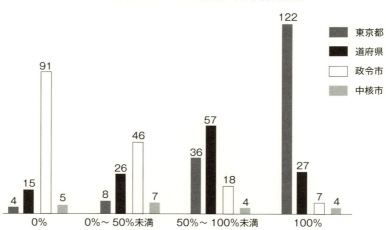

図 3-3　福祉事務所経由による入所者の比率別施設数

資料：開示データをもとに筆者集計。

あった。施設所在地が町村部の施設は8施設のみであり、ほとんどの施設の所在地は区市部である。にもかかわらず、都道府県費による入所者が半数近くを占めるということは、無料低額宿泊所入所後も「居住地がないか、又は明らかでない」者として扱われている例が少なくないことを意味している。この点については後に詳しく述べる。

なお、無料低額宿泊所を所管している都道府県は表3-1でみたように15都道府県であるが、区市費による入所者が多い地域と都道府県費による入所者が多い地域とがある。区市費による入所者が多いのは、北海道（区市費：都道府県費＝1人：0人）、福島県（同6人：0人）、茨城県（同316人：10人）、千葉県（同1120人：139人）、三重県（同1人：0人）、滋賀県（同1人：0人）、大阪府（同13人：0人）、福岡県（同7人：0人）、大分県（同3人：0人）であり、都道府県費による入所者が多いのは、群馬県（同0人：51人）、東京都（同129人：4265人）神奈川県（同0人：798人）、静岡県（同0人：70人）、愛知県（同0人：142人）である。埼玉県は791人：307人と混在している。

住民登録については、施設所在地に移動している人が6801人（49.7％）、移動していない人が5578人（40.7％）、住民登録なしが1068人（7.8％）となっている。

移管協議の有無については、「あり」が90人（0.7％）、「なし」が1万2996人（94.9％）と、ほとんどが移管協議なく入所している。

5. 宿泊費と居住環境

無料低額宿泊所がしばしば「貧困ビジネス」と批判される要因の1つは、徴収される利用料が高額であることであろう。既に述べたように、無料低額宿泊所とは「生計困難者のために、無料又は低額な料金で、簡易住宅を貸し付け、又は宿泊所その他の施設を利用させる事業」である。ここに規定される「宿泊所」とは、「一時的な宿泊をさせる場所であって、その宿泊料金が無料又は相当低額なことが要件であると考えられる」と説明されている（社会福祉法令研究会 2001：96）。

他の社会福祉施設と異なり、無料低額宿泊所は施設最低基準を持っていない

ため「無料又は低額な料金」の具体的な基準があるわけではない。しかし、前述のガイドラインは居室の使用料について次のように示している。

---
4 費用
 (1) 居室使用料
  ア 居室使用料は、無料又は低額であることとし、使用料を徴収する場合には、当該使用料に見合った居住環境を確保すること。
  イ アの「低額」とは、近隣の同種の住宅に比べて、低額な金額であること。
  ウ 敷金・礼金による負担を求めないこと。

つまり、明確な金額は示されていないものの、使用料に見合った居住環境を確保することを前提に、近隣の同種の住宅と比べて低額な料金であることが「無料又は低額」の目安であると考えられる。

本調査の厚生労働発表資料によると、全国の無料低額宿泊所（488ヶ所）における1ヶ月の宿泊料は、東京都、川崎市の2自治体に所在する9施設で住宅扶助基準の1.3倍の額を適用しているほかは、住宅扶助基準の範囲内の額であるとされている。しかし、表3-3に示すように、開示データを分析したところ、宿泊料が住宅扶助基準範囲内とされる476ヶ所のうち、住宅扶助基準と同額の

表3-3 無料低額宿泊所の宿泊料

宿泊料の水準	施設数	％
1. 住宅扶助基準超1.3倍未満	9	1.8
2. 住宅扶助基準の範囲内	476	97.5
（内訳）		
100％（住宅扶助基準と同額）	417	85.5
90％以上100％未満	21	4.3
90％未満	34	6.9
不明	4	0.8
無回答	3	0.8
合計	488	100.0

資料：開示データをもとに筆者集計。

宿泊料を徴収している施設が417ヶ所を占めている。住宅扶助基準の90％以上の宿泊料を徴収している施設も含めれば438施設と全体の89.8％を占めている。つまり、「住宅扶助基準の範囲内」とはいっても、ほとんどの施設の宿泊料は住宅扶助基準ギリギリに張り付いているとみてよい。一方、生活保護受給者が入居する近隣の一般賃貸住宅の家賃は住宅扶助基準以下であるわけだから、多くの無料低額宿泊所の宿泊料は、近隣の一般住居の家賃と同程度ないしそれ以上であるといえる。

それに対して、居室の水準は一般アパートと同程度以上とはいいがたい。ガイドラインでは、「居室は原則として個室」とされているが、開示データによれば、個室のない施設が488施設中110施設、個室と非個室を併用している施設が70施設と、計180施設（36.9％）が非個室を使って運営している。また、個室のある施設378施設についても、1部屋当たりの居室面積が7.4㎡（約4.5畳）未満の施設が180施設（47.6％）、9.9㎡（約6畳）未満の施設にまで広げると268施設（70.9％）に上った。

個室以外の居室がなく、かつ個室の床面積が約6畳以上である施設は96施設（19.7％）に過ぎなかった。これらの結果は、多くの無料低額宿泊所が、ガイドラインが求める「使用料に見合った居住環境の確保」「近隣同種の住宅に比べて低額な使用料」といった基準を満たしているとはいいがたいことを示しているといえよう。

6. 入所期間の長期化と入所者の特徴

既に述べたように、無料低額宿泊所の要件は「一時的な宿泊をさせる場所であって、その宿泊料金が無料又は相当低額なこと」とであり、利用料の低廉性と並んで無料低額宿泊所を特徴づける要素は、宿泊期間の一時性である。

しかし、実際には入所期間が長期間に及ぶことも少なくなく、そうした囲い込みによって宿泊所経営者は安定的な収入を確保しているといわれることもある。厚生労働省社会・援護局保護課自立推進・指導監査室長補佐の生沼純一（2011）は、「典型的な貧困ビジネスの温床」として無料低額宿泊所の問題について述べる中で「…ホームレスを保護するために、とりあえず無料低額宿泊施

設に入ってもらう対応を福祉事務所もしています。しかし、とりあえずが、なぜか半年、一年と無料低額宿泊施設にいるという状況になっているのではないかと思います」と、入所期間が半年以上の長期に及んでいる現状に否定的な認識を示している。

　実際、入所期間が半年以上に及ぶことは珍しくないというより一般的である。4．でみたように、開示データによれば、全国の無料低額宿泊所における生活保護受給による入所者1万3691人の2010年6月末時点における利用期間は、「1年以内」が5375人（39.3%）、「1〜3年」が4610人（33.7%）、「4年以上」が3537人（25.8%）であった。つまり、厚生労働省の担当者が半年以上でも長期入所として否定的に捉えているのに対して、1年以上入所している人が約6割に上っているのである。

　しかし、同種の生活保護施設では、短い入所期間で運営している例もある。N市にある宿所提供施設のA荘は、「住居のない要保護世帯に対して、宿所（一時的に住む場所）を提供し、相談・指導等を通じて自立更生を図ること」を目的とした施設である。(6) 夫婦世帯だけでなく単身世帯の利用にも対応しており、その利用者は無料低額宿泊所の利用者層と類似している。A荘では、利用期間を原則として6ヶ月以内（単身世帯は3ヶ月以内）と定めている。平成22年度の退所者86世帯のうち、6ヶ月未満の退所者は82世帯（95.3%）であり、残りの4世帯についても1年以内に退所している。平均在所期間は2.4ヶ月、最長の在所期間は8ヶ月であったという（A荘調べ）。また、退所先もアパート・社宅・公営住宅といった住宅が76世帯（88.4%）を占めている。

　同種施設で在所期間の短期化が進んでいる事例があるにもかかわらず、無料低額宿泊所で長期入所が増える背景には、入所者の多くは介護が必要な高齢者などアパート生活が困難な人たちであるためであるとの指摘もある（小川2010）。

　しかしながら、2.でみたように、開示データによれば、全国の無料低額宿泊所の全入所者1万5024人の年齢構成は、40歳未満が1255人（8.4%）、40歳以上65歳未満が9106人（60.6%）、65歳以上が4612人（30.7%）であり、65歳以上の高齢者は入所者の3割に過ぎない。また、3-(4)でみたように、介護保険サービスを利用している人は全国で266人（1.8%）であり、うち特別養護老人ホーム待機者は33人（0.2%）である。障害者自立支援法の適用を受けている

人も 405 人（2.7％）に過ぎない。

　第 4 章でみるように、貧困ビジネス対策全国連絡会が全国の無料低額宿泊所等の入所経験者を対象に行った調査によれば、同調査の回答者（138 人）のうち、調査時点で無料低額宿泊所等に入所中の人（42 人）に対して「もし一般の住宅（アパートなど）で生活できるとしたら、転居したいと思いますか」との質問をしたところ、「すぐに転居したい」と答えた人が 30 人を占めた。

　以上のように、無料低額宿泊所の入所者にはアパート生活が困難な人ももちろん存在するが、その規模は上記のような入所期間の長期化を説明し得るほどではない。むしろ、アパート生活が可能で無料低額宿泊所を必要としていない人までもが、数多く入所しているのが現状であると推測される。

7. 入所の経緯と生活保護の費用負担

　入所期間が長期に及ぶ背景には、ホームレスに対する生活保護行政が、無料低額宿泊所に依存する形で運用されてきたことがあると考えられる。

　4. でみたように、開示データによれば、無料低額宿泊所に入所している生活保護受給者（1 万 3691 人）の入所の経緯は、「福祉事務所から」が最も多く 7586 人（55.4％）を占め、次いで「業者から」が 3655 人（26.7％）である。つまり、入所者の過半数は福祉事務所に紹介されて無料低額宿泊所に入所している。

　ただし、これを施設ごとに集計すると、福祉事務所経由の入所者が多い施設と少ない施設に二極化している。**図 3-4** は、入所の経緯が「福祉事務所から」である人が入所者全体に占める比率ごとの施設数を示したものである。「10％未満」が 136 施設（28.5％）、「90％以上」が 187 施設（39.2％）と二極化していることが分かる。

　図 3-5 は、各施設を所管自治体別に区分した上で、福祉事務所からの紹介で入所した人の比率の平均値をそれぞれ集計したものである。これによれば、東京都が所管する 170 施設でみると、福祉事務所経由の入所者率は平均で 90.37％に達しており、東京都内の無料低額宿泊所入所者のほとんどは福祉事務所紹介によるものと考えられる。また、東京都以外の都道府県も 61.42％と高い。一方、中核市では母数が少ないが 44.53％と低く、政令市に至っては 18.07％まで

図3-4 福祉事務所経由による入所者の割合

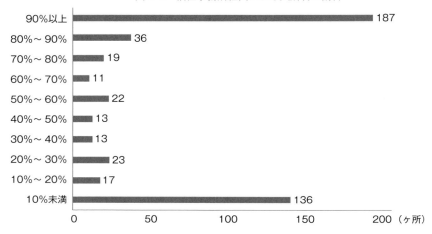

注：回答のない11施設を除く。
資料：開示データをもとに筆者集計。

図3-5 福祉事務所経由による入所者の割合（平均値）

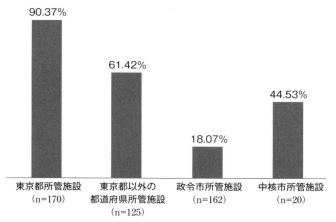

注：回答のない11施設を除く。
資料：開示データをもとに筆者集計。

下がっている。

　このような福祉事務所経由による入所者率の違いの背景には、生活保護における費用負担の仕組みが影響していると考えられる。生活保護法第73条は、ホームレスなど「居住地がないか、又は明らかでない」者に対する生活保護費は、政令市・中核市以外の一般市に現在地がある場合は都道府県が4分の1を負担することとしている。一方、無料低額宿泊所に入所すると居住地が明らかになるため、市が4分の1を負担するようになるのが原則であると考えられるが、実際には、無料低額宿泊所に入所中も引き続き「居住地がないか、又は明らかでない」者として取り扱い、都道府県が4分の1を負担している例があるようである。

　開示データでは、所在地が一般市である無料低額宿泊所は119施設あった。この119施設に生活保護を受給して入所している人は計3833人であるが、うち1408人（36.7％）の生活保護費は都道府県が費用負担をしていた。

　表3-4は、保護費の費用負担が市・区費負担となっている入所者と都道府県費負担となっている入所者のどちらが多いかによって全施設を2区分し、入所者全体に占める福祉事務所経由による入所者の比率（20％未満、20％以上80％未満、80％以上の3区分）とクロス集計したものである。市・区費負担による入所

表3-4　費用負担区分と福祉事務所経由入所者比率

	入所者全体に占める福祉事務所経由入所者の比率			
	20％未満	20％～80％	80％以上	合計
《入所者の保護費の費用負担》市・区費負担による入所者が過半数	117施設 (51.1％)	61施設 (26.6％)	51施設 (22.3％)	229施設 (100.0％)
都道府県費負担による入所者が過半数	17施設 (7.6％)	38施設 (17.0％)	169施設 (75.4％)	224施設 (100.0％)
合計	134施設 (29.6％)	99施設 (21.9％)	220施設 (48.6％)	453施設 (100.0％)

$p < .001$

注：入所経緯についての回答のなかった施設、費用負担区分についての回答がなかった施設、市・区費負担による入所者と都道府県費負担による入所者が同数だった施設は欠損値として扱った（計35施設）。
資料：開示データをもとに筆者集計。

者が過半数を占める施設の51.1％は福祉事務所経由による入所者の比率が20％未満であるのに対して、都道府県費負担による入所者が過半数を占める施設の75.4％は福祉事務所経由による入所者の比率が80％以上であった。町村部に所在地がある施設は全国に8施設しかないことからすると、無料低額宿泊所入所者の保護費を都道府県で負担する運用を行っている地域では、費用負担する必要のない市福祉事務所が、積極的に無料低額宿泊所で生活保護を開始している傾向がうかがえる。なお、都道府県が保護費を負担している無料低額宿泊所の入所者が一般住居に転居した場合は、市費負担に切り替わるものと予想される。このように、無料低額宿泊所に入所する間は都道府県が費用負担をする運用がなされている場合、福祉事務所が一般住宅への転居に消極的になると考えられる。このことも、一般住居への転居が進まず入所期間が長期化する要因の1つになっていると考えられる。

おわりに

本章では、2010年に厚生労働省が実施した無料低額宿泊所の現状に関する全国調査の結果について、筆者が行政文書開示請求制度を通じて入手した開示データをもとに分析した。最後に、本章の分析によって得られた主な知見を3点にまとめておきたい。

第1に、全国の無料低額宿泊所の実態が明らかになったことである。2010年6月末時点において、無料低額宿泊所は全国に488施設あるが、東京都が所管している施設が173施設と圧倒的に多く、その他も関東地方に集中している。1999年以前から開設しているのは24施設であり、ほとんどの施設は2000年以降に開設されている。特に、路上のホームレス数のピークであった2003年前後に開設ラッシュが進んでいたことが分かった。

なお、入所者のうち生活保護を受給している人の割合は91.4％である。また、入所者のうち65歳以上の者は30.7％であった。また、入所に至る経緯は、「業者から」が26.7％、「福祉事務所から」が55.4％であり、この2つが主要ルートであることが分かった。ただし所管自治体による差が大きく、全ての入所者が福祉事務所経由である施設の割合は、政令指定都市が所管する施設の場合は

4.3％に過ぎないのに対して、東京都が所管する施設の場合は71.8％に上った。

　第2に、居室の状況と宿泊料の水準が明らかになったことである。定員数に対する個室の比率が100％以上の施設は61.1％であったが、東京都所管の施設に限ってみれば15.0％であった。また、居室面積が十分確保されているとはいいがたく、全国の無料低額宿泊所のうち、6畳部屋に相当する9.9㎡以上の個室のみで運営している施設は19.7％であった。一方、宿泊料については、住宅扶助基準と同額の宿泊料を設定している施設が85.5％を占めた。調査当時の厚生労働省ガイドラインは、宿泊料が近隣の同種の住宅に比べて低額であることと、当該使用料に見合った居住環境を確保することを求めていた。生活保護受給者が入居する一般住宅が住宅扶助基準を下回る家賃であることを踏まえるならば、無料低額宿泊所の居住環境と宿泊料の水準は、ガイドラインが求める基準に達していないことをうかがわせる。

　第3に、入所期間が長期化する背景が明らかになったことである。全国の入所者のうち65歳以上の高齢者は入所者の3割に過ぎず、介護保険サービスを利用している人は1.8％である。また、障害者自立支援法の適用を受けている人も2.7％に過ぎなかった。にもかかわらず、利用期間は「1年以内」が5375人（39.3％）、「1～3年」が4610人（33.7％）、「4年以上」が3537人（25.8％）であった。

　本章の分析からは、一般住宅への転宅が進まず入所期間が長期化する背景として、入所者の生活保護費の負担方法が影響していることが推測された。保護費の負担方法と利用者の入所経緯との関係をみると、市・区費負担による入所者が過半数を占める施設の51.1％は福祉事務所経由による入所者の比率が20％未満であるのに対して、都道府県費負担による入所者が過半数を占める施設の75.4％は福祉事務所経由による入所者の比率が80％以上であった。すなわち、無料低額宿泊所入所者の保護費を都道府県で負担する運用を行っている地域では、費用負担する必要のない市福祉事務所が、積極的に無料低額宿泊所で生活保護を開始している傾向がうかがえる。このことが、一般住宅への転居が進まず入所期間が長期化する要因の1つであると考えられる。

【注】
(1) 厚生労働省社会・援護局保護課「社会福祉法第2条第3項に規定する無料低額宿泊事業を行う施設の状況に関する調査の結果について」（平成21年10月20日）および同課「社会福祉各法に法的位置付けのない施設に関する調査の結果について」（同日）。
(2) 厚生労働省社会・援護局保護課「住居のない生活保護受給者が入居する無料低額宿泊施設及びこれに準じた法的位置付けのない施設に関する調査結果について」（平成23年6月23日）。
(3) 厚生労働省社会・援護局保護課長「社会福祉法第2条第3項に規定する無料低額宿泊事業を行う施設の状況に関する調査について（依頼）」及び同「社会福祉各法に法的位置付けのない施設に関する調査について（依頼）」（社援保発0708第1号・平成22年7月8日）。
(4) 厚生労働省社会・援護局長「社会福祉法第2条第3項に規定する生計困難者のために無料又は低額な料金で宿泊所を利用させる事業を行う施設の設備及び運営について」（社援発第0731008号・平成15年7月31日）。なお、第2章で述べたように、本ガイドラインは2015年に改定されている。ただし、厚生労働省調査の実施時点では改定されていなかったため、本章では旧ガイドラインの規定に基づいて議論する。
(5) 合計1万4973人と入所者の合計数と一致しないが理由は不明である。比率は1万5024人を母数に計算した。
(6) A荘事業概要より。

第4章　無料低額宿泊所入所者の現状

はじめに

　本章では、2010年に貧困ビジネス対策全国連絡会が実施した無料低額宿泊所等入所者調査の結果を検討する。同連絡会は、ホームレスの人たちを対象にした「貧困ビジネス」の実態を明らかにし、彼ら彼女らが劣悪な社会環境、搾取・被搾取の関係から脱することを支援するため、2010年9月に、各地で支援活動に関わる弁護士や司法書士が中心となって立ち上げた任意のグループである。筆者は、同連絡会の代表として活動に参画し、本調査の設計及び調査結果の集計・分析を担当した。

　調査は2010年に実施されたものであり、やや古いデータではあるが、無料低額宿泊所入所者ないし元入所者から直接聞き取りを行った調査は他に例がなく、無料低額宿泊所の現状を把握する上で貴重なデータであると判断し、本章でその結果の概要を紹介したい。

1．調査の方法

　本調査は、無料低額宿泊所等への入所経験のある人を対象に、入所中の生活状況や退所後の希望について把握し、今後の宿泊所のあり方を考えるための参考資料を得ることを目的に、2010年10月1日～11月30日にかけて実施した。

　調査期間中に開催されたホームレス法律相談などの機会に、無料低額宿泊所等に入所している人、過去に入所経験のある人に調査への協力を依頼し、協力を得られた人に調査票を用いた面接調査によって調査を実施した[1]。なお、ここでいう「無料低額宿泊所等」の中には、第2種社会福祉事業として届け出てい

る宿泊所だけでなく、無届けの類似施設も含んでいる。

　回収した調査票は計150票であった。ただし、ほとんど未記入であったものが5票、入所先が生活保護施設であったり個人宅であったりして本調査の趣旨に合致しないと判断したものが7票あり、計12票を無効票とした。したがって、有効票数は138である。調査地域とそれぞれの有効回答数は、埼玉20票、千葉13票、東京77票、名古屋25票、京都1票、大阪2票である。

2．回答者の属性

　回答者の年齢を10歳区分でみると、「40歳未満」が20人（14.6％）、「40歳～49歳」が33人（24.1％）、「50歳～59歳」が45人（32.8％）、「60歳～69歳」が36人（26.3％）、「70歳以上」が3人（2.2％）であった。平均年齢は59.0歳、最低年齢は18歳、最高年齢は77歳だった。

　性別は、男性が136人（99.3％）と圧倒的に多く、女性は1人（0.7％）だった。

　入所中に生活保護を受給している／していた人は130人（94.9％）であった。受給していない／していなかった人は7人（5.1％）であった。

　回答者のうち、調査時点で無料低額宿泊所等に入所している人（現入所者）は42人（30.4％）、過去に入所していた人（元入所者）が96人（69.6％）であった。

　無料低額宿泊所等への入所時期は、「2005年以前」が現入所者で0人（0.0％）、元入所者で13人（13.6％）、「2006年～2008年」が現入所者で8人（20.5％）、元入所者で37人（38.5％）、「2009年」が現入所者で8人（20.5％）、元入所者で24人（25.0％）、「2010年」が現入所者で23人（59.0％）、元入所者で22人（22.9％）であった。

　入所中ないし入所していた施設の所在地は、埼玉県が25人（18.1％）、東京都が44人（31.9％）、千葉県が19人（13.8％）、神奈川県が14人（10.1％）、愛知県が25人（18.1％）、京都府が1人（0.7％）、大阪府が3人（2.2％）、不明が7人（5.1％）であった。

3．入所期間

表4-1は、回答者が無料低額宿泊所等に入所していた期間（現入所者の場合は入所時から現在までの期間）についてみたものである。元入所者の場合は、56.0％の人が6ヶ月未満で退所しており、1年以上入所していた人は23.7％であった。現入所者の場合は、入所して6ヶ月未満の人が39.3％であり、2年以上入所している人が17.9％に上った。最も入所期間が長いのは、現入所者では4年10ヶ月、元入所者では7年6ヶ月であった。

表4-1 入所期間

	現入所者		元入所者		合計	
	人数	％	人数	％	人数	％
1ヶ月以内	6	15.4	22	23.7	28	21.2
2ヶ月以上6ヶ月未満	14	35.9	30	32.3	44	33.3
6ヶ月以上1年未満	8	20.5	19	20.4	27	20.5
1年以上2年未満	4	10.3	14	15.1	18	13.6
2年以上	7	17.9	8	8.6	15	11.4
有効回答	39	100.0	93	100.0	132	100.0

4．施設に支払う経費および手元に残る金銭

無料低額宿泊所等では、生活保護費の中から施設側に家賃や食費、様々な必要経費を支払うのが一般的である。施設側に、どのような経費をいくら支払っているのか、またその結果、本人の手元にいくらの金銭が残るのかについて尋ねた。

施設側に毎月支払う経費については「細かいことは分からない」という回答が多かったが、標準的な傾向としては、共通の費目では、家賃（当該地域の住宅扶助基準額と同程度）、食費（3万～4万円程度）、光熱費（5000～1万円程度）、共益費（3000～5000円程度）といったものがあり、その他、施設ごとに独自の費目で経費を徴収していた。高額なものだと、「食費5万3550円」「光熱費4万3800円」「共益費5万円」などの回答もあったが、特に光熱費・共益費につい

ては、他の費目と合算して徴収している可能性も高いと考えられる。また、「福祉事務所に提出する契約書に記載されている家賃よりも実際に徴収される家賃が5000円高い」という例もあった。

その他、施設ごとに設定されている費目で特徴的な回答としては以下のようなものがあった。

《徴収される経費の例》
◆「施設運営費」1万6520円
◆「施設利用料」2万5000円
◆「室代」5000円　※家賃とは別
◆「冬季暖房費」3000円　※当該地域の冬季加算額とほぼ同額
◆「ポット使用料」300円、「炊飯器使用料」1000円、「冷蔵庫使用料」1000円　※光熱費とは別
◆「雑費」7000円
◆「日用品」4950円
◆預けるお金6000円（現金くださいといってもらう場合は3000円のみ、あとは現物）
◆「送金手数料」210円

表4-2　手元に残る金額

	人数	%
1万円未満	10	8.4
1万円以上2万円未満	11	9.2
2万円以上3万円未満	28	23.5
3万円以上4万円未満	56	47.1
4万円以上	14	11.8
有効回答	119	100.0

表4-2は、利用料が徴収された後に本人の手元に残る金額について集計したものである。「分からない」を除く有効回答の中では、「3万円以上4万円未満」が47.1％、「2万円以上3万円未満」が23.5％と両者で7割を占めており、概ね2万円～4万円程度が標準的であると考えられる。ただし、「1万円未満」「1万円以上2万円未満」という回答も合わせて17.6％あった。

5．入所時の状況

(1) 入所の経緯

表4-3は、「宿泊所にはどのような経緯で入所されましたか」と尋ねた質問への回答結果をまとめたものである。回答者が無料低額宿泊所等に入所した経緯は、福祉事務所からの紹介が53.6％、路上での勧誘が30.4％であり、この両者が主流であるといえる。自ら主体的に入所を希望した人は10.9％であった。「その他」の内容としては、刑事施設からの紹介、病院からの紹介、知人（入所者）からの紹介などがあった。なお、所在地が東京都である施設の入所者44人に限ってみると、福祉事務所からの紹介が40人（90.9％）に上った。

また、福祉事務所からの紹介と答えた人に対しては、福祉事務所から宿泊所以外の居住場所の紹介があったかどうか尋ねた（表4-4）。84.3％の人は「宿泊所以外は紹介されなかった」と答えており、「一般のアパート」や「その他の施設」を紹介されたとの回答は少なかった。

さらに、路上での勧誘と答えた人に対しては、実際に入所してみると勧誘時の話と違っていたことがなかったか尋ねた（表4-5）。「特になし」と答えた人は2人だけであり、多くの回答者が何らかの食い違いを感じていた。特に「部

表4-3 入所の経緯

	人数	％
福祉事務所（市役所・区役所）からの紹介	74	53.6
宿泊所の職員や業者から路上などで声をかけられた	42	30.4
自分で直接宿泊所を訪れ、又は業者に連絡して入所を希望した	15	10.9
その他	7	5.1
有効回答	138	100.0

表4-4 宿泊所以外の居住場所の紹介［複数回答］

	回答数	％
一般のアパート	4	5.7
その他の施設	9	12.9
宿泊所以外は紹介されなかった	59	84.3

注1：福祉事務所紹介による入所者のみに質問。
注2：％は有効回答者数（70人）で除した数。

表4-5 入所前の説明との食い違い［複数回答］

	回答数	％
部屋の設備に関すること	17	53.1
もらえるお金の金額に関すること	8	25.0
食事の内容に関すること	9	28.1
その他	9	28.1
特になし	2	6.3

注1：路上での勧誘による入所者のみに質問。
注2：％は有効回答者数（32人）で除した数。

屋の設備に関すること」は回答者の53.1％が選択していた。具体的には、「部屋が狭かった」との回答が多く、「個室と聞いていたがカーテンで仕切るだけだった」「1人部屋と言われたが、2人部屋だった」「2人部屋と聞いていたが、8人部屋だった」といった回答もあった。

（2）入所時の契約書交付および経費の説明

入所する際、契約書の交付があったかどうか尋ねたところ、「あった」と答えた人が106人（79.1％）、「なかった」と答えた人が28人（20.9％）であった。また、必要となる経費の説明があったかどうかについては、「あった」と答えた人が93人（70.5％）、「なかった」と答えた人が39人（29.5％）だった。

なお、両項目とも、入所の経緯（福祉事務所の紹介、路上での勧誘等）による違いはみられなかった。

6．入所中の状況

(1) 施設側から提供されるサービスの種類

表4-6は、「住む場所の提供以外に、宿泊所の職員・業者から受けたことのあるサービスはありますか」との質問への回答結果を示したものである。

「食事」については121人（89.6％）と多くの回答者が選択した。1日の食事回数についても尋ねたところ、回答のあった114人のうち、74人（64.9％）が「3回」と答えたが、「2回」と答えた人も40人（35.1％）いた。

食事以外のサービスが提供されたとの回答は少なく、最も多い「ハローワークへの送迎・同行」でも13人（9.6％）だった。なお、「ハローワークへの送迎・同行」についてもその頻度を尋ねた。回答のあった11名のうち、週2回程度（月8～10回）と答えた人が5人、週1.5回程度（月6回）と答えた人が1人、週1回程度（月4～5回）と答えた人が5人だった。「その他」としては、健康診断や自転車の貸与を挙げる人がいた。

表4-6 施設から提供されるサービス［複数回答］

	人数	％
食事	121	89.6
ハローワークへの送迎・同行	13	9.6
病院への送迎・同行	5	3.7
定期的な面接や相談	4	3.0
住民票の異動手続きの支援	4	3.0
アパートへの転居に関する支援	4	3.0
その他の福祉サービスに関する手続きの支援	2	1.5
借金の整理	1	0.7
障害者手帳の申請手続きの支援	1	0.7
介護保険の申請手続きの支援	0	0.0
その他	6	4.4
特に受けたことはない	12	8.9

注：％は有効回答者数（135人）で除した数。

（2）食事の内容に関する満足度

　表4-7は、食事の提供を受けていると答えた人に対して、「提供される食事の内容には満足していますか」と尋ねた質問への回答結果を示したものである、「とても満足」「まあまあ満足」と答えた人が合わせて32人（27.3％）であるのに対して、「やや不満」「とても不満」と答えた人が合わせて85人（72.6％）と大きく上回った。

表4-7　提供される食事への満足度

	人数	％
とても満足	4	3.4
まあまあ満足	28	23.9
やや不満	28	23.9
とても不満	57	48.7
有効回答	117	100.0

　「やや不満」「とても不満」と答えた人の理由を尋ねたところ、最も多かった理由は、単刀直入に「まずい」というものだったが、具体的な内容をみると、「朝夕2食でおかずが一品、漬物2切れ」のようにメニューの少なさに対する不満、「昼がカップラーメンのみ」のようにインスタント食品・レトルト食品の多さに対する不満などが多かった。また、施設側に支払う食費の額に見合わない内容であるとの不満も多かった。その他、「（食事時間に）30分くらい遅れるとご飯が食べられず食費だけがとられる」といったように、食事提供のシステムに対する不満も少なくなかった。

《やや不満・とても不満と答えた人の主な理由》
◆食事がまずい。昼がカップラーメンのみ。
◆朝夕2食でおかずが一品、漬物2切れ。
◆食事の内容が、カップラーメン、おにぎり2個、ふりかけ、親子丼のレトルト食品などだった。鼻をつまんで食べることもあった。
◆とてもひどいものだった。ほとんど餌に近い。新聞記事に書かれた通

りだった。
◆レトルト食品。味が濃い。ご飯がブタの餌みたいな感じだった。自炊したかったが電子レンジとパン焼き機しかなかった。
◆量が少ない。献立がよく似ている。一週間のローテンションが同じ。
◆賞味期限切れの納豆とかが毎日のように出ていた。
◆4万も払って朝食は漬物、生卵、味噌汁、ご飯だけの時やかまぼこ1切れ、小さいウインナー1個だけなどがよくある。カレーや丼物は単品のみで他におかずがない。
◆お金に見合わない食事。どうせホームレスに与える食事だからというような炊き出しよりもひどかった。
◆30分くらい遅れるとご飯が食べられず食費だけがとられる。

《とても満足・まあまあ満足と答えた人の理由》 ※回答のあったもの全て
◆ご飯をやわらかいのと硬いのを選べた。
◆おいしくて作り立てで栄養も考えられていた。
◆ご飯がおかわりできる。おかず、量は普通。空腹なので何でもよい。
◆うまくもないしまずくもない。
◆おかず2品はあり。漬物あり。ご飯おかわり自由。
◆おいしいし量も多かった。
◆朝昼晩にご飯とおかずがある。ご飯は隣の寮に行って食べる。ご飯作りは入居者の持回り制。
◆寮長が料理が上手だった。
◆寮長がいい人だった。
◆昼食がしっかりしていた。

(3) 居室について

　表4-8は、居室が個室かどうか尋ねた質問への回答結果を示したものである。「個室」と答えた人は61人（44.5%）であった。しかし、逆にいうと、半数以上の回答者は複数人居室であると答えており、「5人以上で1室」と答えた人も

19人（13.9％）いた。厚生労働省の設備・運営ガイドライン（調査当時）は、無料低額宿泊所の居室を原則として個室、これにより難い場合は床面積が1人当たり3.3㎡以上確保されていることを基準としているが、少なくとも利用者の認識としては、個室に居住している人は半数に満たなかった。

　また、居住設備に関する自由回答をみると、「12畳に2段ベッド5台」といった記述もあり、「1人当たり3.3㎡」という基準も満たせていないと思われる施設も少なくないことが分かった。また、個室の体裁をとるためにベニヤ板などで1部屋を区切っている例も少なくなかった。自由回答では、居室の狭さのほか、日当たりの悪さや害虫の多さ、家電製品の故障などの不満が記載されていた。

表4-8　居室の状況

	人数	％
個室	61	44.5
2人1室	39	28.5
3人1室	10	7.3
4人1室	8	5.8
5人以上で1室	19	13.9
有効回答	137	100.0

《居住設備に関する自由回答の例》
- ◆二段ベッドが12台、ベッドはカーテンで仕切られている。
- ◆広い部屋を薄い壁（ベニヤ板）で仕切った個室風。エアコンは共同。
- ◆12畳に2段ベッド5台。
- ◆三年以上住む人は個室になると言われていた。布団敷くのがやっとの広さ。
- ◆隣とは薄い板で仕切られているだけなので隣の音がよく聞こえる。
- ◆エアコンは二部屋で一個。4畳を2つに分けてある。間仕切りあるため個室のようなつくりである。
- ◆2段ベッド。冷暖房なし。西日がもろに当たる。夏場は日中部屋に居

られない。
- ◆日当たりが悪くじめじめしていた。
- ◆壁が薄く音がうるさい。カーテンがなく、日が当たりすぎて物が日焼けする。
- ◆部屋が狭い。シラミが湧いて足が痒くてたまらなかった。音がうるさい。
- ◆建物が古く汚い。ゴキブリがすごい。
- ◆絨毯が不衛生だった。ダニがいて、皮膚病になってしまった。
- ◆窓に目隠しがしてあったので外が見えなかった（外が民家だったのでトラブルを防ぐため）。
- ◆クーラーの使用時間が夜9時から夜中の12時まで。テレビに使用制限あり。
- ◆テレビを施設から5000円くらいで買わされる。

（4）入浴回数の制限および門限

　入浴の回数に制限があるかどうか尋ねたところ、「ある」と答えた人が104人（78.2％）、「ない」と答えた人が19人（21.8％）だった。「ある」と答えた人の具体的な入浴回数は「週1～2回」が9人（6.8％）、「週3～4回」が75人（56.4％）、「週5～6回」が8人（6.0％）、「週7回」が7人（5.3％）だった。なお「週7回」という回答には、入浴時間など回数以外の制限を指していたものも含まれる。

　門限の有無を尋ねたところ、「ある」と答えた人が112人（83.6％）、「ない」と答えた人が22人（16.4％）だった。具体的な時刻は、記載があった109人の中では「午後9時」が最も多く48人、次いで「午後8時」18人、「午後5時」16人、「午後10時」13人と続いた。遅いものだと「午後12時」（2人）、早いものだと「午後4時」（1人）といった回答もあった。

（5）介護保険・障害福祉サービス利用状況

　本調査では、介護保険および障害福祉サービスの利用状況について尋ねる設

問を用意したが、そもそも要介護認定経験者、障害者手帳所持者がきわめて少なかった。

まず、要介護認定を受けた経験のある人は3人（2.2％）で、要介護度は「非該当（自立）」が1人、残る2人は「無回答」であった。そのため、具体的な介護保険サービスを利用している人もいなかった。

次に、障害者手帳を所有している人は11人（8.0％）で、障害種別は、身体障害が4人（4級：1人、5級：2人、6級：1人）、知的障害が2人（4度：1人、B2度：1人）、精神障害が4人（いずれも2級）、残る2人は記載がなかった。何らかの障害福祉サービスを利用していると答えた人も1名だけであり、具体的には「介護用具の支給を受けている」というものだった（身体障害4級）。

いずれにせよ、本調査の回答者の中には、介護保険サービスや障害福祉サービスを利用している、ないし対象となる人はきわめて少なかった。

(6) 権利侵害等の事例

表4-9は、権利侵害に相当するような事例を選択肢として設け、「宿泊所に入所してから、次のような経験をしたことはありますか」と尋ねた質問への回答結果を示したものである。最も多かったのは「特になし」で44人（33.6％）が選択した。しかし、逆にいえば、3分の2の回答者は権利侵害が疑われるような何らかの経験をしていることになる。最も多かったのが「宿泊所の職員から暴言を吐かれた」「他の利用者から暴言を吐かれた」で、それぞれ30人（22.9％）の回答者が経験していた。次いで、「やりたくない仕事や作業を押しつけられた」が25人（19.1％）、「宿泊所内で盗難にあった」が24人（18.3％）、「外出を制限された」が21人（16.0％）、「外部の人との面会を禁止された」が14人（10.7％）と続いた。

自由回答欄には、「他の利用者が見ている前で、お酒を飲んで帰宅した利用者に対して職員が馬乗りになり殴っていた」「留守中に勝手に荷物を調べられた」「部屋の中に鍵をかけてはいけなかった」など、深刻な事例も記載されていた。

表 4-9　権利侵害の経験　[複数回答]

	回答数	％
望まないサービスの利用を強要された	10	7.6
宿泊所の職員から暴力をふるわれた	6	4.6
宿泊所の職員から暴言を吐かれた	30	22.9
他の利用者から暴力をふるわれた	4	3.1
他の利用者から暴言を吐かれた	30	22.9
宿泊所内で盗難にあった	24	18.3
外出を制限された	21	16.0
外部の人との面会を禁止された	14	10.7
他の利用者との会話を禁止された	12	9.2
了解なくお金や通帳を宿泊所・業者に預かられた	10	7.6
了解なく印鑑を宿泊所・業者に預かられた	10	7.6
印鑑を勝手に作られたり、作るよう指示された	10	7.6
やりたくない仕事や作業を押しつけられた	25	19.1
特になし	44	33.6

注：％は有効回答者数（131 人）で除した数。

《権利侵害に関する自由回答の例》
◆掃除を強制された。慣れたら食事当番をさせられる。
◆無料で作業に従事させられて、指の怪我をさせられたが、労災はでていない。
◆他の利用者で長く住んでいる人が威張って他の利用者に暴力を振るっていた。
◆他の利用者が見ている前で、お酒を飲んで帰宅した利用者に対して職員が馬乗りになり殴っていた。
◆寮長といわれている人に「お前は気に入らない、出て行け」といわれ、暴行を受け、シャツが破れた。
◆職員に「出ていけ」といわれた。また「ダニを持ち込んだ、虫を連れてくるな」と言われた。●●寮の利用者の間で喧嘩が日常茶飯事。盗難がひどいけど「荷物の自己管理はしっかり」と張り紙があるだけで

改善されない。
- ◆印鑑（認印）を勝手に買っている。銀行の通帳をなくしたのを認めない。
- ◆支給日の1週間前に通帳と印鑑を預けないといけない。
- ◆ケータイも預けなければならない。入所者は全員手元にお金が残らないとされているが、人によっては小遣いと称して2000円から1万円が与えられる。
- ◆印鑑を預けなければいけなかった。通帳は拒否した。部屋でたばこを吸ってもいいと言われたのが急にだめになったり、ルールがいきなり変わる。暴力団関係がやっているらしい。
- ◆歯ブラシ、髭剃り、石鹸、ジャージ、下着などを支給されたが、ほかの入所者のケースで実際には支給されていないのに費用を役所に請求していた。
- ◆社長が保護費支給日に来て直接お金を回収していた。解体屋の仕事の勧誘をされた。部屋の中に鍵をかけてはいけなかった。他の利用者同士のトラブルはあったよう。
- ◆留守中に勝手に荷物を調べられた（3回目）。
- ◆職員でないのに臨時でやっていた人が文句ばかり言ってみんな迷惑していた。寮長が寮生のお金を持ち逃げして警察が来て寮生が状況を聞かれたりした。

（7）苦情・不満の相談先

　苦情や不満の相談先として「宿泊所のサービス内容に不満があった場合、誰に相談しますか（しましたか）」と尋ねたところ、最も多かったのは「相談できそうな人はいない」で56人（45.2％）だった。次いで、「宿泊所の職員や代表者」が26人（21.0％）、「同じ宿泊所の他の入所者」17人（13.7％）と続き、「福祉事務所」は15人（12.1％）と少なかった。なお、「その他」も20人（16.1％）の人が選択していたが、支援者や市会議員などの名前が挙がっていた。

　無料低額宿泊所は社会福祉法に規定する社会福祉事業であり、サービス内容

に関する苦情の相談窓口として、都道府県社会福祉協議会に設置される運営適正化委員会が機能するべきであると考えられる。そこで、運営適正化委員会の認知度について尋ねたが、「知っている」と回答した人は2人（1.5％）のみであった。

(8) 入所してよかったこと

　当事者からみた宿泊所の機能を把握するため「宿泊所に入所してよかったと思うことは何ですか」との質問をした。最も多かったのが「寝る場所が確保できた（野宿をしなくてもすむようになった）」で、現入所者が26人（63.4％）、元入所者が57人（67.9％）だった（無回答は欠損値とする、以下同じ）。次いで、「きちんと食事をとることができるようになった」が、現入所者で16人（39.0％）、元入所者で39人（46.4％）、「小遣いが手に入った」が、現入所者で9人（22.0％）、元入所者で23人（27.4％）だった。「職員からの様々な支援が受けられた」を選択した回答者は、現入所者で2人（4.9％）、元入所者で1人（1.2％）と少なかった。なお、「特になし」を選択した人は、現入所者で13人（31.7％）、元入所者で25人（29.8％）だった。

　以上のことから、宿泊所入所者の多くは、居住場所が確保できるという点に宿泊所のメリットを最も強く感じていることが分かる。このことは、住居を喪失した人たちにとって最も切実なニーズが居住場所の確保であることを示していると同時に、宿泊所に対して期待されている役割で最も主要なものが居住場所確保というニーズを充足する点にあることを示しているといえよう。逆に、宿泊と食事以外に施設側から提供される様々な支援は、少なくとも入所者にとっては大きな役割を期待されているものではないと考えられる。

　表4-10は、「入所してよかったこと」の回答結果を、いくつかの属性ごとに集計したものである。まず、年齢による違いは特にみられず、宿泊所に対する満足度やニーズに年齢の影響はないと考えられる。次に、入所の経緯については、福祉事務所からの紹介による入所か、路上での勧誘による入所かによって違いがみられた。路上での勧誘によって入所した人は、「寝る場所」と「小遣い」の項目で満足度が高かった。一方、福祉事務所からの紹介によって入所した人は全体的に満足度が低く、「特になし」の比率が高かった。福祉事務所から

紹介されて宿泊所に入所した結果、よかったことは「特にない」と感じる傾向がみられることは、宿泊所に依存しない生活保護行政の必要性を示唆している。

表4-10　属性ごとの「入所してよかったこと」

	寝る場所	食事	小遣い	支援	特になし
年齢					
45歳未満　[n=31人]	20 (64.5)	14 (45.2)	6 (19.4)	0 (0.0)	10 (32.3)
45〜59歳　[n=56人]	38 (67.9)	25 (44.6)	15 (26.8)	1 (1.8)	15 (26.8)
60歳以上　[n=38人]	25 (65.8)	16 (42.1)	11 (28.9)	2 (5.3)	13 (34.2)
入所の経緯					
福祉事務所からの紹介　[n=72人]	43 (59.7)	32 (44.4)	13 (18.1)	3 (4.2)	29 (40.3)
路上での勧誘　[n=37人]	28 (75.7)	17 (45.9)	13 (35.1)	0 (0.0)	7 (18.9)
費用の内訳に関する説明					
あった　[n=86人]	60 (69.8)	42 (48.8)	23 (26.7)	3 (3.5)	22 (25.6)
なかった　[n=34人]	19 (55.9)	11 (32.4)	8 (23.5)	0 (0.0)	15 (44.1)
居室					
個室　[n=54人]	41 (75.9)	24 (44.4)	18 (33.3)	1 (1.9)	13 (24.1)
非個室　[n=70人]	41 (58.6)	30 (42.9)	14 (20.0)	2 (2.9)	25 (35.7)
食事の満足度					
とても・まあまあ満足　[n=26人]	23 (88.5)	20 (76.9)	10 (38.5)	1 (3.8)	2 (7.7)
やや・とても不満　[n=72人]	41 (56.9)	23 (31.9)	18 (25.0)	2 (2.8)	28 (38.9)
全回答者　[n=125人]	83 (66.4)	55 (44.0)	32 (25.6)	3 (2.4)	38 (30.4)

注：無回答・非該当を除く。カッコ内はnに占める回答者の比率（％）。

　また、入所にあたって費用の内訳に関する説明があったかどうか尋ねた質問で「なかった」と答えた人の中では、入所してよかったことが「特になし」と答えた人の比率が高かった。入所前の事業者側の十分な説明が入所後の満足度にも影響を与えるものと考えられる。

　居室が個室か複数人居室かによる違いをみたところ、「個室」と答えた人の場合、入所してよかったことを「寝る場所」と答える比率が高く、また「特になし」と答える比率が低かった。個室であるか否かは「寝る場所が確保できてよかった」と感じさせる比率を高めるだけでなく、「よかったことはない」と答え

る比率を低めることにもつながっていると考えられる。

食事の満足度については「とても・まあまあ満足」と「やや・とても不満」とに分けて集計した。当然のことながら、食事の内容に「満足」と答えた人は、入所してよかったことに「食事が確保できた」ことを挙げる比率が高い。さらに、「寝る場所」や「小遣い」など、他の項目についても選択する比率が高く、「特になし」の比率は低かった。

7．現入所者の転宅ニーズ

(1) 転宅希望の有無と施設・福祉事務所の対応

ここでは、現在宿泊所に入所している人（42人）のみを対象とした、アパートなど一般住宅への転宅希望等に関する質問の集計結果を検討する。

表4-11は「もし一般の住宅（アパートなど）で生活できるとしたら、転居したいと思いますか」と尋ねた質問への回答結果を示したものである。「すぐに転居したい」と答えた人が30人（73.2％）、「ゆくゆくは転居したい」と答えた人が9人（22.0％）、「転居したいとは思わない」と答えた人は2人（4.8％）に過ぎなかった。宿泊所入所者の転宅へのニーズが高いことがうかがわれる。

表4-11　一般住宅への転居希望

	人数	％
すぐに転居したい	30	73.2
ゆくゆくは転居したい	9	22.0
転居したいとは思わない	2	4.8
有効回答	41	100.0

表4-12は、「すぐに転居したい」と答えた人に対して、その希望を宿泊所職員や福祉事務所職員に伝えたかどうか尋ね、また伝えた場合には、それに対して職員側からどのような回答を得たかについて尋ねた質問への回答結果を示したものである。

まず、施設職員への申し出状況についてみると、「すぐに転居したい」と答えた30人のうち、その希望を施設側に伝えた人は17人であった。さらに、希望

を伝えた17人のうち、施設側から転居してもいいとの回答を得ていた人は6人だった。これは、「すぐに転居したい」と考えている人全体の5分の1に過ぎない。施設側から「転居できない」といわれた人にその理由を尋ねたところ、宿泊所は保護の実施機関でないにもかかわらず、「更生施設へ行けといわれた」「保護がきられる」「仕事が決まらないとだめといわれた」などといった回答があった。

また、生活保護を受給している人のうち転居希望を福祉事務所職員に伝えた人は17人であった。そのうち、福祉事務所側から転居してもいいとの回答を得た人は8人だった。福祉事務所側から「転居できない」といわれた人にその理由を尋ねたところ、「仕事をしないとだめといわれた」と回答した人が4人いた。その他は、「検討中といわれた」「もう少し待てといわれた」「老人ホームを勧められた」などであった。

いずれにせよ、現入所者の転宅へのニーズが高いにもかかわらず、転宅に向けた支援は十分行われていないことがうかがえた。

表4-12 転居希望の申し出状況

宿泊所職員への申し出状況人数			福祉事務所職員への申し出状況（被保護者のみ）		
	人数	%		人数	%
宿泊所職員に伝えた	17	58.6	福祉事務所職員に伝えた	17	63.0
転居してもよいと答えた	6	20.7	転居してもよいと答えた	8	29.6
転居できないと答えた	8	27.6	転居できないと答えた	7	25.9
宿泊所職員に伝えていない	12	41.4	福祉事務所職員に伝えていない	10	37.0
有効回答	29	100.0	有効回答	27	100.0

（2）アパート生活への不安

表4-13は、現入所者に対して「一般の住宅（アパートなど）で生活するときに何か不安なことはありますか」と尋ねた質問への回答結果を示したものである。「不安なことは特にない」と答えた人が23人（62.2％）であり、多くの入所者は、主観的には一般住宅で生活することには不安を感じていないことがうかがえた。一方、「近所づきあい」「一人暮らしの寂しさ」「ゴミ出し」といったこ

とについては、ある程度の人が不安を感じていた。なお、「その他」の中には、「経験がないから全体に不安」「保証人が見つかるか不安」「仕事が見つかるかどうか不安」などの回答があった。

表4-13　アパート生活への不安　［複数回答］

	回答数	％
自炊	2	5.4
洗濯	1	2.7
部屋の掃除	0	0.0
お金の管理	2	5.4
ゴミ出し	3	8.1
火の元の管理	0	0.0
近所づきあい	4	10.8
一人暮らしの寂しさ	3	8.1
その他	3	8.1
不安なことは特にない	23	62.2

注：％は有効回答者数（37人）で除した数。

8．元入所者の退所時の状況

(1) 退所形態

　ここでは、過去に宿泊所に入所していた人（96人）のみを対象とした、退所時の状況に関する質問の集計結果を検討する。
　表4-14は、元入所者にどのような形で退所したか尋ねた質問への回答結果を示したものである。最も多かったのは「宿泊所に対して不満があったため自主的に出た」で34人（41.0％）だった。なお、自主退所した人に具体的な不満の内容を尋ねたところ、「こんなに無駄にお金を払うなら出たほうがましと思った」といった高額な経費に対する不満、「同室内の人からのいじめ」といった人間関係に関する不満、「8人部屋の2段ベッド。食事もたるかった。嫌だった」といったサービス内容に関する不満などが挙げられた。

次いで、「次の居住場所がみつかったため出た」が 28 人（33.7％）と多かった。退所後の行き先については後述する。「宿泊所の職員から出ていくように言われて出た」も 8 人（9.6％）いた。出ていくようにいわれた理由としては、「酔っ払って寮の人とけんかして追い出された」「酒を飲んで門限に間に合わなかった」といった飲酒に関する理由のほか、「他の居住者と外出。ハローワークに通う意思がないためといわれた」「外泊の許可の電話が 2 分遅れただけで出された」といったものもあった。

表 4-14　退所形態

	人数	％
宿泊所に対して不満があったため自主的に出た	34	41.0
宿泊所の職員から出ていくように言われて出た	8	9.6
次の居住場所がみつかったため出た	28	33.7
その他	13	15.7
有効回答	83	100.0

《自主退所に至った主な理由》
◆宿泊費、食費の取りすぎ。手に入る金額が少ないと思った。
◆問題にされても、一切運営費の説明、明細がない。
◆入院中必ず 31 日分の家賃を取られた。例えば 4 月でも 31 日分。お金に汚い。長期入院の場合の役所からの見舞金 2 ～ 3 万円を取られてしまった（支給された封筒から引かれた）。
◆こんなに無駄にお金を払うなら出たほうがましと思った。
◆入所者との喧嘩。
◆寮の人と喧嘩になりそうだったからその前に出た。
◆同室内の人からのいじめ。
◆ダニ。役所に言ったが、贅沢言うなといわれた。
◆自由がない。環境が悪い。人間としてみてもらえない。
◆ 8 人部屋の 2 段ベッド。食事もたるかった。嫌だった。
◆電話で外泊をしようとしてだめだと言われた。

◆アパートに移れないこと。給料を自分で貯めて自立していけない。
◆やることもなく自分から出た。

(2) 退所後の居住場所

元入所者に「退所した直後はどのようなところに住んでいましたか」と尋ねたところ、最も多かったのは「野宿」で32人（38.1％）だった。次いで「一般のアパート」が27人（32.1％）、「ネットカフェ・サウナ・ドヤ等」が8人（9.5％）、「社員寮・飯場」が7人（8.3％）と続いた。

表4-15は、退所形態と退所後の居住場所の関係をみたものである。「居住場所がみつかったため出た」人の退所後の行き先は、「一般アパート」が最も多く71.4％を占めている。一方、「不満があったため自主的に出た」人の場合は、「野宿」が61.8％を占めており、退所後も不安定な状態に置かれていることが分かる。

表4-15　退所形態と退所後の居住場所

	アパート	社員寮・飯場	ネットカフェサウナ等	野宿	その他
自主的に出た	5 (14.7)	4 (11.8)	1 (2.9)	21 (61.8)	3 (8.8)
出ていくよう言われた	1 (12.5)	0 (0.0)	2 (25.0)	4 (50.0)	1 (12.5)
居住場所がみつかった	20 (71.4)	2 (7.1)	1 (3.6)	2 (7.1)	3 (10.7)
その他	1 (7.7)	1 (7.7)	4 (30.8)	4 (30.8)	3 (23.1)
合計	27 (32.5)	7 (8.4)	8 (9.6)	31 (37.3)	10 (12.0)

注：カッコ内は％。無回答は欠損値とした。　　　　　　　　　　　　　　　p<.01

9．福祉事務所との関係

(1) 福祉事務所に対する虚偽の説明

福祉事務所の職員に対して虚偽の説明をするよう施設側から指示された経験があるかどうかについて尋ねたところ、「ある」と答えた人が18人（15.1％）い

た。具体的な指示内容の多くは、「A（東京都内の地名）ではなくB（千葉県内の地名）で声をかけられたと言え」といった、野宿場所に関する虚偽の説明だった（このような趣旨の回答は8件）。なお、当然のことながら、こうした回答をした人の中に「福祉事務所からの紹介」によって入所した人はいなかった。その他、実態は路上での勧誘であるのに自主的に入所を希望したように装うことを指示されたとの回答もあった。主なものは以下の通りである。

《福祉事務所に対する虚偽の説明の例》
◆駅前で声をかけられたと言ってくれといわれた。
◆食事当番で少なく申告した。
◆A（東京都内の地名）からではなく、B（千葉県内の地名）で声をかけられたと言えといわれた。
◆元々C（埼玉県内の地名）にいたが、D（神奈川県内の地名）にずっと居たと言ってください、といわれた。
◆本当は宿泊所関係者が声をかけて入所したのにたまたま路上で会ったと説明しなさい。
◆別の人が使っていた布団を回されても新しい布団を提供されたと説明しなさい。
◆拘置所から出てきて、執行猶予中だったことは言わなくてよい。言うとE（群馬県内の地名）で生保になってしまうと言われた。
◆最初の福祉面談の時は路上で声をかけられたと言うな、自分でフララと行ったと言え。

---

(2) 福祉事務所職員の訪問頻度

表4-16は、「福祉事務所の職員はどのくらいの頻度で宿泊所に面会に来ますか」と尋ねた質問への回答結果を示したものである。「1ヶ月に1回」が34人（30.6％）、「2～3ヶ月に1回」が27人（24.3％）と、半数以上は3ヶ月以下の頻度でケースワーカーによる訪問を受けていた。一方、「1度も来ていない」が

31人(27.9％)おり、福祉事務所による十分な訪問を受けていない人もいることがうかがえた。ただし、「1度も来ていない」と答えた人の多くは入所1年未満であることにも留意が必要である。

表4-16　福祉事務所職員の訪問頻度

	人数	％
1ヶ月に1回	34	30.6
2～3ヶ月に1回	27	24.3
4～6ヶ月に1回	12	10.8
7ヶ月～1年に1回	7	6.3
1度も来ていない	31	27.9
うち、入所3ヶ月未満	11	9.9
入所3ヶ月～6ヶ月未満	10	9.0
入所6ヶ月～1年未満	6	5.4
入所1年以上	3	2.7
有効回答	111	100.0

(3) 生活保護制度に関する理解

　無料低額宿泊所は、本来は一時的な宿泊場所であるはずであるが、そのことを知っているかどうか尋ねたところ、64人(59.8％)が「知らない」と答えた。また、生活保護の実施要領上、無料低額宿泊所から一般住宅への転居費用が支給されることを聞いたことがあるかどうか尋ねたところ、83人(70.9％)が「ない」と答えた。福祉事務所による生活保護制度の説明が十分なされていないことがうかがえた。

おわりに

　本章では、2010年に貧困ビジネス対策全国連絡会が実施した無料低額宿泊所等入所者調査の結果を分析した。本調査から明らかになった主な知見を7点述べたい。

(1) 入所のルートは「福祉事務所紹介」と「路上での勧誘」が大半

序章で述べたように、無料低額宿泊所が拡大した背景には、ホームレスへの生活保護の適用にあたって、福祉事務所が宿泊所に依存する体質があることが指摘される。本調査の回答者の53.6％は、福祉事務所から紹介されて宿泊所に入所していた。また、30.4％は宿泊所の職員や業者から路上などで声をかけられて入所していた。自分で直接宿泊所を訪れ、又は業者に連絡して入所を希望した人は10.9％に過ぎず、「福祉事務所紹介」と「路上での勧誘」が、入所ルートの中心であることが分かった。宿泊所が「貧困ビジネス」として社会問題化している一方で、ホームレスへの生活保護適用にあたって福祉事務所が宿泊所に依存している状況の一端が明らかになった。

なお、別の設問で「宿泊所に入所してよかったと思うことは何ですか」と尋ねたが、入所ルート別に回答内容を集計したところ、よかったことが「特になし」と答えた人の比率が、「路上での勧誘」によって入所した人の場合は18.9％であったのに対して、「福祉事務所紹介」の場合は40.3％に上った。必ずしも自発的でない入所が、宿泊所での生活に対する満足度を下げていることが推測された。

(2) 福祉事務所に嘘の説明をするように求められている事例もある

福祉事務所が宿泊所に依存する傾向にある一方で、宿泊所側も生活保護行政のルールをうまく利用して顧客確保を行っている事例があった。生活保護を受給している／していた人に対して、福祉事務所に嘘の説明をするよう宿泊所職員から指示されたことがあるか尋ねたところ、15.1％の人が「ある」と答えた。具体的な指示内容のほとんどは宿泊所の所在地を所管する福祉事務所での保護開始を容易にするため、野宿場所を偽って説明するよう求められたというものであった。なお、当然のことながら、このような趣旨の回答をした人の中に、「福祉事務所からの紹介」によって入所した人は1人もいなかった。

(3) 不透明な経費を徴収され、説明も不十分な例がある

無料低額宿泊所の実態をめぐって問題視されていることの1つは、不透明な経費を徴収し生活保護費を不当に「ピンハネ」しているのではないかというこ

とである。本調査でも、どのくらいの費用をどのような名目で徴収され、手元にどのくらい残るのかを尋ねた。回答者の中には元入所者も多いことから「細かいことは分からない」という回答が多く、詳細な実態は把握できなかったが、家賃は当該地域の住宅扶助基準額と同程度、食費は月額3万～4万円程度、光熱費は5000～1万円程度、共益費は3000～5000円程度というのが、各施設が共通して徴収している費目と標準的な金額であった。

　ただし、その他にも、施設ごとに独自の名目で費用を徴収している例が多く、例えば家賃とは別に「室代5000円」を徴収しているものや、「施設運営費1万6520円」「施設利用料2万5000円」を徴収しているもの、あるいは光熱費とは別に「ポット使用料300円、炊飯器使用料1000円、冷蔵庫使用料1000円」を徴収しているものなどがあり、不透明な費用徴収の実態が明らかになった。経費を支払った後に本人の手元に残る金額は概ね2万～4万円程度が標準的だったが、「1万円未満」「1万円以上2万円未満」という回答も17.6％あった。

　また、「入所にあたって、必要となる費用の内訳に関する説明はありましたか」との質問に対して29.5％の回答者が「なかった」と答えていた。契約書の交付さえなかったとの回答も20.9％あり、十分な事前説明がないまま不透明な経費を徴収されている例が少なくないことがわかった。

(4) 入所者の7割が食事内容に不満を持っている

　無料低額宿泊所の実態をめぐって問題視されていることの2つ目に、食事の内容の劣悪さが挙げられる。回答者のうち、食事の提供を受けている人は89.6％であったが、その人に食事内容に満足しているかどうか尋ねた。「やや不満」と答えた人が23.9％、「とても不満」と答えた人が48.7％に上り、食事に対する不満が改めて浮き彫りになった。

　不満に思う理由を尋ねたところ、最も多かった理由は、単刀直入に「まずい」というものだったが、具体的な内容をみると、「朝夕2食でおかずが一品、漬物2切れ」のようにメニューの少なさに対する不満、「昼がカップラーメンのみ」のようにインスタント食品・レトルト食品の多さに対する不満などが多かった。また、施設側に支払う食費の額に見合わない内容であるとの不満も多かった。

（5）居室が「個室」であると認識されているのは半分以下

　無料低額宿泊所の実態をめぐって問題視されていることの3つ目に、居住環境の劣悪さが挙げられる。居室の造りについて尋ねたところ、「個室」と答えた人は44.5％と半分以下だった。2段ベッドを置いた大部屋に入所している人も多く、中には「12畳に2段ベッド5台」といったように、「個室により難い場合は床面積が1人当たり3.3㎡以上確保されていること」という当時の厚生労働省ガイドラインに示された基準すら満たせていないと思われる例も少なくなかった。無料低額宿泊所に関する厚生労働調査の政府公表資料では、全国の無料低額宿泊所の居室の91％は個室で運営されているとされているが（厚生労働省2011）、第3章で再分析したように、全入所者に個室を提供している施設は61％にとどまっている。また、形式上「個室」とされているものの、1部屋をベニヤ板やカーテンで区切っただけで、実態は大部屋である施設も少なくないといわれる。本調査の結果からは、少なくとも入所者の実感として「個室」であると認識されているのは半分以下であることが分かった。

（6）入所者が宿泊所に期待しているのは「屋根とメシ」である

　序章で述べたように、無料低額宿泊所をめぐる議論では、宿泊所が果たしてきた役割として、一般住宅での生活が困難な人たちの受け皿となってきたことを積極的に評価する意見がある。宿泊所は、高齢者や傷病者など支援を必要とする入所者に各種のサービスを提供することで、入所者の生活上のニーズを充足しているというものである。

　しかし、本調査の回答者に「宿泊所に入所してよかったことは何ですか」と尋ねたところ、「寝る場所が確保できた」が66.4％、「きちんと食事を確保することができるようになった」が44.0％と多くを占めた。ホームレス支援の領域では、古くから当事者のニーズとして「屋根とメシ」という表現が使われるが、本調査の結果からも、入所者が宿泊所に期待する役割としては居住場所と食事を確保することが中心であることがうかがえた。居住場所、食事に次いで多かったのが「小遣いが手に入った」の25.6％であり、「職員からの様々な支援が受けられた」と回答しているのは2.4％に過ぎなかった。

　なお、よかったことが「特になし」と答えた人の比率も30.4％と多かった。

他の質問項目とのクロス集計を行ったところ、福祉事務所紹介により入所した人、入所前に費用の内訳に関する説明がなかった人、居室が個室でない人、食事に対する満足度が低い人は、入所してよかったことが「特になし」と答える比率が高くなる傾向にあった。

(7) 現入所者の7割はすぐに転居したがっている

　宿泊所が「一般住宅での生活が困難な人」の受け皿になっているとの意見があるのに対して、本調査の結果からは、現入所者の多くが一般住宅への転居を求めていることが分かった。本調査の回答者のうち現在宿泊所に入所中の人は42人であるが、その人たちに「もし一般の住宅（アパートなど）で生活できるとしたら、転居したいと思いますか」と尋ねたところ、「すぐに転居したい」と答えた人が30人（73.2％）を占めた。しかし、その希望を宿泊所側に伝え、転居してもいいとの回答を得た人は6人に過ぎなかった。保護の実施機関は福祉事務所であるにもかかわらず、「更生施設へ行け」「仕事が決まらないとだめ」と、施設側から転居の希望を拒否されている例もあった。

　アパート生活をする際に不安なことはあるかどうか尋ねたところ、「近所づきあい」や「一人暮らしの寂しさ」「ゴミ出し」などに不安を感じている人もいたが、現入所者の62.2％は「不安なことは特にない」と答えていた。

　もちろん、以上のことは当事者のみに聞いたものであり、福祉事務所の見解と必ずしも合致しない場合があることは否定できないが、今後の宿泊所問題の解決を考えるにあたっては、入所者に転居を希望する人が多いことは考慮する必要があるだろう。

【注】

(1) 使用した調査票は、巻末資料を参照。

第5章　無料低額宿泊所と福祉事務所

はじめに

　序章で述べたように、2000年代以降に無料低額宿泊所が増加した背景には、ホームレスに対する生活保護の適用が厳しく制限されてきたことがあった。路上のホームレス数が増加する一方で、ホームレスに対する生活保護行政は施設収容主義をとっており、そのことが迅速な居住場所確保が可能な無料低額宿泊所の拡大を招いてきた。また、被保護者が増加するなか福祉事務所ケースワーカーの人員体制は不十分なまま放置され、日常的な見守りがなされる無料低額宿泊所がケースワーカーの業務負担を軽減する手段として期待されたことも無料低額宿泊所が拡大した1つの要因であると考えられる。すなわち、福祉事務所にとって無料低額宿泊所が必要とされる存在とされてきたことが、無料低額宿泊所が拡大した要因であるというのが本書の分析視角である。
　したがって、無料低額宿泊所をめぐる問題を明らかにする上では、福祉事務所における無料低額宿泊所の利用状況やその意識を把握することが不可欠な作業となる。そこで本章では、無料低額宿泊所の利用状況に関して全国の福祉事務所を対象に実施した調査の結果を検討する。

1．調査の方法

　本章で用いるのは、NPO法人ささしまサポートセンターが全国の福祉事務所を対象に2013年に実施した「無料低額宿泊所等に関するアンケート調査」の集計結果である。同法人は、厚生労働省から平成25年度セーフティネット支援対策等事業費補助金の交付を受けて社会福祉推進事業「ホームレスの地域生活移

行に向けた中間施設での支援モデル開発に関する調査研究」を実施した。本調査は、同事業の一環として実施されたものである。筆者は、同法人副理事長として事業全体の取りまとめを担うとともに、本調査の検討委員会の委員長として調査の設計・分析を担当した。

本調査は、2013年8月～9月に、全国の全ての福祉事務所を対象に実施した。全1322ヶ所（2013年4月1日現在）の福祉事務所に質問紙を郵送し、719ヶ所から回答を得た。回答率は54.4％であった。

質問項目は、無料低額宿泊所及びそれに類似する無届施設の有無、活用方法、入所者への支援内容、施設に対する福祉事務所の意識等である[1]。

2．回答した福祉事務所の概況

（1）地域分布

表5-1は、回答した福祉事務所を都道府県別にみたものである。全体としての回答率は54.4％であるが、都道府県別にみると、最も高い秋田県（88.2％）から最も低い奈良県（18.8％）までバラつきが大きい。また、東京都（33.7％）、神奈川県（25.0％）、大阪府（34.8％）など福祉事務所数の多い大都市圏で回答率が低かった。

回答した719事務所のうち、管内に無料低額宿泊所がある（「無低あり」）と答えたのは93事務所（12.9％）であった。都道府県別にみると、東京都（71.4％）、神奈川県（69.2％）、埼玉県（32.1％）、千葉県（30.8％）など首都圏の福祉事務所で「無低あり」の比率が高かった。一方、無料低額宿泊所に類似する無届けの施設がある（「無届あり」）と答えたのは107事務所（14.9％）であり、届出施設の出現率と比べると、首都圏では低く、大阪府や北海道・東北地方で高くなっている。

表5-2は、回答のあった福祉事務所を設置自治体別にみたものである。719事務所のうち、特別区・政令市が設置しているものは計93事務所（12.9％）であり、一般市が設置しているものは472事務所（65.6％）であった。ただし、無料低額宿泊所や無届施設があると答えた事務所の比率は、特別区では無低89.5％・無届26.3％、政令市では無低32.4％・無届59.5％であるのに対して、一

第5章 無料低額宿泊所と福祉事務所

表5-1 都道府県別回答状況

都道府県	福祉事務所数	回答数	回答率	無低あり 度数	無低あり 比率	無届あり 度数	無届あり 比率
北海道	69	33	47.8%	0	0.0%	11	33.3%
青森	16	10	62.5%	0	0.0%	5	50.0%
岩手	19	16	84.2%	0	0.0%	1	6.3%
宮城	26	13	50.0%	3	23.1%	4	30.8%
秋田	17	15	88.2%	0	0.0%	1	6.7%
山形	18	11	61.1%	1	9.1%	0	0.0%
福島	25	18	72.0%	0	0.0%	1	5.6%
東京	83	28	33.7%	20	71.4%	5	17.9%
神奈川	52	13	25.0%	9	69.2%	5	38.5%
埼玉	54	28	51.9%	9	32.1%	6	21.4%
千葉	48	26	54.2%	8	30.8%	9	34.6%
茨城	36	17	47.2%	5	29.4%	0	0.0%
栃木	17	8	47.1%	0	0.0%	0	0.0%
群馬	17	12	70.6%	0	0.0%	1	8.3%
山梨	16	7	43.8%	0	0.0%	0	0.0%
新潟	33	14	42.4%	1	7.1%	2	14.3%
長野	29	20	69.0%	0	0.0%	1	5.0%
富山	12	9	75.0%	0	0.0%	0	0.0%
石川	15	8	53.3%	0	0.0%	1	12.5%
福井	14	3	21.4%	0	0.0%	0	0.0%
愛知	64	46	71.9%	11	23.9%	16	34.8%
岐阜	27	23	85.2%	2	8.7%	2	8.7%
静岡	34	24	70.6%	7	29.2%	5	20.8%
三重	19	14	73.7%	1	7.1%	0	0.0%
大阪	69	24	34.8%	1	4.2%	10	41.7%
兵庫	44	27	61.4%	1	3.7%	3	11.1%
京都	35	12	34.3%	2	16.7%	1	8.3%
滋賀	15	9	60.0%	2	22.2%	0	0.0%
奈良	16	3	18.8%	0	0.0%	0	0.0%
和歌山	16	9	56.3%	0	0.0%	0	0.0%
鳥取	19	13	68.4%	0	0.0%	1	7.7%
島根	19	12	63.2%	0	0.0%	0	0.0%
岡山	30	19	63.3%	2	10.5%	1	5.3%
広島	37	22	59.5%	0	0.0%	1	4.5%
山口	24	5	20.8%	0	0.0%	0	0.0%
徳島	11	4	36.4%	0	0.0%	0	0.0%
香川	11	7	63.6%	0	0.0%	0	0.0%
愛媛	15	9	60.0%	0	0.0%	0	0.0%
高知	16	8	50.0%	0	0.0%	0	0.0%
福岡	52	25	48.1%	4	16.0%	6	24.0%
佐賀	15	11	73.3%	0	0.0%	1	9.1%
長崎	17	12	70.6%	0	0.0%	0	0.0%
熊本	27	19	70.4%	0	0.0%	0	0.0%
大分	16	9	56.3%	0	0.0%	1	11.1%
宮崎	14	9	64.3%	0	0.0%	1	11.1%
鹿児島	28	19	67.9%	0	0.0%	0	0.0%
沖縄	16	10	62.5%	2	20.0%	5	50.0%
無回答	—	6	—	2	33.3%	0	0.0%
合計	1,322	719	54.4%	93	12.9%	107	14.9%

表5-2　設置自治体別回答状況

設置自治体の種類	回答事務所数	比率	無低あり 度数	無低あり 比率	無届あり 度数	無届あり 比率
特別区	19	2.6%	17	89.5%	5	26.3%
政令市	74	10.3%	24	32.4%	44	59.5%
市	472	65.6%	46	9.7%	46	9.7%
町	25	3.5%	0	0.0%	1	4.0%
村	1	0.1%	0	0.0%	0	0.0%
都道府県	122	17.0%	4	3.3%	11	9.0%
無回答・不明	6	0.8%	2	33.3%	0	0.0%
合計	719	100.0%	93	12.9%	107	14.9%

般市では無低9.7%・無届9.7%であり、特別区・政令市など大都市で出現率が高くなっている。

　回答した福祉事務所の地理的分布は以上の通りである。全体的にみて、本調査に回答した福祉事務所は届出施設・無届施設ともに存在していない地域の福祉事務所が多いことに留意が必要である。

(2) ホームレス数

　表5-3は、回答のあった福祉事務所を2012年度末時点の管内ホームレス数別にみたものである。前項で述べた回答事務所の偏りも影響して、ホームレス数

表5-3　ホームレス数別回答状況

ホームレス数	回答事務所数	比率	無低あり 度数	無低あり 比率	無届あり 度数	無届あり 比率
0人	398	55.4%	10	2.5%	31	7.8%
1人～9人	132	18.4%	23	17.4%	23	17.4%
10人～49人	35	4.9%	14	40.0%	11	31.4%
50人以上	29	4.0%	15	51.7%	19	65.5%
無回答・不明	125	17.4%	31	24.8%	23	18.4%
合計	719	100.0%	93	12.9%	107	14.9%

注：ホームレス数は2012年度末時点。

がゼロの福祉事務所が 55.4% と半数以上を占めている。無回答・不明も 125 事務所（17.4%）あったが、その多くもホームレス数ゼロの地域であると推測される。

また、ホームレス数が 10 人未満の福祉事務所も 18.4% を占めている。当然のことながら、ホームレス数がゼロの福祉事務所のほとんどは管内に無料低額宿泊所や無届施設がなく、ホームレス数が増加するにつれて無料低額宿泊所や無届施設がある事務所の比率が高くなる。

(3) 保護率及び職員体制

次に、回答事務所の環境的な要素として、保護率及び職員体制の状況をみる。

まず、2012 年度末時点の保護率の状況をみる。2013 年 3 月時点の全国の保護率は 1.70% である[2]。回答のあった全福祉事務所の被保護人員数と管内人口を合計し保護率を算出すると 1.60% であり、やや低いもののほぼ全国の状況と同じであった。ただし事務所ごとの保護率をみると、**表5-4** にみる通り、保護率が 1% 未満の事務所が全体の 51.5% を占めている。また、**表5-5** はリーマン・ショック直前の 2007 年度末から 2012 年度末にかけての保護率の伸びをみたものである。伸び率 120% 未満が 19.3%、120% 以上 150% 未満が 40.5%、150% 以上 180% 未満が 19.6%、180% 以上が 12.1% となっている。以上のように、保護率や保護率の伸び率が高まるにつれて無料低額宿泊所や無届施設がある割合が高まっている。これは、ホームレスを多く抱える大都市部において保護率が高

表5-4 保護率別回答状況

保護率	回答事務所数	比率	無低あり		無届あり	
			度数	比率	度数	比率
1%未満	370	51.5%	32	8.6%	28	7.6%
1%以上1.7%未満	166	23.1%	26	15.7%	24	14.5%
1.7%以上3%未満	109	15.2%	16	14.7%	32	29.4%
3%以上	50	7.0%	16	32.0%	23	46.0%
無回答・不明	24	3.3%	3	12.5%	0	0.0%
合計	719	100.0%	93	12.9%	107	14.9%

注：保護率は 2012 年度末時点。

表5-5 保護率の伸び率別回答状況

保護率の伸び率 (2007 → 2012)	回答 事務所数	比率	無低あり		無届あり	
			度数	比率	度数	比率
120％未満	139	19.3％	7	5.0％	10	7.2％
120％以上150％未満	291	40.5％	38	13.1％	49	16.8％
150％以上180％未満	141	19.6％	20	14.2％	23	16.3％
180％以上	87	12.1％	19	21.8％	18	20.7％
無回答・不明	61	8.5％	9	14.8％	7	11.5％
合計	719	100.0％	93	12.9％	107	14.9％

表5-6 現業員の経験年数別回答状況

経験年数1年未満の 現業員の割合	回答 事務所数	比率	無低あり		無届あり	
			度数	比率	度数	比率
5％未満	126	17.5％	2	1.6％	8	6.3％
5％以上20％未満	84	11.7％	18	21.4％	20	23.8％
20％以上30％未満	184	25.6％	36	19.6％	40	21.7％
30％以上40％未満	161	22.4％	18	11.2％	25	15.5％
40％以上	152	21.1％	16	10.5％	12	7.9％
無回答・不明	12	1.7％	3	25.0％	2	16.7％
合計	719	100.0％	93	12.9％	107	14.9％

いことが影響していると考えられる。

表5-6は、回答事務所の現業員（ケースワーカー）の経験年数をみたものである。現業員のうち経験年数1年未満の者が占める割合が5％未満の事務所が17.5％、5％以上20％未満が11.7％、20％以上30％未満が25.6％、30％以上40％未満が22.4％、40％以上が21.1％であった。なお、現業員の経験年数の状況と無料低額宿泊所や無届施設がある割合に関連はみられない。

3．無料低額宿泊所の活用方法

表5-7は、管内に無料低額宿泊所があると答えた93福祉事務所に対して、「ホームレスなど住居のない相談者から生活保護の申請があった場合の無料低額宿泊所の紹介方法として、貴福祉事務所の現状に最も近いものを次の中から

表5-7 無料低額宿泊所の活用状況

	度数	%
病状等に問題がなければ基本的に無料低額宿泊所を紹介する	16	17.8
定員が埋まっているなどして他の施設が使えなかった場合に無料低額宿泊所を紹介する	5	5.6
利用できる社会資源の一つとして無料低額宿泊所を紹介し、相談者が希望した場合には無料低額宿泊所を活用する	48	53.3
福祉事務所が無料低額宿泊所を紹介することはない	16	17.8
その他	5	5.6
有効回答総数	90	100.0

一つ選んでください」と尋ねた質問への回答結果を示したものである。最も多かったのは「利用できる社会資源の一つとして無料低額宿泊所を紹介し、相談者が希望した場合には無料低額宿泊所を活用する」であり48事務所（53.3％）に上った。

一方、「病状等に問題がなければ基本的に無料低額宿泊所を紹介する」と答えた福祉事務所も16事務所（17.8％）あった。この16事務所を都道府県別にみると、東京都が5事務所、埼玉県・千葉県・神奈川県が各2事務所、山形県・茨城県・愛知県・京都府が各1事務所と、主に首都圏で目立った（都道府県名無回答が1事務所）。逆に、「福祉事務所が無料低額宿泊所を紹介することはない」と答えた事務所も16事務所（17.8％）あった。これを都道府県別にみると、神奈川県が4事務所、愛知県が3事務所、宮城県・静岡県が各2事務所、新潟県・滋賀県・兵庫県・岡山県・沖縄県が各1事務所と、地理的な偏りはみられなかった。

4．入所者への訪問頻度

表5-8は、管内に無料低額宿泊所があると答えた93福祉事務所に対して、

「無料低額宿泊所に入所している被保護者への家庭訪問の頻度について、貴福祉事務所の現状に最も近いものを次の中から一つ選んでください」と尋ねた質問への回答結果を示したものである。最も多かったのは「一般の被保護世帯と同じ頻度で訪問している」であり73事務所（83.0％）に上った。

一方、「一般の被保護世帯より多い頻度で訪問している」と答えた福祉事務所も6事務所（6.8％）あった。その理由は「支援項目が多いため」「その他世帯の割合が多いため」「入居者の多くは居宅生活支援プログラム（訪問格付にかかわ

表5-8　家庭訪問の頻度

	度数	％
一般の被保護世帯と同じ頻度で訪問している	73	83.0
一般の被保護世帯より多い頻度で訪問している	6	6.8
一般の被保護世帯より少ない頻度で訪問している	9	10.2
有効回答総数	88	100.0

らず最低月1回は訪問する）を活用しているため」「処遇方針が就労指導のケースが多く、求職活動状況等を把握するため」「早期に能力活用を図り自立を助長するため」「無料低額宿泊所は一時的な住居であることから、民間での居宅生活が可能であるか適時判断する必要」といったものであり、自立支援を進めていくために頻繁な家庭訪問が必要であるとの認識がうかがえた。

逆に「一般の被保護世帯より少ない頻度で訪問している」と答えた福祉事務所も9事務所（10.2％）あった。その理由は「管理人が常駐しているため何かあれば連絡がくる等の理由による」「被保護者の日常生活の把握等にあたり、施設との連携が図れるため」「運営団体と援助方法等で連携しているため」「施設運営スタッフによる訪問が定期的になされているため」「宿泊所長から生活状況を把握できるため」「無低施設において、最低限は生活上のルールの下で生活しているため」といったものであり、援助を施設側に委ねることによって訪問回数を減らすことが可能との認識がうかがえた。

5．無料低額宿泊所に対する意識

表5-9は、管内に無料低額宿泊所があると答えた93福祉事務所に対して、

「管内の無料低額宿泊所の運営について、貴福祉事務所の考えに最も近いものを次の中から一つ選んでください」と尋ねた質問への回答結果を示したものである。「ほとんどの施設は良い運営をしている」「どちらかと言えば良い運営をしている施設が多い」と答えたのが計54事務所で67.5%を占めた。「ほとんどの施設は良くない運営をしている」「どちらかと言えば良くない運営をしている施設が多い」と答えたのが計26事務所で32.5%と少なかった。

「良い・どちらかと言えば良い」と答えた54事務所に対して、どのような面で良いと感じるかを尋ねたところ「施設設備」が11事務所（20.4％）、「自立支援の内容」が15事務所（27.8％）と多かった。それに対して「食事の内容」は

表5-9 無料低額宿泊所に対する意識

	度数	％
ほとんどの施設は良い運営をしている	19	23.8
どちらかと言えば良い運営をしている施設が多い	35	43.8
どちらかと言えば良くない運営をしている施設が多い	22	27.5
ほとんどの施設は良くない運営をしている	4	5.0
有効回答総数	80	100.0

5事務所（9.3％）、「徴収される費用の水準」は7事務所（13.0％）と少なかった。ただしこの質問については、いずれの項目も選択をしない無回答の事務所が19事務所（35.2％）あった。

一方、「良くない・どちらかと言えば良くない」と答えた26事務所に対しても、どのような面で良くないと感じるかを同じ選択肢で尋ねたが、24事務所（92.3％）が無回答であった。

6．生活保護費の費用負担

表5-10は、管内に無料低額宿泊所があると答えた93福祉事務所に対して、「無料低額宿泊所に入所している被保護者の生活保護費の地方負担分はだれが負担していますか」と尋ねた質問への回答結果を、福祉事務所の設置自治体別に示したものである。

表 5-10 入所者の保護費の費用負担

	設置自治体の種類						合計	%
	政令市	中核市	特別区	市	都道府県	無回答		
無料低額宿泊所に入所している間はずっと都道府県が負担する			11	17	2	1	31	33.3
無料低額宿泊所入所中の一定期間は都道府県が負担し、その後は実施機関が負担する			3	17	1		21	22.6
無料低額宿泊所に入所している間はずっと実施機関が負担する	19	7	1	4	0		31	33.3
その他			2	1	1		4	4.3
無回答	5					1	6	6.5
合計	24	7	17	39	4	2	93	100.0

　政令市・中核市については、無回答の5事務所を除けば全て「無料低額宿泊所に入所している間はずっと実施機関が負担する」という回答であった。一方、特別区では「無料低額宿泊所に入所している間はずっと都道府県が負担する」という回答が多かった。また、一般市の場合は都道府県負担もしくは「無料低額宿泊所入所中の一定期間は都道府県が負担し、その後は実施機関が負担する」という回答も多かった。なお、一定期間は都道府県が負担すると答えた一般市の17福祉事務所に具体的な期間を尋ねたところ、「3ヶ月」が5事務所、「12ヶ月」が12事務所であった。

7. 転宅を促すまでの期間

　表5-11は、管内に無料低額宿泊所があると答えた93福祉事務所に対して、「一般住宅での生活に支障がないと判断できる被保護者が無料低額宿泊所に入所していた場合、概ね何ヶ月ぐらいで一般住宅への転宅を促しますか」と尋ねた質問への回答結果を示したものである。「3ヶ月以内」が20.5％、「6ヶ月以内」が18.2％、「1年以内」が10.2％であったが、最も多かったのは「福祉事務所から転宅を促すことはない」の28.4％であった。

表5-11　転宅を促すまでの期間

	度数	％
3ヶ月以内	18	20.5
6ヶ月以内	16	18.2
1年以内	9	10.2
3年以内	1	1.1
3年以上	0	0.0
その他	19	21.6
福祉事務所から転宅を促すことはない	25	28.4
有効回答総数	88	100.0

8. 無料低額宿泊所活用の効果

　表5-12は、管内に無料低額宿泊所があると答えた93福祉事務所に対して、「ホームレスの居住場所の確保」「ホームレスの自立の支援」「実施機関の業務負担の軽減」「地方自治体の財政的負担の軽減」の4項目について、それぞれ無料低額宿泊所を活用することは効果的であるかどうか尋ねた質問への回答結果を示したものである。「非常に効果的」「まあまあ効果的」と答えた福祉事務所の割合が高いのは「ホームレスの居住場所の確保」（計88.6％）であった。
　一方、「あまり効果的でない」「まったく効果的でない」と答えた福祉事務所の割合が高いのは「ホームレスの自立の支援」「地方自治体の財政的負担の軽

表5-12 無料低額宿泊所への評価

		非常に効果的	まあまあ効果的	あまり効果的でない	まったく効果的でない	どちらとも言えない	わからない	合計
ホームレスの居住場所の確保	度数	45	33	2	1	5	2	88
	%	51.1	37.5	2.3	1.1	5.7	2.3	100.0
ホームレスの自立の支援	度数	8	37	25	4	11	3	88
	%	9.1	42.0	28.4	4.5	12.5	3.4	100.0
実施機関の業務負担の軽減	度数	8	42	15	0	18	3	86
	%	9.3	48.8	17.4	0.0	20.9	3.5	100.0
地方自治体の財政的負担の軽減	度数	4	25	20	8	18	10	85
	%	4.7	29.4	23.5	9.4	21.2	11.8	100.0

減」(ともに計32.9%)であった。ただし「地方自治体の財政的負担の軽減」に対する評価は、入所者の保護費の負担方法の違いによって差がある。**表5-13**は、6. でみた入所中の費用負担方法別に財政負担軽減効果への評価をみたものである。入所中ずっと都道府県が負担する福祉事務所では、財政負担軽減効果がないと答えた割合が21.7%に低下する。つまり都道府県の費用負担度合いの高い自治体ほど、無料低額宿泊所の財政負担軽減効果を強く感じているといえる。

表5-13 費用負担方法と財政負担軽減効果

	非常に・まあまあ効果的		あまり・まったく効果的でない	
	度数	%	度数	%
ずっと都道府県負担	18	78.3	5	21.7
一定期間都道府県負担	7	43.8	9	56.3
ずっと実施機関負担	3	20.0	12	80.0
その他	1	100.0	0	0.0

$p<.01$

9．無料低額宿泊所のない自治体の意識

表5-14は、管内に無料低額宿泊所が「ない」「わからない」と答えた626福祉事務所に対して「貴福祉事務所管内にも他都市のように無料低額宿泊所があるとよいと思いますか」と尋ねた質問への回答結果を示したものである。80.4％の事務所が「思わない」と答えた。その理由は、ホームレス数が少なくニーズがないことや、既存の施設で十分対応可能であることなどであった。

表5-14　無料低額宿泊所があるとよいと思うか（無料低額宿泊所のない事務所）

	度数	％
思う	107	19.6
思わない	438	80.4
有効回答総数	545	100.0

一方、「思う」と答えた事務所は107事務所（19.6％）にとどまったが、このように考える福祉事務所にはどのような特徴があるのだろうか。表5-15は、無料低額宿泊所があるとよいと「思う」と答えた事務所と「思わない」と答えた事務所の、ホームレス数、保護率、ケースワーカー（CW）1人当たり被保護世帯数の平均値をそれぞれ比較したものである。(3)「思う」と答えた福祉事務所の特徴として、ホームレス数が少なく、保護率がやや低く、CW1人当たりの被保護世帯数も少ないといったことが見出せる。こうした福祉事務所は、住居のない者からの相談数は少ないものの、いざ相談があった場合に使える社会資源も少ないことから、緊急時の居住場所確保のための資源として無料低額宿泊所へのニーズが高くなっていると推測される。あるとよいと思う理由には、次のような回答があった。

《無料低額宿泊所があるとよいと思う理由》
◆ホームレスの生活保護相談者等の一時収容施設として活用できる。

（九州地方・一般市・ホームレス数4人）

◆離職等により困窮し住居を失う者がいた場合、新たな住居が見つかるまでの間、一時的に住居として利用できるため（近畿地方・一般市・ホームレス数0人）

◆居宅は、1日でも、なしでよしとはできず、緊急性が高いため、社会資源は多いにこしたことはない。（関東地方・一般市・ホームレス数0人）

◆ホームレスや行旅人等が相談に訪れた際に移住場所を確保する場合や、被保護者が住宅扶助の基準を上回る場所に居住し生活費を圧迫している方への対応。（九州地方・一般市・ホームレス数0人）

◆当社会福祉事務所では、管内に無料低額宿泊所がないため、ホームレス等の方が入居するアパート等を探すまでの間、ビジネスホテル等に宿泊していただき、宿泊費を支給している。宿泊費が高額となることから、無料低額宿泊所があるとよいと思う。（中国地方・一般市・ホームレス数0人）

◆管内に町営以外のアパートが少なく、また保証人を確保できない困窮世帯は都市へ出ていくのみしか宿泊先がない。（中国地方・町事務所・ホームレス数0人）

表5-15　無料低額宿泊所があるとよいと思う福祉事務所の特徴（平均値）

	ホームレス数	保護率(%)	CW1人当たり被保護世帯数
無料低額宿泊所があるとよいと思う	1.47	1.12	65.1
無料低額宿泊所があるとよいと思わない	3.57	1.21	70.91
合計	3.18	1.19	69.80

おわりに

　本章では、無料低額宿泊所の利用に関して全国の福祉事務所を対象に実施した調査の結果を検討した。本調査の結果が示唆することとして次の4点を指摘したい。

（1）福祉事務所が無料低額宿泊所入所者のサポートに責任を持つことの必要性
　第3章及び第4章でみたように、無料低額宿泊所に入所する主要ルートの1つは福祉事務所からの紹介である。特に東京都に所在する施設で福祉事務所経由の入所が多いことも明らかになった。本調査の結果からは、住居のない相談者からの相談に対し、「特に問題がなければ無料低額宿泊所を活用する」という運用が、首都圏の福祉事務所で目立っていることが明らかになった。
　福祉事務所が住居のない相談者への支援に際して無料低額宿泊所を活用するのは、生活保護受給者が急増する中、ケースワーカーの業務負担を軽減するねらいがあることも否定できない。本調査において、無料低額宿泊所入所者への家庭訪問の頻度を尋ねたところ、ほとんどの福祉事務所は「一般の被保護世帯と同じ頻度で訪問している」と答えたが、「一般の被保護世帯より少ない頻度で訪問している」と答えた福祉事務所も一部にあった。その理由としては、援助を施設側に委ねることによってケースワーカーによる訪問回数を減らすことが可能との認識がうかがえた。
　しかし、無料低額宿泊所入所者のほとんどが生活保護を受給していることに鑑みれば、入所者の支援に第一義的な責任を負っているのは福祉事務所である。日常的な生活状況の把握や見守り機能は一定程度施設側に委ねることができたとしても、施設入所や一般住宅への転居など重要な場面で福祉事務所が責任を負わなければならないことはいうまでもない。

（2）福祉事務所が無料低額宿泊所に期待しているのは居住場所確保
　ホームレス支援において一義的に求められることは、「居住場所がない」という最も切実なニーズに応えることである。序章でみたように、無料低額宿泊所は、居宅保護や既存の施設保護が不十分な中、ホームレスの居住場所の確保に

一定の役割を果たしてきた。

　本調査において、管内に無料低額宿泊所のある福祉事務所に宿泊所への評価を尋ねたところ、3分の2の福祉事務所が肯定的な評価をしていたが、その効果として最も多くの福祉事務所が選択したのは「ホームレスの居住場所の確保」であった。一方、管内に無料低額宿泊所がない福祉事務所の多くは、既存の施設で対応可能なため新たな無料低額宿泊所の必要性を感じていないが、ホームレス数が少ない地方都市では、既存施設が不十分なためか、稀にある住居のない者からの相談に際して緊急一時的な宿泊場所を確保するために、無料低額宿泊所を必要としている場合もあった。このことも、ホームレスからの相談に際し、居住場所をいかに確保するかが福祉事務所にとっての重要な課題であることを示唆している。なお、第4章の調査結果によれば、無料低額宿泊所入所者が「入所してよかったこと」として最も多く選択していたのも居住場所の確保であった。

　2015年に施行された生活困窮者自立支援法では、住居のない生活困窮者に一定期間宿泊場所や食事等を提供する「一時生活支援事業」が支援メニューの1つとして規定されている。今後、ホームレス支援や生活困窮者支援を進めていくにあたっては、緊急的な居住場所を確保するための事業の存在がきわめて重要であることは改めて認識されるべきであろう。

(3) 一般住宅への移行支援の必要性

　既にみたように、無料低額宿泊所の本来の役割は一時的な居住場所の提供であり、長期間にわたり入所し続けることは想定されていない。第3章の議論からは、無料低額宿泊所入所者の多くは要介護状態にはなく障害も抱えておらず、一般住宅での生活が可能な層であることが示唆され、また第4章の議論からは、無料低額宿泊所入所者の多くが一般住宅への転居を希望していることが分かった。その意味では、福祉事務所には無料低額宿泊所入所者の一般住宅への移行を進める支援が求められる。

　しかし、本調査において、一般住宅での生活に支障がないと判断できる入所者がいた場合、概ね何ヶ月ぐらいで転宅を促すか尋ねたところ、28.4％の福祉事務所は「福祉事務所から転宅を促すことはない」と答えた。福祉事務所が転

宅支援に消極的になる背景には、(1)で述べたように、無料低額宿泊所の活用がケースワーカーの業務負担軽減に一定の効果を与えうることがあるように思われる。

　また、無料低額宿泊所入所中における生活保護費の地方負担の方法について尋ねたところ、政令市・中核市においては実施機関が負担することが多い一方で、特別区・一般市においては入所中あるいはその一定期間は都道府県が負担することが多いことが分かった。この背景には、無料低額宿泊所入所者が「居住地がないか、又は明らかでない」者として扱われていることがあると考えられるが、一般住宅に移行すれば居住地が定まり、保護費を実施機関が負担することになる。このことが、福祉事務所が転宅支援に消極的になる理由の1つになることも考えられる。本調査においても、都道府県負担の度合いが高い福祉事務所ほど、無料低額宿泊所を活用する効果として「地方自治体の財政負担の軽減」を選択する割合が高かった。

　以上のように、無料低額宿泊所が一般住宅に移行するまでの間の一時的な居住場所であるにもかかわらず転宅支援が進まない背景には、ケースワーカーの業務負担や地方自治体の財政負担の問題がある可能性がある。無料低額宿泊所が一時的な居住場所としての本来の機能を発揮するためには、これらの負担を軽減することも必要になろう。

(4) 十分なケアを提供しうる受け皿整備の必要性

　無料低額宿泊所の本来の役割が一般住宅への移行に向けた一時的な居住場所の提供にあるとはいえ、入所者の一部には、一般住宅への転居が困難な層、それを望まない層、居住場所確保以外のニーズを抱えている層がいることも事実である。

　しかし、現在の無料低額宿泊所は、法律上の趣旨からみても一般住宅での生活が困難な人たちが長期間入所しケアを受けながら生活する施設として想定されていない。厚生労働省ガイドラインも、人員配置を含め十分なケア体制の確保を求めていない。

　本調査では、福祉事務所が無料低額宿泊所に対して、「ホームレスの居住場所の確保」という点については効果を感じているものの、「ホームレスの自立支

援」という点ではあまり効果を感じていないことが明らかになった。それでもなお、無料低額宿泊所に居宅生活が困難な人たちが入所しているのは、そうした人たちを受け入れるための専門的な施設が不足しているからであろう。一般住宅での生活が可能な人については積極的に転宅支援を進め、それがすぐには困難な人については十分なケアを提供しうる受け皿を整備していくことが求められている。

【注】
(1) 使用した調査票は、巻末資料を参照。
(2) 厚生労働省「被保護者調査」における2013年3月の被保護実人員を、総務省統計局「人口推計」における2013年3月1日時点の人口で除して算出した。
(3) ホームレス数は2012年1月時点である。保護率は2012年度末時点である。ＣＷ1人当たり被保護世帯数は平成24年度末時点の被保護世帯数を調査時点の現業員数で除した（ただし1人当たり1000世帯を超えるような異常値は欠損値扱いとした）。

第6章　無料低額宿泊所と医療機関

はじめに

　本章では、筆者が全国の大都市部の医療機関を対象に2013年度に実施した、ホームレス状態にある患者（以下、ホームレス患者と略す）への支援に関する調査の結果を検討する。ここで筆者が医療機関に着目した理由は次の2点である。

　第1に、ホームレスのニーズ把握にとって医療機関の果たす役割が少なくないことである。ホームレス問題は、しばしば社会的排除の典型例といわれる（岡部2003）（岩田2008）。社会制度やサービスの網から漏れた状態に置かれ、社会との接点を持ちにくいことがホームレス問題を複雑化させているといえる。したがって、ホームレス支援においては彼／彼女らのニーズを社会が的確に把握することが重要である。ホームレスは結核や糖尿病、精神疾患等の罹患率も高く、医療ニーズが相対的に高い人々であるため、医療機関への受診が社会との接点を回復する契機となる場合もある。

　第2に、ホームレスの居住場所確保に医療機関が少なからず関与していることである。2006年の1年間に全国の福祉事務所で保護が適用されたホームレスの保護適用場所は、無料低額宿泊所のない市区町村の場合、54％が医療機関での保護適用だった（山田2008）。また、やや古いデータではあるが、ホームレス状態からの脱却の最大の供給母体になっている社会資源は医療機関であるとの研究もある（樋渡2004）。さらに、第3章でみたように、無料低額宿泊所入所者のおよそ1割は入所前の居住場所が病院であり、医療機関から無料低額宿泊所に移行する流れも一定程度あると予想される。

　以上のように、医療機関は、ホームレスに「屋根」を提供する場として直接機能しているだけでなく、無料低額宿泊所を含めた社会制度・サービスとの接

点としても機能しており、ホームレスの居住場所確保における重要な社会資源の1つとなっている。本章では、医療機関におけるホームレス患者の受け入れ状況に関する調査の結果を検討し、医療機関と無料低額宿泊所のかかわりについて考察してみたい。

1. 調査の方法

本章で分析するのは、筆者が、済生会生活困窮者問題調査会平成25年度調査研究事業による助成金の交付を受けて2013年度に実施した「ホームレスの地域生活移行に向けた公私連携の現状に関する調査研究」の結果である。同研究では、①潜在化しがちなホームレスのニーズを把握するための支援のあり方、②ホームレスが地域生活に移行し定着していくための支援のあり方を、医療機関の果たす役割に焦点を当てて考察するため、アンケート調査とヒアリング調査を実施した。なお、ここでいう「ホームレス」とは、野宿生活を送っている者だけを指すのではなく、派遣切りにあって社員寮を追い出された人やインターネットカフェや漫画喫茶などで寝泊まりをしている人などを含めた「住居を失った人々」を指すこととした。

本章では、アンケート調査のうち、無料低額宿泊所に関連するものを中心に検討し、分析を補充する形でヒアリング調査の結果も一部活用する。[1]

(1) アンケート調査

アンケート調査は、2013年10月10日〜10月31日に実施した。質問紙による郵送調査とした。調査対象は、ホームレス患者を多く受け入れていると予想される、大都市の2次・3次救急医療機関の医療ソーシャルワーカー（以下、MSW）所属部署とした。具体的な対象地域は、厚生労働省調査でホームレス数が多く報告されている5都市（東京23区、川崎市、横浜市、名古屋市、大阪市）である。5都市の2次・3次救急医療機関を各都道府県ホームページ等から検索した。ただし、入院機能を持たないことが多いと予想される診療所は対象から除外した。その結果、東京23区で232ヶ所、川崎市で24ヶ所、横浜市で58ヶ所、名古屋市で56ヶ所、大阪市で92ヶ所の合計462ヶ所の医療機関が該当し

た。これらの医療機関に調査票を送付したところ、151ヶ所から回答を得た(有効回答率32.7%)。

調査項目は、ホームレス患者の受け入れ状況、主な医療費支払い方法、退院支援に際しての困りごと、無料低額宿泊所の活用状況及び理由、無料低額宿泊所への評価、ホームレスのニーズ把握及び地域生活定着支援の取り組みと必要性の認識、病床数、無料低額診療事業の実施の有無、MSW数、MSW所属部署の責任者の職種、MSWの経験年数、社会福祉士もしくは精神保健福祉士資格の有無である[(2)]。

(2) ヒアリング調査

ヒアリング調査は、2014年1月〜2月に実施した。アンケート調査の中で「ホームレスのニーズ把握」「退院後の地域生活支援」に関する取り組みをしていると回答した医療機関の中から、具体的な取り組み内容として特徴的な内容を記述していた医療機関を6ヶ所(東京都2ヶ所、神奈川県2ヶ所、愛知県1ヶ所、大阪府1ヶ所)選定した。

ヒアリングは、主としてMSWに対して実施した。事前にインタビューガイドを送付し半構造化面接の方法で行った。インタビュー項目は医療機関によって異なるが、ホームレスのニーズ把握ないし退院後の地域生活支援に関する各医療機関の取り組み内容(実施の経緯、事業の概要、事業におけるMSWの位置づけ、事業の成果と課題等)、ホームレス患者の受け入れ状況(ホームレス患者がMSWにつながるまでの流れ、福祉事務所との連携状況、地域のNPO等との連携状況、無料低額宿泊所の利用状況、退院時及び退院後の支援等)などである。ヒアリングは各医療機関につき1時間30分〜2時間程度実施した。

2. 回答医療機関の概況

ここでは、アンケート調査に回答した医療機関の概況をみる。

病床数(表6-1)は、「100床未満」が35ヶ所(25.0%)、「100床以上200床未満」が44ヶ所(31.4%)、「200床以上500床未満」が34ヶ所(24.3%)、「500床以上」が27ヶ所(19.3%)であった。平均値は286.7床、最小値は21床、最大

値は1154床であった。

　無料低額診療事業の実施状況（**表6-2**）については、実施している医療機関は16ヶ所（11.0％）であり、実施していない医療機関が129ヶ所（89.0％）と圧倒的に多かった。

　MSWの配置状況（**表6-3**）については、「0人」が4ヶ所（2.7％）、「1人」が25ヶ所（16.8％）、「2人」が38ヶ所（25.5％）、「3人」が25ヶ所（16.8％）、「4人」が26ヶ所（17.4％）、「5人以上」が31ヶ所（20.8％）であった。平均値は3.37人、最大値は26人だった。

　なお、病床数をMSW数で除したMSW1人当たりの病床数を集計したところ、「50床未満」が33ヶ所（24.3％）、「50床以上100床未満」が67ヶ所（49.3％）、「100床以上」が36ヶ所（26.5％）であった（**表6-4**）。平均値は92.3床、最小値は20床、最大値は1154床であった。

　社会福祉士もしくは精神保健福祉士の資格取得率（**表6-5**）は、「50％未満」が12ヶ所（8.8％）、「50％以上100％未満」が24ヶ所（17.6％）、「100％」が100ヶ所（73.5％）と、多くの医療機関が100％であった。平均値は85.7％、最小値は0％であった。

　MSWの平均経験年数（**表6-6**）は、「5年未満」が44ヶ所（32.4％）、「5年以上10年未満」が59ヶ所（43.4％）、「10年以上」が33ヶ所（24.3％）であった。平均値は9年6ヶ月、最小値は2ヶ月、最大値は28年10ヶ月であった。

　MSWが所属している部署の直属の責任者の職種を尋ねたところ、「MSW」が64ヶ所（45.1％）、「MSW以外」が78ヶ所（54.9％）であった（**表6-7**）。

表6-1　回答医療機関の病床数

	度数	％
100床未満	35	25.0
100床以上200床未満	44	31.4
200床以上500床未満	34	24.3
500床以上	27	19.3
有効回答数	140	100.0

表6-2　無料低額診療事業の実施状況

	度数	％
実施している	16	11.0
実施していない	129	89.0
有効回答数	145	100.0

表6-3 MSWの配置状況

	度数	%
0人	4	2.7
1人	25	16.8
2人	38	25.5
3人	25	16.8
4人	26	17.4
5人以上	31	20.8
有効回答数	149	100.0

表6-4 MSW1人当たり病床数

	度数	%
50床未満	33	24.3
50床以上100床未満	67	49.3
100床以上	36	26.5
有効回答数	136	100.0

表6-5 MSWの資格取得率

	度数	%
50%未満	12	8.8
50%以上100%未満	24	17.6
100%	100	73.5
有効回答数	136	100.0

表6-6 MSWの平均経験年数

	度数	%
5年未満	44	32.4
5年以上10年未満	59	43.4
10年以上	33	24.3
有効回答数	136	100.0

表6-7 MSW所属部署の責任者の職種

	度数	%
MSW	64	45.1
MSW以外	78	54.9
有効回答数	142	100.0

3．ホームレス患者の受け入れ状況

（1）ホームレス患者の受け入れ経験

表6-8は、「あなたの医療機関では、これまでに次のような患者を受け入れた経験がありますか」として、「A 野宿生活者・路上生活者」「B ネットカフェや漫画喫茶、友人・知人宅等で寝泊まりをしている人」「C 社員寮に居住している人」のそれぞれについて尋ねた質問への回答を集計したものである。

野宿生活者を受け入れた経験がある医療機関が107ヶ所（75.9％）、ネットカフェ等居住者は93ヶ所（68.9％）、社員寮居住者は99ヶ所（74.4％）であった。いずれも7割前後の医療機関が受け入れを経験していることが分かった。A、B、Cのいずれも「ない」と答えた医療機関は23ヶ所（15.2％）であり、東京・横浜・川崎・名古屋・大阪の救急病院の8割程度は、広い意味でのホームレス状態にある患者を受け入れた経験があることが分かる。

なお、本設問では、データがある場合は2012年度の実績（実人数）も記入するよう求めた。実績の記入があったのは、野宿生活者は31ヶ所、ネットカフェ等居住者は21ヶ所、社員寮居住者は25ヶ所であった。記入があった医療機関の受け入れ状況は、野宿生活者が平均66.0人、最少1人、最高1200人であった。ネットカフェ等居住者は、平均3.9人、最少1人、最高10人であった。社員寮居住者は、平均2.6人、最少1人、最高13人であった。

表6-8 ホームレス患者の受け入れ経験

	受け入れ「あり」の医療機関	
	度数	％
野宿生活者・路上生活者	107	75.9
ネットカフェや漫画喫茶、友人・知人宅等で寝泊まりをしている人	93	68.9
社員寮に居住している人	99	74.4

（2）ホームレス患者の医療費支払い方法

表6-9は、ホームレス患者の医療費支払い方法について、「ホームレス状態

にある患者が貴院を利用する時の医療費の支払方法として最も多いのはどれですか」と尋ねた質問への回答を集計したものである。「生活保護」が102ヶ所（87.2％）と圧倒的多数を占めた。次いで「行旅病人及行旅死亡人取扱法」が8ヶ所（6.8％）が多く、「無料低額診療事業」「病院の持ち出し」「医療保険」がそれぞれ2ヶ所（1.7％）ずつあった。

表6-9 ホームレス患者の医療費支払い方法

	度数	％
生活保護	102	87.2
無料低額診療事業	2	1.7
行旅病人及行旅死亡人取扱法	8	6.8
病院の持ち出し	2	1.7
医療保険	2	1.7
自費	1	0.9
有効回答数	117	100.0

(3) 退院支援時の困りごと

　表6-10は、「ホームレス状態にある患者の退院支援を行う際に困ることは何ですか」と複数回答で尋ねた質問への回答を集計したものである。最も多くの医療機関が選択したのが「転居・転院・転所する際に身元保証人がいない」であり79ヶ所（60.8％）が回答した。次いで「医療費・日用品の支払い」が77ヶ所（59.2％）、「生活保護の決定に時間を要する」が72ヶ所（55.4％）、「入院時の身元保証人がいないため本人以外に医師がインフォームド・コンセントを行う相手がいない」が67ヶ所（51.5％）、「転居する際に時間を要する」が62ヶ所（47.7％）と続いた。人間関係の狭さに起因する保証人の問題と、生活保護の決定期間や転居の問題など福祉事務所との連携の問題が課題となっていると考えられる。一方、「コミュニケーションがとりづらい」（20ヶ所、15.4％）、「他の患者とのトラブル」（14ヶ所、10.8％）といった患者本人の問題に悩みを抱えている医療機関は比較的少なかった。

表6-10　ホームレス患者の退院支援で困ること［複数回答］

	度数	％
生活保護の決定に時間を要する	72	55.4
転居・転院・転所する際に身元保証人がいない	79	60.8
転居する際に時間を要する	62	47.7
コミュニケーションがとりづらい	20	15.4
他の患者とのトラブル	14	10.8
福祉事務所の対応が遅い	52	40.0
入院時の身元保証人がいないため本人以外に医師がインフォームド・コンセントを行う相手がいない	67	51.5
医療費・日用品の支払い	77	59.2

　なお、これらの選択肢の中で最も当てはまるものを1つ選んでもらったところ、多い順に「身元保証人がいない」（32ヶ所、25.8％）、「生活保護の決定に時間を要する」（25ヶ所、20.2％）、「転居する際に時間を要する」（25ヶ所、20.2％）と同様の傾向であった。

4．無料低額宿泊所の利用状況

　表6-11 は、「入院したホームレス患者の退院後の居所として無料低額宿泊所を利用することはありますか」と尋ねた質問への回答を集計したものである。「ある」と答えた医療機関が63ヶ所（49.2％）、「ない」が65ヶ所（50.8％）とほぼ二分された。ただし、医療機関の所在地によってやや差があり、東京23区に所在する医療機関では「ある」が36ヶ所、「ない」が23ヶ所だったのに対して、大阪市に所在する医療機関では「ある」が5ヶ所、「ない」が15ヶ所だった。

　また**表6-12** は、無料低額宿泊所を利用したことがあると答えた医療機関に対して、利用する理由を複数回答で尋ねた質問への回答を集計したものである。選択した医療機関が多かった順に、「福祉事務所職員からの提案があるため」（75.8％）、「患者の単身での生活に不安があるため」（54.8％）、「食事の提供

表6-11 無料低額宿泊所の利用経験

	度数	%	医療機関の所在地別内訳（度数）					
			東京	横浜	川崎	名古屋	大阪	無回答
ある	63	49.2	36	11	2	8	5	1
ない	65	50.8	23	11	2	10	15	4

表6-12 無料低額宿泊所を利用する理由

	当てはまるもの（複数回答）		最も当てはまるもの（単数回答）	
	度数	%	度数	%
福祉事務所職員から提案があるため	47	75.8	30	52.6
早期に退院することができ在院日数を短縮することができるため	23	37.1	10	17.5
就労支援をしてくれるため	6	9.7	0	0.0
食事の提供をしてくれるため	28	45.2	0	0.0
患者の単身での生活に不安があるため	34	54.8	10	17.5
その他	9	14.5	7	12.3
有効回答数	−	−	57	100.0

をしてくれるため」(45.2％)、「早期に退院することができ在院日数を短縮することができるため」(37.1％)、「その他」(14.5％)、「就労支援をしてくれるため」(9.7％)であった。

「単身生活への不安」「食事提供」「就労支援」といった項目は患者のニーズに即した理由であるのに対して、「福祉事務所からの提案」「在院日数の短縮」といった項目は外在的な理由であるといえる。これらの理由の中で最も当てはまるものを尋ねたところ、「福祉事務所からの提案」「在院日数の短縮」が計70.2％を占め、「単身生活への不安」は17.5％にとどまった（「食事提供」「就労支援」は回答なし）。ホームレス患者の退院後の居所として無料低額宿泊所が利用されるのは、患者のニーズに即した理由というよりも外在的な理由によるところが大きいと考えられる。なお、「その他」の具体的な内容としては、以下のよ

うな回答があった。

> 《その他の具体的内容》
> ◆今後の生活を安定させるための一時保護のため。
> ◆東京都は病院から直接居宅設定はほぼ認められないため。
> ◆本人が住みたい場所（屋根があるところ）を希望したときに本人と話し合いをして決めます。
> ◆退院先がないため、今後も外来治療が必要なため。
> ◆居住する場がないため。
> ◆生保開始となっても直接地域で単身生活をスタートさせず、無料低額宿泊所で「様子を見てから」というのが福祉事務所の考え。これに意見を申し立てても答えない。
> ◆本人から、自分で退院していくといわれるケースがある。
> ◆すぐに適切な施設がない場合

5．無料低額宿泊所への評価

　表6-13は、無料低額宿泊所を利用したことがあると答えた医療機関に対して「よく利用される宿泊所の処遇内容はどのように評価していますか」と尋ねた質問への回答を集計したものである。「たいへんよい」と答えた医療機関はなく、「まあまあよい」が6ヶ所（10.0%）、「あまりよくない」「とてもよくない」が計8ヶ所（13.4%）、「どちらともいえない」が15ヶ所（25.0%）だったが、最も多かったのは「わからない」で31ヶ所（51.7）だった。

　なお、評価の理由や具体的内容を自由記述で尋ねたところ、次のような回答があった。「まあまあよい」「どちらともいえない」と答えた医療機関でも自由記述ではネガティブな記述がみられ、全体として医療機関の無料低額宿泊所に対する評価は低いと考えられる。また、「わからない」と答えた医療機関が多かった背景には、退院後の無料低額宿泊所における生活状況を十分把握してい

ないことがあると考えられる。

表6-13 宿泊所の処遇内容に対する評価

	度数	%
たいへんよい	0	0.0
まあまあよい	6	10.0
どちらともいえない	15	25.0
あまりよくない	7	11.7
とてもよくない	1	1.7
わからない	31	51.7
有効回答数	60	100.0

《評価の理由》
【まあまあよい】
◆ある程度介護が必要な人は受けてくれる。環境は良いとは言えないが、職員の対応などは良い。
◆施設や運営団体によって内容は異なります。また、患者へのニードも異なるため、全般的に一律な評価は困難です。
◆ある程度融通が利く。医療的な対応ができないため、大変良いとは言えない。

【あまりよくない・とてもよくない】
◆清潔とは言えない環境が多い。
◆こちらとしては良いが、当人が望まずすぐに脱走してしまうことが多いと聞いている。
◆具体的に就労支援や新しい家が見つかるまでの一時的な利用で生保CWに勧められるが、実際はなかなか次につながらないから。また、就労支援の機能が果たされていないから。
◆日常生活（門限、金銭管理、食事時間 etc.）制限事項が多いと聞く。
◆食事つきの宿泊所は、ほとんどの生活費を食事代に充てられることが

多く、患者（利用者）の不満も多い。個人の占有スペースが狭い。清潔と言えないところもあると聞く。
◆退所してしまう人も多い。多人数の生活に向いていない人が多いが、それ以外の選択肢が提示されず、仕方なしにという場合が多い。
◆食事内容、環境（狭い）。

【どちらともいえない】
◆食事制限、塩分制限があると対応できないことがある。また、声掛けレベルで行えることも出来ないと言われてしまう。
◆時間を要さずに決まるという意味ではよいが、患者からよく聞かれる話では環境が良いとは言えない。虫、ダニがひどい。金銭トラブルがあるなどと申し出られ、生活が安定しない方も多い。できることなら服薬管理できると望ましい。そうすることによって病態の安定する方は多い。
◆ケースによる。
◆良い宿泊所もあれば、悪いところもある。質がかなり違う。
◆利用した当事者の話では、食事内容と設備面の不満が聞かれた。食事内容が貧しい、足が悪いと移動が大変など。
◆退院後の情報がない。
◆生活実態不明なため何とも言えず。
◆介護を要すると入所しづらい。
◆部屋が狭かったり、ベッドのみの居住スペースであったり、環境が良くない。

【わからない】
◆福祉事務所手配のため、処遇内容不明です。
◆実際に見たことがないため、評価できず。
◆宿泊所の処遇内容、利用者の感想を聞くことがない。
◆以前他市で経験あり。現在は不明。当時は復職支援や治療への援助を行ってくださっていた。●●（施設名）は入れたためしがない。
◆福祉事務所が選んでいることと、空いている所にお願いすることになるので、本人もＭＳＷにも選択できる余地がない。

6．無料低額宿泊所の利用状況の背景

　ここでは、医療機関における無料低額宿泊所の利用状況に影響を与える要因を検討する。

　既にみたように、ホームレス患者の退院後の居所として無料低額宿泊所を利用した経験のある医療機関は半数程度であるが、利用経験のある医療機関の宿泊所に対する評価は高くない。それでも宿泊所を利用する理由として多くの医療機関が選択したのは、「福祉事務所からの提案があるため」だった。患者の退院後の居所として必ずしも相応しい場所ではないと認識しているにもかかわらず、福祉事務所からの提案に基づいて宿泊所に退院させているとすれば、適切な連携とはいいがたい。

　そこで、無料低額宿泊所を活用する最も大きな理由として「福祉事務所からの提案」を選択した医療機関とそれ以外の理由を選択した医療機関に2区分し、他の変数とクロス集計を行った。

（1）地域による違い

　表6-14は、医療機関の所在地と宿泊所活用の理由とをクロス集計したものである。統計的な有意差は確認できないが、東京と横浜・川崎では福祉事務所からの提案を選択した医療機関がその他の理由を選択した医療機関を上

表6-14　所在地と宿泊所利用理由

		無料低額宿泊所を活用する理由		合計
		福祉事務所提案	その他の理由	
東京23区	度数	16	11	27
	％	59.3%	40.7%	100.0%
横浜市・川崎市	度数	5	4	9
	％	55.6%	44.4%	100.0%
名古屋市	度数	3	6	9
	％	33.3%	66.7%	100.0%
大阪市	度数	5	6	11
	％	45.5%	54.5%	100.0%
合計	度数	29	27	56
	％	51.8%	48.2%	100.0%

回っているのに対して、名古屋・大阪では逆になっている。つまり、東京・神奈川では福祉事務所がホームレス患者の退院後の居所として無料低額宿泊所を積極的に活用しようとする傾向が強いことが推測される。無料低額宿泊所自体が地域によって偏在しているだけでなく、福祉事務所がそれをどう活用するかにも地域差があると考えられる。

(2) MSW所属部署の組織体制による違い

表6-15は、無料低額宿泊所を利用する理由とMSW所属部署の責任者の職種とをクロス集計したものである。これも統計的な有意差は確認できないが、責任者の職種がMSWである医療機関の方が、「福祉事務所からの提案」以外の理由を選択する比率が高い。MSWが責任者となっている部署の方が、MSWとしての職責を意識した業務が行いやすくなることが予想され、そのことが患者の退院援助における福祉事務所ケースワーカーとの連携に一定の影響を及ぼしていることが推測される。

表6-15 宿泊所利用理由とMSW所属部署責任者

無料低額宿泊所を利用する理由		MSW所属部署の責任者の職種		合計
		MSW	MSW以外	
福祉事務所提案	度数	11	18	29
	%	42.3%	60.0%	51.8%
その他の理由	度数	15	12	27
	%	57.7%	40.0%	48.2%
合計	度数	26	30	56
	%	100.0%	100.0%	100.0%

なお、本書の検討課題からはやや外れるが、本調査では、①ホームレスの医療ニーズの把握に取り組む責任が医療機関ないしMSWにあると考えるか、②ホームレス患者の退院後の地域生活支援に取り組む責任が医療機関ないしMSWにあると考えるかについても質問している。表6-16及び表6-17は、この両項目に関する意識とMSWの所属部署の責任者の職種との関連をみたものである。ホームレスのニーズ把握に取り組む責任、ホームレス・生活困窮者の退院後の地域生活支援に取り組む責任のいずれも、MSW所属部署の責任者の

表6-16 ホームレスのニーズ把握への意識とMSW所属部署責任者

ホームレスの医療ニーズの把握に取り組む責任が、医療機関ないしMSWにあると思うか		MSW所属部署の責任者の職種		合計
		MSW	MSW以外	
とても・やや思う	度数	44	38	82
	％	72.1%	49.4%	59.4%
あまり・まったく思わない	度数	17	39	56
	％	27.9%	50.6%	40.6%
合計	度数	61	77	138
	％	100.0%	100.0%	100.0%

$p < .01$

表6-17 退院後の地域生活支援への意識とMSW所属部署責任者

ホームレス・生活困窮者の退院後の地域生活支援に取り組む責任が、医療機関・MSWにあると思うか		MSW所属部署の責任者の職種		合計
		MSW	MSW以外	
とても・やや思う	度数	53	51	104
	％	86.9%	65.4%	74.8%
あまり・まったく思わない	度数	8	27	35
	％	13.1%	34.6%	25.2%
合計	度数	61	78	139
	％	100.0%	100.0%	100.0%

$p < .01$

職種がMSWである医療機関の方が「思う」と答えた比率が高かった。福祉事務所ケースワーカーとの関係でもみられたように、MSW所属部署の責任者がMSWであるかどうかは、MSWの実践や意識に一定の影響を与えるものと考えられる。

7．ヒアリング調査にみる福祉事務所との連携状況

　以上のように、MSWによるホームレス患者の退院後の居住場所確保には、福祉事務所の援助方針が一定の影響を与えていることがうかがえる。
　MSWは、病院等の保健医療の場において、社会福祉の立場から患者のかかえる経済的、心理的、社会的問題の解決、調整を援助し、社会復帰の促進を図るものである（医療ソーシャルワーカー業務指針）。その際、患者に関わる関係機

関と連携したり、必要な社会資源を活用しながら援助を進めることが求められることはいうまでもない。ホームレス患者の多くは、医療費が生活保護によって賄われているため、その援助にあたっては福祉事務所ケースワーカーとの連携が必要となる。退院援助の場面において、患者の生活保護受給者としての側面から援助にあたる福祉事務所ケースワーカーと、患者の医療ニーズを把握する立場にあるMSWとの連携状況はどうなっているのだろうか。この点に関して、ヒアリング調査の中でも関連する発言があった。

(1) 生活保護行政の地域的違い

アンケート調査からも明らかになったように、ホームレス患者が退院した後の無料低額宿泊所を含めた居住場所設定に関する地域的な違いがヒアリング調査からも確認された。

例えば、東京都内の病院へのヒアリングでは「ホームレス状態にある患者が入院すると、MSWは入院日のうちに福祉事務所と連携をし、生活保護申請の相談を行う。退院後の転居先に関してはアパートへの転居を容認する区もあれば、生活能力を把握するために必ず簡易宿泊所に入らなければならないとされる区もあり、自治体により解釈の違いが顕著に表れている」と語られていた。また、神奈川県内の病院へのヒアリングでは「病院からの退院先として直接アパート入居となることはない。まずは自立支援施設に入所し、数日経過したのちにケースワーカーがアパートを探す」との発言があった。ホームレス患者の退院後における居住場所設定に関する生活保護の運用方針は福祉事務所によって異なっているようである。

一方、愛知県内の病院へのヒアリングでは、「身寄りのない患者の退院先については、患者本人の希望の確認とMSWや院内スタッフによる生活状況やADLのアセスメントをもとに決定する。自立した生活が営めそうであると判断された場合は一般のアパートを、生活上の不安がある場合は福祉アパートを紹介することが多い。入所先についてケースワーカーから、無料低額宿泊所を利用するよう指導が行われることはない」と語られていた。地域によっては、無料低額宿泊所への入所が福祉事務所から提案されることがなく、MSWをはじめとする医療機関側の判断によって退院後の居住場所が設定されている場合もある。

(2) ホームレス患者への福祉事務所のかかわり

　ホームレス患者の退院後の居住場所確保に福祉事務所の援助方針が影響を与えている一方で、ヒアリング調査からは、ホームレス患者の退院支援に対する福祉事務所ケースワーカーの関与の薄さを指摘する発言もあった。

　特に急性期病院の場合は、退院支援は他の医療機関への転院調整が中心になることから、福祉事務所ケースワーカーとMSWが連携して退院後の居住場所設定支援を行うことはなさそうである。急性期病院である神奈川県内の病院へのヒアリングでは、「MSWがアパートを探すことはない。MSWが（アパート探しのために）外に出たくても、他職種からはなぜそこまで行うのかと見られてしまう。必要があればMSWが家探しを行ったほうがよいと思うが、K病院（回復期病院）が転院先として関係が構築されているため、他職種は家を探すことは当院の役割ではないという感覚を持っている。転院先で生活上の調整をしてもらうことが多いため、当院としての福祉事務所とのかかわりは、生活保護の申請のみの場合が多い」との発言があった。

　また、東京都内の病院へのヒアリングでは、「無料低額宿泊所に入所後、福祉事務所が改めて居宅のあっせんを必ずしも行っているわけではない。無料低額宿泊所利用後のフォローが行き届いているとは言えない現状にある」との発言があり、退院後に無料低額宿泊所に入所した後も福祉事務所ケースワーカーによるフォローが十分ではなく、そのことが無料低額宿泊所から一般住宅への転宅が進まない要因の1つであることが示唆されていた。

　一方、回復期病院である愛知県内の病院へのヒアリングでは、「福祉事務所の人手不足から、入院中は基本的にMSWに支援が一任されている。大きなトラブルや病院で決めかねる問題が発生した場合にはケースワーカーに相談することがあるが、退院調整までMSWが整えてからケースワーカーへ報告する、という流れである。ケースワーカーの患者へのかかわりは、家屋調査の同行などピンポイントでのかかわりにとどまっている」との発言があった。ホームレス患者への福祉事務所の関与が薄いという点では同じだが、その分、MSWが主体的に退院後の居住場所確保にかかわっていることがうかがえた。

　以上のように、ヒアリング調査の結果からは、ホームレス患者が退院した後、

無料低額宿泊所を含めた居住場所を確保していくプロセスの中での福祉事務所ケースワーカーとMSWとのかかわりの一端が明らかになった。

いうまでもなく生活保護法は全国統一の制度であるが、現実の運用や具体的な援助方針となると自治体による違い、あるいは同じ自治体でも区による違い、さらには同じ区でもケースワーカー個人による違いが出てくるのが現状である。そのことが退院後の居住場所設定に与える影響は少なくないが、一方で、ホームレス患者へのケースワーカーの関与は決して多くなく、MSWが積極的に居住場所確保に関わっている例もあった。ホームレス患者のほとんどは、医療費が生活保護で賄われているため、福祉事務所の援助方針を尊重することは当然必要であるが、医療機関サイドの見立ても生かされるような形で福祉事務所との連携を図ることが求められよう。

おわりに

以上、本章では大都市部の救急病院を対象に行った、ホームレス患者の受け入れ状況に関するアンケート調査及びヒアリング調査の結果を検討した。アンケート調査に回答した医療機関の8割以上はホームレス状態にある患者を受け入れた経験を持っており、ホームレスのニーズキャッチにおける医療機関が果たしている役割の大きさが確認できた。そのことを前提に、本調査で明らかになった主な知見を以下の3点にまとめたい。

第1に、大都市部の医療機関の約半数が、ホームレス患者の退院後の居所として無料低額宿泊所を利用した経験を持っていたことである。ただし、この点については地域差がみられた。東京都内に所在する医療機関は利用経験のある割合が高く、無料低額宿泊所の地域的偏在の影響が推測された。ただし、退院後の居所として無料低額宿泊所を利用するのは、医療機関側の主体的な選択というよりも福祉事務所からの提案を受け入れているという要素が強く、特にその傾向は東京都内の医療機関にみられた。

第2に、無料低額宿泊所の利用経験があるにもかかわらず、医療機関側の宿泊所に対する評価は高くないことである。無料低額宿泊所に対する評価を尋ねたところ、「わからない」「どちらともいえない」という回答が多く、この両者

で約7割を占めた。ただし、その理由や具体的内容に関する自由記述においてはネガティブな記述もみられ、全体として医療機関の無料低額宿泊所に対する評価は低いと考えられる。また、そもそも宿泊所の処遇内容を把握していない医療機関が多くを占めたことは、患者のニーズに即して医療機関が主体的な選択をしたわけではないことを示している。

第3に、ホームレス患者の退院後の居住場所の設定にあたっては、医療機関と福祉事務所との連携が求められることである。このこと自体は目新しいことではないものの、本調査の結果からは両者の関係の内実が明らかになった。先に述べたように、MSWが無料低額宿泊所の処遇内容に対して肯定的な評価をしていないにもかかわらず、それを利用するのは福祉事務所の援助方針が強く影響している。ホームレス患者のほとんどが生活保護受給者であることからすると、MSWが福祉事務所の援助方針を尊重することは当然であるが、医療機関サイドの見立ても生かされるような形で福祉事務所との連携を図ることが求められよう。その際、本調査の結果からは、MSW所属部署の責任者の職種がMSWであるか否かが、福祉事務所との連携を含めたソーシャルワーカーとしての実践に影響を与えていることが示唆された。

【注】
(1) 本調査研究の報告書は社会福祉法人恩賜財団済生会のホームページに掲載されている。
(2) 使用した調査票は、巻末資料を参照。

第7章　居宅生活移行支援事業の分析

はじめに

　本章では、無料低額宿泊所入所者の居宅生活移行を進める上での課題を、2010年度から実施されている居宅生活移行支援事業の実態分析を通じて検討する。

　繰り返し述べてきたように、無料低額宿泊所は、一時的な居住場所であるにもかかわらず、入所期間が長期化している傾向にある。無料低額宿泊所をめぐる議論の中には、宿泊所が現実的に果たしてきた役割を評価し、居住資源が不足する中、居宅移行を進めることは現実性に欠くとの意見もある。しかし、無料低額宿泊所は、本来的には一時的な居住場所であることは疑いなく、居宅移行を進めるための環境を整備することの必要性には異論がないだろう。

　無料低額宿泊所から一般住宅への移行を促すことを目的とした施策の１つに、厚生労働省のセーフティネット支援対策等事業の一環として2010年度からスタートした居宅生活移行支援事業がある。同事業は、「無料低額宿泊施設を運営する事業者及び無料低額宿泊施設を運営する事業者による関連小規模施設グループにおいて、入所者ごとに支援計画を作成し、支援計画の達成状況の検証を実施する等を通じ、入所者への生活指導、就労支援及び居宅移行支援等を行う事業」である。実施主体は、①無料低額宿泊施設の届出を受理した都道府県・指定都市・中核市本庁、もしくは、②保護の実施機関である。実施主体と事業者が委託契約を締結し職員人件費相当の委託費を支給する方式のほか、実施主体が専門職員を直接雇い上げ、当該職員を無料低額宿泊施設に訪問させて支援を行う方式がある。

　居宅生活移行支援事業は、その目的からして、無料低額宿泊所入所者の居宅

移行を進めるための重要な施策と考えられるが、厚生労働省は事業実績をほとんど公表していない。そこで本章では、同事業の現状を、筆者が独自に入手した資料をもとに分析し、無料低額宿泊所入所者の居宅移行に向けた支援課題を考察してみたい。

1．分析の方法

本章で分析するデータは、以下の3つである。

第1は、「居宅生活移行支援事業結果調べ」（以下、「結果調べ」）である。居宅生活移行支援事業の実施自治体には、年間の事業実績を記載する「結果調べ」を作成し厚生労働省に提出することが求められている。「結果調べ」には、「①居宅生活移行実績」として、同事業の実施対象となった施設名と、施設ごとの対象支援者数、居宅移行者数、うち保護廃止者数、継続支援者数が記載されているほか、「②事業評価」として、福祉事務所及び事業者による事業の評価が記述されている。筆者は、行政文書開示請求制度を通じ、厚生労働省より2010年度から2013年度までの「結果調べ」の開示を受けた。

第2は、「居宅生活移行支援事業に係るアセスメントシート」（以下、「アセスメントシート」）である。「アセスメントシート」は、「結果調べ」と同様、実施自治体が作成し、厚生労働省に提出することが求められているものである。「アセスメントシート」には、居宅生活移行支援事業の支援対象者ごとに、①基本情報（氏名イニシャル、性別、エコマップ等）、②生活特徴（生活歴及び現在の生活状況）、③居宅生活移行支援重点事項（支援対象者の居宅生活移行可能性を評価するためのチェックリスト）、④援助方針・ケアプラン、⑤個別支援計画及び支援結果、⑥福祉事務所及び事業者による評価が記載されている。筆者は、「結果調べ」とともに、2010年度から2013年度までの「アセスメントシート」についても厚生労働省から開示を受けた。ただし、「アセスメントシート」には、情報公開法第5条第1号に定める不開示情報が含まれているとして、開示されたのは③居宅生活移行支援重点事項のみであった。

第3は、筆者が居宅生活移行支援事業の実施主体を対象に実施した「居宅生活移行支援事業の実施状況に関するアンケート」（以下、「自治体アンケート」）で

ある。「結果調べ」によれば、2013年度までに居宅生活移行支援事業を実施していた自治体は全国に21ヶ所あった。筆者は、この全21自治体に、2015年7月1日付で質問紙を郵送し、全ての自治体から回答を得た。質問項目は、実施自治体の概況（管内の生活保護の状況、管内の無料低額宿泊所数等）のほか、居宅生活移行支援事業の実施状況として、事業実施形態（事業者委託か直接雇用か等）、2010年度から2014年度までの事業実績、支援対象者の選定方法、配置される専門職員の支援内容、居宅生活移行支援事業の効果、入所者の居宅移行が困難になる要因などを尋ねた。[2]

　本章では、以上3つのデータの分析を通じて、次の2点を明らかにしてみたい。第1に、居宅生活移行支援事業の実施状況を全体的に把握することである。前述の通り、厚生労働省は本事業の実績を公表していない。そのため、事業の実施自治体数、実施方法、支援内容、支援実績などを明らかにすることは、それ自体に一定の社会的意義がある。

　第2に、居宅生活への移行を困難にさせている要因について検討することである。後述するように、本事業は、無料低額宿泊所入所者の居宅移行を進めるという事業の目的からすると、決して十分な成果を上げているとはいえない。移行が進まない要因を明らかにすることで、居宅移行に向けた支援課題を考察する素材としたい。

2．居宅生活移行支援事業の概況

（1）実施自治体の概要

　前述の通り、居宅生活移行支援事業は2010年度より開始されている。「結果調べ」によると、実施自治体数は、2010年度が8自治体、2011年度が17自治体、2012年度が19自治体、2013年度が21自治体である。なお、「自治体アンケート」によると、2013年度に実施していた21自治体のうち20自治体が2014年度も本事業を実施している。

　2013年度に実施していた21自治体の種別は、都道府県が3自治体、政令指定都市が5自治体、中核市が4自治体、一般市が4自治体、特別区が5自治体である。

実施自治体の生活保護等の状況は次の通りである。2015年3月末時点の各実施自治体の保護率は、15‰未満が3自治体、15‰以上20‰未満が8自治体、20‰以上30‰未満が6自治体、30‰以上が4自治体である。また、実施自治体の福祉事務所における現業員1人当たりの被保護世帯数は、80世帯未満が2自治体、80世帯以上100世帯未満が11自治体、100世帯以上120世帯未満が4自治体、120世帯以上が4自治体である。2015年1月時点のホームレス数は、20人未満が8自治体、20人以上50人未満が5自治体、50人以上100人未満が4自治体、100人以上が4自治体だった。

実施自治体管内における2015年3月末時点の無料低額宿泊所の数は、10ヶ所未満が12自治体、10ヶ所以上20ヶ所未満が5自治体、20ヶ所以上が4自治体だった。

(2) 実施方式

前述のように、居宅生活移行支援事業には、①実施主体の自治体が無料低額宿泊所運営事業者に委託する方式と、②実施主体の自治体が専門職員を直接雇い上げる方式がある。「自治体アンケート」の回答自治体のうち、委託方式を用いている自治体は17自治体であるのに対し、直接雇用方式を用いているのは2自治体のみであった。なお、両方を用いていると回答した自治体が1自治体、どちらでもないと回答した自治体が1自治体あった。

委託方式を用いている18自治体の委託先無料低額宿泊所数は、1ヶ所が11自治体、2ヶ所が4自治体、3ヶ所以上が3自治体だった。管内の無料低額宿泊所数に占める委託先宿泊所の割合は、50％未満が9自治体、50％以上100％未満が5自治体、100％が4自治体だった。また、委託先事業者と福祉事務所によるカンファレンスの頻度を尋ねたところ、月1回以上が8自治体、2～3ヶ月に1回程度が5自治体、1年に1回未満が2自治体、「実施していない」が1自治体だった。なお、「必要に応じて開催」と答えた自治体が1自治体、「支援対象者につき少なくとも1回は実施（開催頻度は随時）」と答えた自治体が1自治体あった。

支援対象者の選定方法は、対象施設入所者の全てを対象にしているのが15自治体、対象施設入所者の一部を対象にしているのが6自治体だった。一部を

対象としている自治体に具体的な選定方法を尋ねたところ、次のような回答があった。

> ○原則として相談段階で、稼働年齢層であり、単身世帯で就労阻害要因の少ない路上生活者。
> ○就労可能と認められる者は、就労後3ヶ月を目途に就労安定と判断し、生活が安定していれば居宅可とする。就労不可と認められる者は生活安定、金銭管理できているかで選定。
> ○地区担当員が、無料低額宿泊所等に入所している者のうち、居宅生活を希望する者や、特に生活指導、就労支援が必要な者を選定する。選定した対象者について、居宅生活支援員、地区担当員、面接員、査察指導員から成る支援方針会議を実施し、支援の要否を決定する。
> ○居宅生活可能と判断したもの。
> ○基本的には①［全員］だが、他市または本市の利用者も一時的に滞在することがあるため。
> ○入所者の意向を把握し、生活上の課題等の有無等をふまえて、支援している。

(3) 専門職員による支援の内容

前述のように、居宅生活移行支援事業は、無料低額宿泊所への委託ないし実施主体による直接雇用によって専門職員を配置し、入所者ごとの支援計画作成、支援計画の達成状況の検証等を通じて入所者への生活指導、就労支援及び居宅移行支援等を行うものである。

配置されている専門職員の数は、1人が4自治体、2人が8自治体、3人以上が6自治体、無回答が3自治体だった。委託方式を用いている18自治体のうち無回答の3自治体を除いた15自治体における、委託先宿泊所1ヶ所当たりの専門職員数は、2人未満が6自治体、2人以上が9自治体だった。

表7-1は、専門職員が対象支援者に実施している支援内容を複数回答で尋ね

た結果を示したものである。実施していると回答した自治体が多かった支援内容は、「就労支援」(85.7％)、「医療機関への受診同行」(66.7％)、「服薬管理支援」「家事支援」「社会参加活動支援」(それぞれ61.9％)であった。一方、「栄養管理支援」「断酒・禁煙支援」はそれぞれ38.1％と少なかった。

表7-1　専門職員による支援内容

支援内容	度数	％
①債務整理	12	57.1
②年金等の受給調整	12	57.1
③その他金銭管理支援	12	57.1
④服薬管理支援	13	61.9
⑤医療機関への受診同行	14	66.7
⑥栄養管理支援	8	38.1
⑦断酒もしくは禁煙の支援	8	38.1
⑧自炊、掃除、洗濯など家事支援	13	61.9
⑨コミュニケーション・対人関係に関する支援	11	52.4
⑩就労支援	18	85.7
⑪社会参加活動の支援	13	61.9
⑫その他	8	38.1

注：％は回答自治体数（n=21）で除した割合。

なお、「その他」の内容としては、「アフターフォロー」が2件、「居宅移行支援」や「転宅支援」が2件、「福祉事務所との調整」が1件あった。また、具体的な支援内容について自由記述で回答を求めたところ、以下のような回答があった。

○社会福祉士及び精神保健福祉士による福祉事務所等と連携した、生活指導・就労支援の実施。
○保護開始後、住所設定や年金確認、債務整理等の身辺整理をフォロー／ハローワーク初回同行、ボランティアの声かけ／受診同行／転居時荷物の運びだし。

○日常生活を送る上で必要となる各種支援を行っている。
○地域生活を営む上で必要となるコミュニケーション能力を養う機会として、支援員と支援者が一堂に集まる朝会や食事会を実施している。／居宅生活に移行した後に自身で金銭管理ができるようになるため、家計簿をつけることで収支の把握を行っている。／早期の就労開始を目指すため、ハローワークと緊密に連携する等、就労支援の体制を整えている。
○訪問調査等を実施し、生活実態を把握の上、居宅生活移行に向けた助言を行う。また、居宅生活へ移行した者についても、金銭管理の見守り等、必要に応じた支援（アフターフォロー）を行う。
○居住物件の情報提供及び入居契約等の同行支援。
○転宅にあたり、物件情報の提供、不動産店の同行、契約時の立会等の支援を実施している。

3．居宅移行の実績

　表7-2は、「結果調べ」に記載された支援対象者数及び居宅移行者数と、後者を前者で除した移行率を実施自治体ごとに集計したものである。なお、2014年度の実績については「自治体アンケート」をもとに集計した。また、2010年度から2013年度の実績についても、「結果調べ」と「自治体アンケート」の数値に乖離がある場合は「自治体アンケート」の数値を集計した。

　これによると、2010年度から2014年度までの5年間における、全国の居宅生活移行支援事業の支援対象者数は延べ1万1524人、居宅移行者数は延べ3030人、移行率は26.3％であった。年度別の移行率は、2010年度が13.6％、2011年度が26.8％、2012年度が26.1％、2013年度が27.2％、2014年度が27.6％と、実施初年度を除けばほぼ横ばいだった。

　ただし、移行率は実施自治体によって幅がある。2010年度から2014年度までの各自治体の移行率をみると、20％未満が6自治体、20％以上40％未満が9自治体、40％以上が6自治体となっている。

表7-2 実施自治体別居宅生活移行支援事業の実績

No.	2010年度			2011年度			2012年度			2013年度			2014年度			合計		
	支援対象者数	居宅移行者数	移行率(%)	支援対象者数	居宅移行者数	移行率(%)	支援対象者数	居宅移行者数	移行率(%)	支援対象者数	居宅移行者数	移行率(%)	支援対象者数	居宅移行者数	移行率(%)	支援対象者数	居宅移行者数	移行率(%)
1	181	30	16.6	191	43	22.5	219	38	17.4	286	59	20.6	322	63	19.6	1,199	233	19.4
2	73	4	5.5	154	51	33.1	159	93	58.5	159	93	58.5	160	109	68.1	705	350	49.6
3	107	19	17.8	127	32	25.2	117	31	26.5	100	33	33.0	80	32	40.0	531	147	27.7
4	19	3	15.8	38	20	52.6	53	20	37.7	45	20	44.4	41	12	29.3	196	75	38.3
5	25	5	20.0	53	21	39.6	56	29	51.8	66	29	43.9	48	18	37.5	248	102	41.1
6	27	2	7.4	27	8	29.6	31	6	19.4	31	7	22.6	35	6	17.1	151	29	19.2
7	62	13	21.0	98	40	40.8	97	17	17.5	100	18	18.0	111	37	33.3	468	125	26.7
8	71	1	1.4	83	16	19.3	76	12	15.8	65	9	13.8	66	9	13.6	361	47	13.0
9				844	182	21.6	761	147	19.3	711	133	18.7	769	139	18.1	3,085	601	19.5
10				100	63	63.0	92	57	62.0	97	72	74.2	99	63	63.6	388	255	65.7
11				83	36	43.4	66	23	34.8	71	24	33.8	94	31	33.0	314	114	36.3
12				428	68	15.9	564	77	13.7	523	57	10.9	470	72	15.3	1,985	274	13.8
13				44	13	29.5	54	17	31.5	53	12	22.6	59	11	18.6	210	53	25.2
14				55	32	58.2	77	24	31.2	68	13	19.1	58	11	19.0	258	80	31.0
15				79	22	27.8	50	20	40.0	63	37	58.7	44	14	31.8	236	93	39.4
16				82	16	19.5	113	42	37.2	164	58	35.4	160	63	39.4	519	179	34.5
17				37	14	37.8	37	24	64.9	41	17	41.5	33	15	45.5	148	70	47.3
18							112	27	24.1	106	39	36.8	80	30	37.5	298	96	32.2
19							32	18	56.3	41	32	78.0	45	28	62.2	118	78	66.1
20										30	14	46.7				30	14	46.7
21										30	0	0.0	46	15	32.6	76	15	19.7
合計	565	77	13.6	2,523	677	26.8	2,766	722	26.1	2,850	776	27.2	2,820	778	27.6	11,524	3,030	26.3

表7-3は、2010年度から2013年度までの各自治体の移行率を、20％未満、20％以上40％未満、40％以上に3区分した上で、それぞれに該当する自治体の特徴を示したものである。現業員1人当たりの被保護世帯数と1施設当たりの専門職員数（委託方式の自治体のみ）には、移行率との関連性はみられなかった。委託先の宿泊所と福祉事務所によるカンファレンスが月1回以上の頻度で開催されている自治体の比率については、移行率20％未満の自治体が0.0％であったことはやや特徴的である。ただし、移行率20％～40％未満の自治体よりも移行率40％以上の自治体の方が、月1回以上の頻度でカンファレンスを開催している比率が低く、単純にカンファレンスの開催頻度が移行率に影響を与えているとはいい切れない。また、専門職員が実施している支援メニューの回答数を合計して平均値を集計したところ、移行率が高くなるにつれて支援数が多くなる傾向はあるが、ほとんど差はないため、ほぼ同じ傾向とみるべきである。

表7-3　移行率区分ごとの特徴

移行率区分	現業員1人当たり被保護世帯数（平均値）	1施設当たり専門職員数（平均値）	月1回以上のカンファレンス実施率（％）	専門職員による支援の数（平均値）
20％未満	93.4　(n=6)	1.7　(n=4)	0.0　(n=4)	7.3　(n=6)
20％～40％未満	109.1　(n=9)	2.1　(n=6)	62.5　(n=8)	7.5　(n=8)
40％以上	93.6　(n=6)	1.2　(n=5)	50.0　(n=6)	7.6　(n=5)

4．居宅生活移行支援事業の効果

「自治体アンケート」では、居宅生活移行支援事業の効果はどのような点にあると考えるか尋ねた。7つの選択肢を示した上で、当てはまるものを複数回答で尋ね、最も効果を感じているものを単数回答で尋ねた。表7-4は、その集計結果を示したものである。

「当てはまる」と回答した自治体の割合が高かったものは「無料低額宿泊所入所者の生活状況をきめ細かく把握できること」（81.0％）、「対象支援者の居宅生活への移行が進むこと」（76.2％）、「無料低額宿泊所事業者と福祉事務所との連携が図りやすくなること」（71.4％）だった。一方、「最も効果を感じる」と回答

表 7-4　居宅生活移行支援事業の効果

移行率区分	当てはまる（複数回答）		最も効果的（単数回答）	
	度数	%	度数	%
①無料低額宿泊所入所者の生活状況をきめ細かく把握できること	17	81.0	5	23.8
②無料低額宿泊所事業者の支援の質を向上させられること	13	61.9	1	4.8
③対象支援者の就労自立が果たせること	13	61.9	1	4.8
④無料低額宿泊所事業者と福祉事務所との連携が図りやすくなること	15	71.4	2	9.5
⑤対象支援者の居宅生活への移行が進むこと	16	76.2	8	38.1
⑥福祉事務所ケースワーカーの業務負担を軽減できること	12	57.1	3	14.3
⑦その他	1	4.8	0	0.0

した自治体の割合が高かったものは「対象支援者の居宅生活への移行が進むこと」（38.1％）、「無料低額宿泊所入所者の生活状況をきめ細かく把握できること」（23.8％）、「福祉事務所ケースワーカーの業務負担を軽減できること」（14.3％）だった。

　表7-5は、居宅移行率の区分ごとに居宅生活移行支援事業の効果に関する回答状況を集計したものである。ほとんどの項目について、移行率が高い自治体ほど、効果を感じると回答した自治体の比率が高くなる傾向にある。ただし、「対象支援者の居宅生活への移行が進むこと」に効果を感じている割合は、移行率が中間の自治体（66.7％）よりも、移行率の低い自治体（83.3％）の方が高かった。また、「福祉事務所ケースワーカーの業務負担を軽減できること」に効果を感じている割合は、移行率が高い自治体（60.0％）よりも、移行率が中間の自治体（77.8％）の方が高かった。

　なお、「福祉事務所ケースワーカーの業務負担を軽減できること」に効果を感じている自治体の、現業員1人当たりの被保護世帯数の平均値は104.2世帯で

表 7-5　移行率区分と居宅生活移行支援事業の効果

居宅生活移行支援事業の効果	居宅生活への移行率区分			
	20%未満 (n=6)	20%〜40%未満 (n=9)	40%以上 (n=5)	全体
効果を感じると回答した割合（％） 生活状況の把握	66.7	88.9	100.0	81.0
事業者の質向上	33.3	66.7	100.0	61.9
就労自立	33.3	66.7	100.0	61.9
事業者との連携	33.3	88.9	100.0	71.4
居宅への移行促進	83.3	66.7	100.0	76.2
CW の負担軽減	33.3	77.8	60.0	57.1

あるのに対して、効果を感じていない自治体の平均値は 96.0 世帯だった。業務負担軽減への効果は、現業員の負担が重い自治体ほど強く感じていることが推測される。

5．居宅生活への移行が進まない要因

　冒頭で述べたように、無料低額宿泊所は一時的な居住の場所であるにもかかわらず、入所が長期化している現状がある。居宅生活移行支援事業は、無料低額宿泊所等に入所する被保護者の一般住宅への移行を促すことを目的とした事業である。しかし、同事業を活用している自治体においてさえ、支援対象者のうち居宅に移行した人の割合は 26.3％であり、決して十分な成果を上げられているとはいえない。

　「自治体アンケート」では、無料低額宿泊所入所者が居宅生活に移行することを困難にさせている要因について尋ねた。12 の選択肢を示した上で、当てはまるものを複数回答で尋ね、最も重要なものを単数回答で尋ねた。表 7-6 は、その集計結果を示したものである。「当てはまる」と回答した自治体の割合が高かったものは「金銭管理に問題のある人が多いこと」（90.5％）、「健康管理に問

題のある人が多いこと」(85.7%)だった。また、「最も重要」と回答した自治体の割合が高かったものは、「金銭管理に問題のある人が多いこと」(28.6%)、「就労できていない人が多いこと」(14.3%)だった。「その他」としては、これらの要因を複合的に抱えているという趣旨の回答が多かった。なお、しばしば居宅移行が進まない要因として指摘される、住宅扶助基準内の住宅不足、不動産業者や家主の消極性、障害や要介護状態により居宅生活が困難な人の多さを選択する自治体は少なかった。

表7-6 居宅生活移行を困難にする要因

	当てはまる（複数回答）		最も重要（単数回答）	
	度数	%	度数	%
①金銭管理に問題のある人が多いこと	19	90.5	6	28.6
②健康管理に問題のある人が多いこと	18	85.7	2	9.5
③自炊や清掃など家事管理に問題のある人が多いこと	14	66.7	2	9.5
④火の元など安全管理に問題のある人が多いこと	10	47.6	0	0.0
⑤身だしなみに問題のある人が多いこと	8	38.1	0	0.0
⑥対人関係に問題のある人が多いこと	15	71.4	1	4.8
⑦就労できていない人が多いこと	10	47.6	3	14.3
⑧住宅扶助基準以内で入居できる住宅が不足していること	3	14.3	0	0.0
⑨不動産業者や家主が生活保護受給者・高齢者・障害者などの入居に消極的であること	3	14.3	0	0.0
⑩障害があったり介護が必要であったりして居宅での単身生活が困難な人が多いこと	6	28.6	1	4.8
⑪一人暮らしへの不安を感じている人が多いこと	14	66.7	2	9.5
⑫その他	7	33.3	4	19.0

注：%は回答自治体数（n=21）で除した割合。

表7-7は、居宅移行率区分ごとに、居宅生活への移行を困難にする要因に関する回答状況を集計したものである。「当てはまる」と回答する割合は、全ての項目において、居宅生活への移行率が40%以上の自治体が最も高く、居宅移行

率の高い自治体ほど居宅移行の困難要因を認識していないとはいえなかった。

表7-7 移行率区分と居宅移行阻害要因

居宅生活への移行を困難にする要因		居宅生活への移行率区分			
		20%未満 (n=6)	20%～40%未満 (n=9)	40%以上 (n=6)	全体
当てはまると回答した割合（%）	金銭管理	66.7	100.0	100.0	90.5
	健康管理	83.3	77.8	100.0	85.7
	家事管理	33.3	66.7	100.0	66.7
	安全管理	16.7	33.3	100.0	47.6
	身だしなみ	0.0	33.3	83.3	38.1
	対人関係	50.0	66.7	100.0	71.4
	非就労	16.7	44.4	83.3	47.6
	住宅不足	16.7	0.0	33.3	14.3
	家主の消極性	16.7	0.0	33.3	14.3
	障害・介護	66.7	0.0	33.3	28.6
	単身生活への不安	66.7	55.6	83.3	66.7

6.「アセスメントシート」からみる居宅移行の阻害要因

　居宅生活への移行を阻害する要因については、「アセスメントシート」の結果からも検討してみたい。前述の通り、「アセスメントシート」は居宅生活移行支援事業の支援対象者ごとに作成され、①支援対象者の基本情報、②生活特徴、③居宅生活移行支援重点事項、④援助方針・ケアプラン、⑤個別支援計画及び支援結果、⑥福祉事務所及び事業者による評価が記載されている。ただし、開示されたのは、③居宅生活移行支援重点事項のみであった。

　居宅生活移行支援重点事項は、まず、金銭管理、健康管理、家事・家庭管理、安全管理、身だしなみ、対人関係、就労の7つの大項目に区分されている。大項目は、さらに16項目の中項目（**表7-8**でカタカナ表記されている項目）に分類される。中項目は、就労に関する項目を除き、保護の実施要領に示される「居

宅生活ができると認められる者」の判断の視点(6)に即して設定されている。中項目は、さらに 41 項目の小項目に分類され、各小項目に関する支援員の評価が「アセスメントシート」に記入されている。ただし、支援結果が開示されていないため、支援員による評価がどのような結果をもたらしたのか（居宅移行できたか否か）については、入手したデータからは判別できない。

　行政文書開示請求によって、2010 年度～2013 年度までに作成されたアセスメントシートが 5715 票開示されたが、自治体独自の様式を用いた票や、評価項目の半数以上が記入されていない票を無効とした結果、有効票は 5170 票だった。

　表 7-8 は、アセスメントシートにおける評価指標の各項目について、課題を抱えていると評価された対象者の割合を示したものである。全支援対象者についてみると、大項目のうち金銭管理、健康管理、就労の面で課題を抱えていると評価されている人が多い。小項目でみると、金銭管理では「家計簿をつける」(48.5％)、「債務・浪費癖の有無」(37.7％) の各項目で、健康管理では「喫煙の有無」(64.1％)、「禁煙外来への通院」(53.7％)、「断酒会への参加」(51.0％)、「偏食の有無」(44.9％)、「福祉サービスの利用」(42.4％)、「飲酒の有無」(35.6％) の各項目で、就労では「本人の状況と仕事との間にギャップがない」(28.8％)、「就労支援員の確保等適切な就労支援」(22.1％) の各項目で、課題があると評価されている割合が高い。

　ただし、居宅移行率の低い自治体ほど、居宅移行に向けた課題を抱えている支援対象者が多いと認識しているとはいえない。同じ表 7-8 で、各項目において課題ありと評価された支援対象者の割合を、当該支援対象者の属する自治体の居宅移行率区分別にみると、居宅移行率が高い自治体の方が、低いもしくは中間の自治体よりも課題ありと評価した割合が高い項目は 41 項目中 23 項目あった。つまり、居宅移行に向けた課題を抱えている支援対象者が多いとの認識が、結果として居宅移行率を低めているとはいえない。

　一方、居宅移行率が低くなるにつれて、課題ありと評価されている支援対象者の割合が高くなる項目は 41 項目中 8 項目あった。具体的には、健康管理のうち「飲酒の有無」「断酒会への参加」「禁煙外来への通院」、家事・家庭管理のうち「自炊の有無」、対人関係のうち「社会的つながり」「相談能力」、就労のうち「本人の状況と仕事との間にギャップがない」「就労支援員の確保等適切な就労

表7-8 アセスメントシートにおける評価状況

居宅生活移行支援重点事項			居宅生活への移行率区分				
			20%未満 (n=3,125)	20%〜40%未満 (n=1,429)	40%以上 (n=616)	全体 (n=5,170)	
金銭管理	ア 計画的な金銭の消費ができるか						
	・家計簿をつける	否の割合	46.7	40.9	75.6	48.5	***
	・1人での買い物	否の割合	4.7	5.6	9.4	5.5	***
	・公共料金等の支払い方法の確保	否の割合	17.9	7.2	13.3	14.4	***
	・債務・浪費癖の有無	有の割合	32.9	40.4	55.2	37.7	***
健康管理	ア 病気に対し、きちんと療養することができるか						
	・通院日の管理	否の割合	8.1	5.5	10.4	7.7	***
	・病状、治療方針の理解	否の割合	10.5	7.0	10.1	9.5	***
	イ 服薬管理ができるか						
	・投薬時間、回数	否の割合	8.1	4.7	9.3	7.3	***
	・投薬の量の把握	否の割合	8.3	4.7	9.6	7.5	***
	ウ 規則正しい生活を送る習慣が身についているか						
	・起床、就寝及び食事の時間の管理	否の割合	8.1	5.7	7.8	7.4	**
	・福祉サービス(障害・介護)の利用	否の割合	40.9	55.8	19.2	42.4	***
	エ 栄養バランスを考慮した食事を採ることができるか						
	・食事の回数	否の割合	7.7	7.1	7.8	7.6	
	・偏食の有無	有の割合	46.0	32.1	69.0	44.9	***
	・バランスの良い食事の確保	否の割合	19.0	19.0	8.1	17.7	***

居宅生活移行支援重点事項			居宅生活への移行率区分			
			20%未満 (n=3,125)	20%〜40%未満 (n=1,429)	40%以上 (n=616)	全体 (n=5,170)
健康管理	オ 病気療養のために断酒・禁煙をすることができるか					
	・飲酒の有無	有の割合	37.5	33.7	30.0	35.6 ***
	・喫煙の有無	有の割合	67.7	70.2	32.0	64.1 ***
	・病状、治療方針の理解	否の割合	10.5	7.0	10.1	9.5 ***
	・断酒会への参加	否の割合	58.5	46.8	23.2	51.0 ***
	・禁煙外来への通院	否の割合	58.9	55.1	24.5	53.7 ***
家事、家庭管理	ア 食事の支度ができるか					
	・自炊の有無	無の割合	26.4	23.2	13.5	24.0 ***
	・1人での買い物	否の割合	7.3	3.2	8.6	6.3 ***
	イ 部屋の掃除、整理整頓ができるか					
	・掃除方法の理解	否の割合	6.4	4.8	9.3	6.3 ***
	・掃除の回数	否の割合	10.0	6.6	9.7	9.1 ***
	・ゴミ出しの方法・曜日の理解	否の割合	8.1	5.7	12.5	8.0 ***
	ウ 洗濯ができるか					
	・洗濯方法の理解	否の割合	3.8	3.2	10.1	4.4 ***
	・洗濯の回数	否の割合	6.3	4.0	9.9	6.1 ***
安全管理	ア 火の元の管理ができるか					
	・ガスの取扱い	否の割合	7.3	6.2	11.0	7.4 ***
	・タバコの処理	否の割合	5.5	4.5	8.9	5.6 ***
	イ 戸締まりができるか					
	・鍵の取扱い(保管)	否の割合	5.3	6.1	8.8	6.0 ***
	・戸締まりの習慣	否の割合	5.9	6.4	10.7	6.6 ***

居宅生活移行支援重点事項			居宅生活への移行率区分			
			20%未満 (n=3,125)	20%〜 40%未満 (n=1,429)	40%以上 (n=616)	全体 (n=5,170)
身だしなみ	ア 外出時等きちんとした身なりをしているか					
	・服装	否の割合	6.5	4.8	9.9	6.4 ***
	・髪型・髭など	否の割合	7.9	6.5	9.1	7.6 *
	イ 定期的に入浴する習慣が身に付いているか					
	・入り方	否の割合	4.3	2.7	8.3	4.3 ***
	・入浴回数	否の割合	7.3	4.2	8.9	6.7 ***
	・入浴時間	否の割合	5.6	2.8	6.8	5.0 ***
対人関係	ア 人とのコミュニケーションが図れるか					
	・挨拶	否の割合	6.1	3.0	6.2	5.2 ***
	・社会的つながり	否の割合	21.2	19.3	7.8	19.1 ***
	・相談能力	否の割合	21.2	12.2	7.6	17.1 ***
	・対話理解能力・自己発信能力	否の割合	19.7	9.2	10.4	15.7 ***
	イ 人に迷惑をかける行為をすることがないか					
	・自己抑制能力	否の割合	14.1	7.3	12.3	12.0 ***
就労	ア 就労が可能か					
	・本人の状況と仕事との間にギャップがない	否の割合	33.2	27.2	10.6	28.8 ***
	・就労支援員の確保等適切な就労支援	否の割合	26.9	18.6	5.7	22.1 ***

注：表中の値は%、***p <.001　　**p <.01　　* p <.05

支援」の各項目だった。これらの項目については、課題を抱えている対象者が多いという認識が居宅移行率を低めている可能性が示唆される。

おわりに

　本章では、筆者が独自に入手した3つのデータを用いて、居宅生活移行支援事業の現状を分析した。分析の結果、第1に、居宅生活移行支援事業の実績が明らかになった。居宅生活移行支援事業は、本来一時的な居住場所である無料低額宿泊所に入所している支援対象者の居宅生活への移行を促すことを目的とした事業であるにもかかわらず、2010年度から2014年度までの5年間における居宅移行率は26.3％であった。後述するように、居宅生活への移行を阻害する要因があるとはいえ、4分の3の支援対象者が、本事業による支援を受けてもなお居宅移行できていない現状は、十分な実績とはいえないだろう。冒頭に述べた通り、厚生労働省は居宅生活移行支援事業の成果をほとんど公表していない。したがって、本章の分析によって事業実績が明らかになったことは、そのこと自体に一定の社会的意義がある。

　本章の分析で明らかになったことの第2は、居宅生活移行支援事業の効果である。居宅移行率が高い自治体ほど、本事業に多くの効果を感じていることが明らかになった。また、各実施自治体が本事業に対して最も効果を感じているのは、入所者の生活状況をきめ細かく把握できる点であった。本来、被保護者の生活状況を把握するのは福祉事務所の担当ケースワーカーの役割であるが、被保護者の増加を背景に、標準数のケースワーカーを配置できていない自治体が多い。そのため、本事業の支援員がその役割を代替している現状が示唆された。なお、本事業について「福祉事務所ケースワーカーの業務負担を軽減できること」に効果を感じている自治体は、効果を感じていない自治体に比べて、現業員1人当たりの被保護世帯数が高かった。無料低額宿泊所入所者の居宅移行を促す上では、ケースワーカーを十分確保するなど、入所者への支援体制を整備することが課題の1つになるといえよう。

　第3に、無料低額宿泊所入所者の居宅生活への移行を困難にする要因が明らかになった。「自治体アンケート」からは、居宅移行を困難にする要因として、

金銭管理の問題、健康管理の問題、就労の問題が多くの自治体に認識されていることが分かった。

　また、「アセスメントシート」からその具体的内容を分析すると、金銭管理については、家計簿をつけることができていないことと、債務・浪費癖があることについて、多くの支援対象者が課題を抱えていると評価されていた。また、健康管理については、飲酒や喫煙の問題を抱えていると評価されている対象者が多く、特に、「飲酒の有無」「断酒会への参加」「禁煙外来への通院」といった項目は、居宅移行率が低い自治体ほど課題があると評価されている対象者の割合が高くなる傾向にあった。ただし、「自治体アンケート」によれば、居宅生活移行支援事業で配置される専門職員が行う支援内容のうち「断酒もしくは禁煙への支援」は実施割合が最も低かった。さらに、就労については、「本人の状況と仕事との間にギャップがない」「就労支援員の確保等適切な就労支援」の両項目について、居宅移行率が低い自治体ほど課題があると評価されている対象者の割合が高くなる傾向にあった。

　以上のように、無料低額宿泊所入所者の居宅移行が進まない要因として自治体が認識しているのは、金銭管理の問題、健康管理、特に飲酒・喫煙の問題、就労の問題であることが明らかになった。居宅移行を促す上では、これらの問題に関する支援を拡充していくことが課題になるともいえる。しかし、これらの支援は、居宅生活に移行した後でも実施できないわけではなく、問題を抱えていることが居宅移行を困難にさせる理由には必ずしもならない。実際、「アセスメントシート」に記載された支援対象者の課題が多いほど各自治体の居宅移行率が低くなるという傾向は、ほとんど確認されなかった。

　無料低額宿泊所が一時的な居住場所であることを前提にすれば、まずは居宅に移行させた上で、居宅生活を安定化させるために必要な支援を提供するという視点も必要である。ただしその場合でも、福祉事務所ケースワーカーの十分な確保など、支援体制の整備が重要になるだろう。

【注】

(1) 居宅生活移行支援事業実施要領（2011年3月31日付厚生労働省社会・援護局保護課長通知「居宅生活移行支援事業の実施について」別紙）より。

(2) 使用した調査票は、巻末資料を参照。
(3) 「自治体アンケート」の回答による。なお、回答自治体が都道府県の場合は、市部も含めた都道府県全体の状況について尋ねた。
(4) 「自治体アンケート」の回答による。なお、回答自治体が都道府県・政令指定都市・中核市の場合は届出を受理している無料低額宿泊所の数を、特別区・一般市の場合は管内に所在地がある無料低額宿泊所の数について尋ねた。
(5) 「どちらでもない」と回答した自治体は、無料低額宿泊所運営事業者とは異なる社会福祉法人等が職員を雇用し、実施自治体はその社会福祉法人等に補助をしているとのことだった。
(6) 『別冊問答集』問 7-107。

終章　総括と提言

1．総括

　本書では、社会福祉法に基づく社会福祉事業としての無料低額宿泊所が2000年代以降に急増し、その一部に「貧困ビジネス」と呼ばれるような劣悪な施設がみられる現状を踏まえ、その背景を分析し問題解決の方向を見出すことを目的として、筆者がこれまでに実施した調査研究の結果を検討してきた。序章で述べたように、筆者は、無料低額宿泊所が急増した背景には「無料低額宿泊所が必要とされる構造」があると考え、問題解決のためには、無料低額宿泊所を必要としない、あるいはそれに依存しない構造をいかに作っていくかが重要であるという視点に立って議論を進めてきた。ここでは、本研究を通じて明らかになったことを総括する。

(1) 本書が明らかにしたこと

　第1章「無料低額宿泊所の歴史的展開」では、戦前・戦後を通じた無料低額宿泊所の変遷過程を概観した。無料低額宿泊所は、明治期の篤志家による慈善事業として誕生したが、特に昭和初期になって、昭和恐慌による貧困問題・ルンペン問題の深刻化を背景に宿泊所へのニーズが高まった。昭和10年前後には、宿泊所数は150ヶ所以上、年間の延べ宿泊者数も350万人以上に上った。しかし、戦時体制下に軍需産業が貧困層の受け皿として機能するようになると宿泊所へのニーズは低下し、さらに戦後の経済成長のもとで宿泊所数は減少を続け、1990年代後半には50ヶ所を下回るようになった。こうした無料低額宿泊所の変遷とともに、第1章ではその法的性格についても検討した。大正期に政府が推し進めた経済保護事業の1つに位置づけられた共同宿泊所は、民間の悪質業

者から貧困層を守るための公共的性格を持つ社会事業として発展した。戦後の社会福祉事業法、現在の社会福祉法においても、公的な規制と監督のもと、無料低額宿泊所は公共的性格を持つ社会福祉事業として位置づけられている。

　第2章「無料低額宿泊所をめぐる政策動向」では、2000年代以降に無料低額宿泊所の一部が「貧困ビジネス」として社会的に注目されるようになる中で、政策的な対応がどのようになされてきたのかを整理した。国による無料低額宿泊所対策の嚆矢は2003年の厚生労働省ガイドラインに求められるが、2009年に無料低額宿泊所問題への社会的関心が高まると、当時の民主党政権が無料低額宿泊所対策を相次いで打ち出した。また、2010年頃からは、一部の自治体による宿泊所規制条例制定の動きもみられるようになった。

　筆者は、この頃に打ち出された無料低額宿泊所対策を、①無料低額宿泊所の運営に規制を加えたり処分や罰則を与えたりするなどして悪質業者を直接的に排除する「規制ルート」、②一定水準を満たす宿泊所に補助金を給付するなどして優良施設の育成を目指す「補助金ルート」、③無料低額宿泊所入所者の一般住宅への転居を促し長期入所を防ごうとする「転宅ルート」の3つに区分した上で、無料低額宿泊所を必要としない、あるいはそれに依存しない構造を作っていくためには「転宅ルート」からの施策を進めることが有効であると指摘した。なお、直近の政策動向として、2015年の住宅扶助基準改定と厚生労働省ガイドライン改定の内容を検討し、「規制ルート」からの施策として一定の前進はみられるものの、社会保障審議会生活保護基準部会の議論で問題視された、無料低額宿泊所の「狭小面積・高額家賃」問題の是正には不十分な内容になっていることを指摘した。

　第3章「無料低額宿泊所調査の再検討」では、2010年に厚生労働省が実施した無料低額宿泊所調査の結果について、行政文書開示請求制度を通じて筆者が入手した調査データを用いて分析した。無料低額宿泊所入所者の入所ルートは福祉事務所による紹介が半数以上を占め、特に東京都が所管する施設でその傾向が顕著だった。また、6畳相当の居室面積を有する個室のみで運営している施設は19％に過ぎない一方で、住宅扶助基準上限額と同額の宿泊料を徴収している施設が85％を占めていることから、厚生労働省ガイドラインが求める「近隣同種の住宅に比べて低額な家賃」という基準が満たされていない可能性があ

ることを指摘した。さらに、入所中の生活保護費の地方負担分を実施機関ではなく都道府県が負担している場合は福祉事務所からの紹介による入所が多いことが明らかになり、費用負担の取り扱いが一般住宅への転宅を阻害する要因の1つであることが示唆された。

　第4章「無料低額宿泊所入所者の現状」では、筆者が調査の設計・分析を行い、貧困ビジネス対策全国連絡会が2010年に実施した、無料低額宿泊所等の入所者・元入所者138人に対する聞き取り調査の結果を分析した。本調査の分析を通じて、福祉事務所の紹介による入所が半数以上を占めることが改めて分かったほか、徴収される経費の不透明性、食事内容や居室環境等に対する入所者の不満などが明らかになった。また、入所者が宿泊所に対して期待しているのは食事や住居といった最低限の生活資源を確保する点にあること、現在入所している人の7割が、すぐにでも一般住宅に転居することを希望していることも明らかになった。

　第5章「無料低額宿泊所と福祉事務所」では、筆者が調査の設計・分析を行い、NPO法人ささしまサポートセンターが2013年に実施した、全国の福祉事務所719ヶ所へのアンケート調査の結果を分析した。回答のあった福祉事務所のうち、管内に無料低額宿泊所のある福祉事務所の多くは、無料低額宿泊所に対して「ホームレスの居住場所の確保」といった観点から肯定的に評価していた。一方、管内に無料低額宿泊所のない福祉事務所では無料低額宿泊所へのニーズは少なかったが、ホームレス数が少ない地方都市では緊急一時的な居住場所として無料低額宿泊所を必要としているとの回答もみられた。また、一般住宅での生活に支障がないと判断できる入所者がいた場合でも、福祉事務所から転宅を促すことはないと答えた福祉事務所も28％に上った。さらに、入所者の生活保護費に対する都道府県負担の度合いが高い福祉事務所ほど、「地方自治体の財政負担の軽減」に無料低額宿泊所は効果的であると答える割合が高いことも明らかになった。

　第6章「無料低額宿泊所と医療機関」では、筆者が全国の大都市部の医療機関の医療ソーシャルワーカーを対象として2013年度に実施した、ホームレス患者への支援に関するアンケート調査及びヒアリング調査の結果を分析した。本調査の結果からは、大都市部の医療機関の約半数が、ホームレス患者の退院後

の居所として無料低額宿泊所を利用した経験を持っており、特に東京都内に所在する医療機関でその割合が高かった。しかしながら、医療機関側の無料低額宿泊所に対する評価は高くなく、そもそも宿泊所の処遇内容を把握していない医療機関が多数を占めていた。

第7章「居宅生活移行支援事業の分析」では、自治体と無料低額宿泊所事業者が委託契約を結ぶなどして、居宅生活への移行など入所者への支援強化を図る居宅生活移行支援事業について、筆者が行政文書開示請求制度を通じて入手した事業実績データと、本事業を実施している21自治体を対象として2015年に実施したアンケート調査の結果を分析した。厚生労働省は本事業の実績をほとんど公表していないが、本章での分析によって、支援対象者のうち居宅生活に移行できた割合は26％にとどまることなど、事業の実態が明らかになった。また、自治体が考える本事業の効果は入所者の生活状況をきめ細かく把握できる点にあることが明らかになり、福祉事務所ケースワーカーの人員不足を本事業が補っていることが示唆された。さらに、無料低額宿泊所から居宅生活への移行が進まない要因として自治体が認識しているのは金銭管理の問題、健康管理（特に飲酒・喫煙）の問題、就労の問題であることが分かった。これらの問題を解決することが、無料低額宿泊所入所者の居宅移行を進めるための課題であると考えることもできるが、一方で、本章の分析からは、支援対象者の抱える課題と、結果としての居宅移行率との間には明確な関連がないことも確認された。無料低額宿泊所が一時的な居住場所であることを前提とすれば、まずは一般住宅への移行を進めた上で、居宅生活を安定化させるために必要な支援を提供するという視点も必要であることを指摘した。

（2）本書の意義と課題

おそらく本書は、無料低額宿泊所に対象を絞った初めての研究書だろう。無料低額宿泊所は、社会福祉事業としての長い歴史を持ちながら、戦後その社会的ニーズが低下してきたこともあって、社会福祉研究の対象として取り上げられることはほとんどなかった。しかし無料低額宿泊所は、いまや約500ヶ所もの施設が開設され、生活困窮者を対象とした社会福祉施設としては有数の規模を有している。また、ホームレス問題という現代の社会福祉課題の解決を考え

る上でも、ホームレスの生活保護適用場所として最も活用されている無料低額宿泊所の存在感は大きい。

　さらに、無料低額宿泊所をめぐる問題は、今日の社会福祉におけるサービス提供システムのあり方にも課題を提起している。周知の通り、1990年代に進められた社会福祉基礎構造改革は、従来の「弱者保護的」な措置制度を脱し、利用者と提供者が対等な関係のもとで自由に契約を結ぶサービス提供システムを追求した。しかし、このような契約関係に馴染むのは、サービス利用の意思と能力を持った層であり、契約関係の当事者能力が乏しい層が、改革によって社会福祉から取り残されるのではないかとの懸念が当初から示されていた（古川1998：64-70）。マスコミなどによって無料低額宿泊所の劣悪な運営実態が問題となる際、仮に問題があったとしても本人が選んで入所契約を結んだのだとの反論がなされることも少なくない。しかし、ホームレス状態という極限的な貧困状態にある中、果たして利用者は対等な契約当事者として判断できる環境にあったといえるかどうかは慎重な検討が必要である。その意味で、無料低額宿泊所をめぐる問題は、社会福祉基礎構造改革以来のわが国の社会福祉提供システムに重要な問題を投げかけているといえよう。

　このように、社会福祉研究の対象として重要な意味を持ちながら、その実態が十分解明されてこなかった無料低額宿泊所について、包括的に分析した本書の学術的意義は小さくないと考える。

　さて、筆者は序章において、今後の無料低額宿泊所対策のあり方をめぐる議論において、施設運営に対する規制を強めつつ一般住宅への転居を促進することを強調する考え方と、サービスの質を改善するため運営費の公的補助を強調する考え方があることを指摘した。そして、こうした考え方の違いの背景には、①無料低額宿泊所の実態を全体としてどのように評価するか、②無料低額宿泊所の入所者像をどのように描くかという2つの対立軸があると述べた。

　後者の点については、本研究を通じてある程度明らかになったと考える。例えば、第3章では、無料低額宿泊所入所者のうち65歳以上の人は3割程度であること、介護保険サービスを利用している人は1.8%であること、障害者自立支援法の適用を受けている人は2.7%であることが明らかになった。また、第

4章では、無料低額宿泊所入所者の主観としては、すぐにでも一般住宅に移行したいと考えている人が7割に上ることが明らかになった。さらに、第7章では、居宅生活移行支援事業実施自治体の中で、居宅生活移行が困難な要因として「障害があったり介護が必要であったりして居宅での単身生活が困難な人が多いこと」を挙げる自治体は少数派であること、金銭管理や健康管理、家事管理などの面で課題を抱えている人が多いことが結果としての居宅生活移行率に関連しているわけではないことが明らかになった。

このように、全国的な規模でみれば、無料低額宿泊所入所者の多くが高齢や障害などにより居宅生活が困難な人であるとはいえず、また主観的にも一般住宅での生活を希望している人が多いことが明らかになった。このことは、今後の無料低額宿泊所のあり方を考える上で重要な知見であろう。

一方、前者の点、すなわち無料低額宿泊所の実態を全体としてどのように評価するかという点については、本書によって十分に解明されたとはいいがたい。もっとも、第4章でみたように、無料低額宿泊所入所経験者の言葉からは、居室環境や徴収される費用、食事の内容などに対する不満が数多く語られた。しかし、あくまでも現入所者42人、元入所者96人の声であり、その声に耳を傾けることが重要であることはいうまでもないが、入所経験者の全てを代表していると考えることはできない。

無料低額宿泊所の実態評価を困難にさせている背景には、その評価基準の設定の難しさもある。序章で触れたように、第2種社会福祉事業としての無料低額宿泊所に期待されている役割はあくまで一時的な居住場所の提供のみであり、生活上の扶助やサービスを提供することは法律上予定されていない。こうした中で、無料低額宿泊所で現実に提供されている生活サービスの水準を評価するための基準を設けることはそもそも困難であろう。このことは、しばしば指摘される「何が良い施設で何が悪い施設かの線引きが難しい」という点にも関連する。しかし、無料低額宿泊所の実態評価が今後の施策のあり方を考える際の重要な対立軸であることを踏まえれば、今後は、無料低額宿泊所に要請されている役割や機能を明確にし、サービス内容に関する適切な評価基準を設定した上で、無料低額宿泊所の実態を評価することが課題になるだろう。

また、無料低額宿泊所の実態を、地域特性を踏まえて分析することも今後の

課題である。本書でみてきたように、届け出をしている宿泊所が多いか無届施設が多いかは、関東地方と関西地方で異なっている。また、ホームレスに対する生活保護の行政運用における無料低額宿泊所の位置づけも、東京とそれ以外の地域では大きく異なっている。

さらにいえば、簡易宿泊所を多く抱える寄せ場（いわゆるドヤ街）とその他の地域では、ホームレスの野宿生活脱却後の住まいに関する文化が異なるかもしれない。ドヤ街で日雇労働に従事した経験の長い人々にとっては、住宅街の小奇麗なアパートで暮らすよりも、たとえ狭くても住み慣れた簡易宿泊所やそれを転用した無料低額宿泊所で暮らす方がなじむ場合もあるだろう。後藤（2013）が描き出したホームレス状態からの「実質的な脱却」を可能にするための「場」には、山谷という特別な空間で営まれる独特な人間関係や社会資源の存在が深く影響していた。今後の無料低額宿泊所研究が、宿泊所を利用する人々の生活世界に根ざしながら発展していくためには、これらの地域特性も視野に入れることが必要になるだろう。

2．提言

以上、本書の議論を通じて明らかになった点を整理した。最後に、これらの研究結果が示唆する政策的含意と、今後の無料低額宿泊所対策のあり方に関する若干の政策提言を述べてみたい。なお、筆者は第2章において、近年の無料低額宿泊所対策を「規制ルート」「補助金ルート」「転宅ルート」の3つに区分した。以下では、さしあたりこの3区分に依拠しながら論を進めたい。

（1）無料低額宿泊所に対する規制強化

無料低額宿泊所問題への対応策として常に議論の的となるのが、宿泊所への規制強化である。無料低額宿泊所は、他の社会福祉施設と異なり、設備運営に関する最低基準を持たない。厚生労働省ガイドラインが一定の基準を示しているものの、法的拘束力はない。こうした基準の不明確さが、社会福祉事業の趣旨とかけ離れた運営を許している面がある。したがって、無料低額宿泊所に対する規制の強化は重要な政策課題の1つである。

2015年の厚生労働省ガイドライン改定は、法的拘束力がないとはいえ、無料低額宿泊所の設備運営基準を厳格化したという点で評価できる。特に、金銭管理の原則禁止、契約解除にあたっての利用者保護といった事項は、「貧困ビジネス」と呼ばれる事例の改善に一定の効果が期待できる。

　しかし、2015年ガイドライン改定にも課題は少なくない。例えば居室面積の水準については、ガイドライン改定によって、個室の場合は7.43㎡（4.5畳相当）、個室によらない場合は1人当たり4.95㎡（3畳相当）の居室床面積を確保することが求められることとなった。従来は、個室の面積水準は示されず、個室によらない場合のみ1人当たり3.3㎡（2畳相当）の居室床面積が求められるに過ぎなかったことからすると、一定の改善が図られたと評価できる。しかし国土交通省の住生活基本計画が定める単身者の最低居住面積水準（25㎡）には遠く及ばない。

　こうして狭小な居室面積を是認しているにもかかわらず、改定ガイドラインは、住宅扶助基準上限額と同額の家賃を、無料低額宿泊所に求められる「低額」な家賃に含めた。これは、社会保障審議会生活保護基準部会の議論にみられた、無料低額宿泊所の「狭小面積・高額家賃」問題の是正に逆行する。改定ガイドラインでは、居室使用料の額について「当該宿泊所の整備に要した費用、修繕費、管理事務費、地代に相当する額等を基礎として合理的に算定したもの」であることを求めている。筆者は、風呂やトイレが共同で、4畳半のスペースしかない居室で、住宅扶助基準上限額と同額の家賃を徴収することが「低額」であるとは考えないが、仮にそれを「低額」の範囲に含めるならば、合理的な算定基準を明確に示すための措置を確保することが必要であると考える。

　なお、規制強化という観点からいえば、こうした設備運営基準の厳格化だけでなく、運営の透明性を確保したり、行政の監督権限を強化したりすることも必要である。現在の無料低額宿泊所は、第2種社会福祉事業であるため所管自治体に届け出さえすれば開設が可能である。もちろん、社会福祉事業である以上、開設後も所管自治体が指導監督にあたったり、場合によっては業務停止を命ずることもできる。しかし、無料低額宿泊所が必要とされる構造がある以上、その効果は限定的であり、結果として開設後の処遇内容がブラックボックス化していることも少なくない。透明性を確保し、行政の監督権限を強化するため

には、第三者評価の仕組みを導入したり、実効性ある苦情解決システムを整備したり、あるいは届出制ではなく許可制に変更するなどの措置も検討する必要があると考える。

(2) 生活サービスのための費用の確保

　序章で紹介したように、無料低額宿泊所をめぐる議論においては、高齢者や障害者など居宅での生活が困難な入所者が少なくないため、単に居住場所を提供するだけでなく生活サービスも提供する必要があるとして、そのコストを補助金などの形で保障することが必要であるという見解が少なくない。

　筆者はこれまでの議論を通じて、無料低額宿泊所入所者に居宅生活困難層が多いとは必ずしもいえないことを指摘してきた。とはいえ、ホームレス状態を経験した生活困窮者の中に、健康上の問題や家事など日常生活上の問題、近隣・親族との関係など社会生活上の問題を抱え、何らかの生活サービスを必要としている人々が少なくないことは確かであろう。問題は、こうした生活サービスにかかるコストが、住宅扶助費や生活扶助費の中から、ときに根拠が明確でないまま半ば強制的に徴収されている点にある。特に住宅扶助費については、社会保障審議会生活保護基準部会の議論にみられたように、本来は住宅そのものにかかるコストに対応すべきものであり、生活サービスコストが含められている現状は是正する必要がある。その意味では、生活サービスにかかるコストを補助金として無料低額宿泊所に交付するという見解には、一定の合理性がある。

　しかしながら、何らかの生活サービスを必要としている被保護者は、無料低額宿泊所に入所している人だけではない。無料低額宿泊所を退所し一般住宅での生活に移行した人の中にも、あるいは入所経験のない被保護者の中にも、生活上の支援を必要とする人は少なくない。もちろん、被保護者に対する生活上の支援は、本来は福祉事務所のケースワーカーが担うべきものであるが、都市部を中心に十分な数のケースワーカーが確保できていない福祉事務所が少なくない。また、ケースワーカーが量的に確保できたとしても、多様な生活課題を抱える被保護者に対する支援の一端を、NPOなどの外部機関が担うことには一定の意義がある。すなわち、生活サービスにかかる費用の確保は、無料低額宿

泊所入所者だけでなく、被保護者全体に関わる課題であるといえる。

したがって筆者は、生活サービスにかかる費用は、住宅扶助費や生活扶助費から徴収したり、また無料低額宿泊所事業者のみを対象とした補助金を創設したりすることで賄うのではなく、新たな扶助の追加や生活扶助費への加算などの形で、あるいは無料低額宿泊所事業者以外の民間支援団体も含めた生活サービス提供者に補助金を交付する形で確保することが妥当だと考える。もちろん無料低額宿泊所事業者に対して補助金を交付することを否定するものではないが、住宅サービスとの一体的な契約が強要されないための措置を徹底することで、生活サービス利用の選択性を確保する必要があるだろう。

(3) 一般住宅への移行促進

それでもなお、無料低額宿泊所が本来は一時的な居住の場であることを前提とすれば、一般住宅での生活が可能でそれを希望する人は、できるだけ早く一般住宅に移行できるよう促すことが重要である。無料低額宿泊所への規制を強めたとしても、あるいは生活サービスにかかる費用が確保されたとしても、無料低額宿泊所が必要とされる構造がある限り、劣悪な施設の排除効果は限定的であるからである。一般住宅への移行促進を図るための方策として、ここでは3点提起したい。

①居宅生活移行支援事業の拡充・改善

第7章で分析した居宅生活移行支援事業は、まさに一般住宅への移行を促進することを目的とした事業であるが、実施自治体数は2013年度時点で21自治体にとどまっている。このことは、無料低額宿泊所から一般住宅への移行促進が重要な政策課題であると認識している自治体が少ないことを示している。埼玉県が2010年度から実施している生活保護受給者チャレンジ支援事業（アスポート）では、生活保護受給者の自立支援策の柱として教育支援、就労支援とともに住宅支援を位置づけ、住宅ソーシャルワーカーを配置して無料低額宿泊所から一般住宅への移行を促している（埼玉県アスポート編集委員会2012）。こうした先駆的な事例を参考としながら、無料低額宿泊所を抱える自治体が、一般住宅への移行支援に積極的に取り組むことが期待される。

同時に、居宅生活移行支援事業は質的にも改善される必要がある。第7章でみたように、居宅生活移行支援事業を実施している21自治体のうち、実施自治体が支援員を直接雇用しているのは3自治体のみであり、ほとんどの自治体は無料低額宿泊所事業者と委託契約を結び、施設職員の人件費を補助する方式で実施していた。しかし、無料低額宿泊所入所者は事業者にとって"顧客"であり、事業者自身が退所を促すことに消極的になったとしてもやむを得まい。一般住宅への移行支援は、原則として事業者以外の外部機関が実施するべきであろう。

②敷金等の支給基準の緩和

無料低額宿泊所入所者が一般住宅に移行する場合、敷金・礼金が必要となる場合が多い。そのため、生活保護費により敷金等が支給されることが、転宅を可能にするための条件となる。生活保護法による保護の実施要領は、「被保護者が転居に際し、敷金等を必要とする場合」に敷金等を支給することができるとし[1]、その具体例の1つとして「…無料低額宿泊所等を一時的な起居の場として利用している場合であって、居宅生活ができると認められる場合」[2]を掲げている。どのような場合に「居宅生活ができると認められる」と判断できるのかについて、実施要領は「計画的な金銭の消費ができるか」「病気に対し、きちんと療養することができるか」など15項目の「判断の視点」を示している[3]。すなわち、この「判断の視点」に基づき居宅生活が可能であると認められた場合に、無料低額宿泊所から一般住宅に転居する条件が整うことになるのである。

実施要領では、15項目の「判断の視点」について、「全ての点を満たすことを要件に居宅生活ができると判断すべきものではない」としているものの、これが福祉事務所の判断に与える影響は少なくない。ともすると、これらの項目が無料低額宿泊所からの転居を認めない根拠になっている可能性も否定できない。しかし、第7章の分析によれば、これらの項目が満たされていない無料低額宿泊所入所者が多いことと、結果として居宅移行率が低くなることとの間には、ほとんど関連がなかった。無料低額宿泊所は一時的な居住の場であることからすれば、「判断の視点」の見直しを含め、敷金支給基準を緩和することが必要である。

③無料低額宿泊所に依存しない生活保護行政

　本書が明らかにしたことのうち最も重要なことの1つは、無料低額宿泊所入所者の約半数が、福祉事務所の紹介によって入所していることである。このことは、無料低額宿泊所の一部に「貧困ビジネス」と呼ばれるような劣悪な施設があると認識しながらも、ホームレスに対する生活保護行政が、無料低額宿泊所に半ば依存して運用されていることを示している。この運用が是正されない限り、いかに規制を強化しても劣悪な施設が淘汰されることはない。

　福祉事務所が無料低額宿泊所に依存する背景として、本書の分析結果をもとに2点指摘したい。第1に、ケースワーカーの業務負担の大きさである。周知の通り、社会福祉法が規定する福祉事務所のケースワーカーの標準数は、市部の場合、被保護世帯80世帯につき1名である。しかし、1990年代後半以降の被保護世帯の急増に見合った形でケースワーカーが増員されていない自治体が多い。そのためケースワーカーの業務負担が増大し、家庭訪問などを通じた被保護者の生活状況の把握が十分に行えていない。しかし、無料低額宿泊所で生活保護が適用されると、入所者の見守りを宿泊所側にある程度任せることが可能となり、またケースワーカーによる訪問も効率的に実施できる。こうしたことを背景に、福祉事務所にとって無料低額宿泊所が「便利な存在」になっていると考えることができる。

　本書第5章の分析では、管内に無料低額宿泊所がある福祉事務所の58％が、無料低額宿泊所は実施機関の業務負担の軽減に効果的であると答えた。また、第7章の分析では、居宅生活移行支援事業実施自治体の81％が、同事業は無料低額宿泊所入所者の生活状況をきめ細かく把握する上で効果的であると答えた。このように、無料低額宿泊所は、福祉事務所の業務の一部を代替しケースワーカーの負担軽減に貢献している。したがって、無料低額宿泊所に依存しない生活保護行政を実現するためには、ケースワーカーを増員し、被保護者へのきめ細かいケアが可能になる支援体制を作る必要があるといえるだろう。

　第2に、地方自治体の財政負担の問題がある。生活保護費は、その4分の3を国が負担し、残りの4分の1を保護の実施機関（福祉事務所設置自治体）が負担する。しかし、「居住地がないか、又は明らかでない」者の場合、都道府県が4分の1を負担するため、市町村の負担はない。無料低額宿泊所入所者の多く

は、入所前はホームレスなど「居住地がないか、又は明らかでない」状態にあるが、入所期間中どのように取り扱うかは自治体によって異なる。仮に無料低額宿泊所入所期間中も「居住地がないか、明らかでない」状態にあると扱った場合、入所中の生活保護費の4分の1は都道府県によって負担される。しかし、無料低額宿泊所から一般住宅に移行すると、居住地が定まるため、実施機関が4分の1を負担することになる。このことも、福祉事務所が一般住宅への移行に消極的になる背景の1つと考えられよう。

本書第5章の分析では、無料低額宿泊所は地方自治体の財政的負担の軽減に効果的であると答えた福祉事務所の割合は、入所中の生活保護費をずっと実施機関が負担している自治体では20％であるのに対して、一定期間都道府県が負担している自治体では43％、ずっと都道府県が負担している自治体では78％に上った。したがって、実施機関の財政負担を軽減することも、一般住宅への移行を促す方策の1つであると考えられる。本来生活保護は、国の責任によって実施されるべきものであることからすると、生活保護費を全額国庫で負担することも検討に値するだろう。

(4) 生活困窮者の居住場所の確保

以上、第2章で示した無料低額宿泊所対策の3つのルートに即して、本研究の政策的含意と提言を述べてきた。最後に、生活困窮者の居住場所確保のための施策を強化することが最も根本的な課題であることを指摘しておきたい。

①居住ニーズを抱える生活困窮者

1990年代後半からのホームレスの増加や、リーマン・ショック後の「年越し派遣村」が示してきたように、わが国における貧困問題の深刻化は、住居を失う生活困窮者を生み出してきた。稲葉（2009）は、貧困ゆえに居住権が侵害されやすい環境で起居せざるをえないハウジングプアの状態にある人々は、ワーキングプアの拡大と並行して増加したと述べている。雇用環境の悪化を主因とした貧困の拡大が、生活困窮者の住居喪失リスクを高めたといえる。

しかし、今日の住宅政策は生活困窮者の居住ニーズを十分充足できていない。平山（2009）は、戦後の日本社会の特徴を、住宅所有形態において持家セ

クターが拡大し、かつ人々のマジョリティが住宅所有に価値があると判断し持家の取得を目指す「持家社会」として位置づける。住宅の私有と市場による供給を原則とする持家社会では、公営住宅を中心とした住宅政策は残余化し、住宅困窮者に対する住宅セーフティネットが弱体化したという。こうした日本の住宅政策の脆弱さが、無料低額宿泊所を必要とするハウジングプアを増大させてきたといえよう。

　湯浅（2008）は、「『貧困ビジネス』は、公共部門からの行政の撤退、あるいはもともとの不在を、その糧として成長する」と述べている。つまり、無料低額宿泊所問題の解決のためには、生活困窮者の居住場所を公的に確保することが決定的に重要なのである。

②保護施設の量的・質的改善

　生活困窮者の居住場所を確保するための施策を強化する際、既存事業の拡充と新たな施策の展開の両面から考える必要がある。

　生活困窮者の居住ニーズを充足することを目的とした既存の施策としては、生活保護法に基づく保護施設が挙げられる。生活保護法第30条は、居宅での保護を原則としているが、これによることができないとき、これによっては保護の目的を達しがたいとき、被保護者が希望したときは、保護施設に入所させて保護することができるとしている。保護施設には、救護施設、更生施設、医療保護施設、授産施設、宿所提供施設の5つがあるが、いずれの施設も減少傾向にあり、施設数が最も多い救護施設でも全国に292ヶ所[4]と、無料低額宿泊所の数を大きく下回っている。特に、無料低額宿泊所と機能が近いと考えられる宿所提供施設[5]に至っては、全国に11ヶ所しか開設されていない。こうした保護施設の少なさが、無料低額宿泊所のマーケットを広げてきた。笹沼（2011）は、住居のない人に対する生活保護の適用が厳しく制限されている現状が貧困ビジネスを生みだしてきたとした上で、宿所提供施設の拡大を主張している。

　また、保護施設は量的な面だけでなく質的な面でも、十分な水準にあるとはいえない。例えば、ホームレスの入所施設として利用されることの多い救護施設や更生施設の居室定員は「原則として4人以下」とされており、個室が確保されているわけではない[6]。また、入所中の生活扶助は現物給付とされ、日用品

の購入に充てるための費用が支給される場合もあるが、その額は低い（自治体によって違いはあるものの、月額5000円～1万円程度）。これに対して無料低額宿泊所は、少なくともガイドライン上は個室が原則とされており、また、たとえ不透明な名目で費用が徴収されたとしても、1万5000円～2万円程度の金額が手元に残ることが多い。利用する側の立場に立てば、保護施設に入所するよりも無料低額宿泊所に入所する方が、条件が良い場合もある。こうした既存施設の水準の低さが無料低額宿泊所のマーケットを広げている面もあり、劣悪な「貧困ビジネス」の解消のためには、既存施設の水準の向上が求められる。

③生活困窮者自立支援制度の活用

一方、生活困窮者の居住場所を確保するための新たな施策としては、2015年4月に施行された生活困窮者自立支援法に基づく一時生活支援事業が想起される。同事業は、一定の住居を持たない生活困窮者に対し、一定期間、宿泊場所の供与、食事の提供、その他日常生活を営むのに必要な便宜を供与する事業であり、まさに生活困窮者の居住ニーズを充足することを目的とした事業であるといえよう。

しかし、厚生労働省の調査によれば、同事業の実施主体である福祉事務所設置自治体901ヶ所のうち、2015年度に一時生活支援事業を実施ないし実施予定の自治体は172ヶ所、2016年度に実施予定の自治体は243ヶ所と、4つの任意事業の中で最も少ない。[7]本書執筆時点では、一時生活支援事業の現状を評価し具体的な提言を行うことは困難だが、生活困窮者の居住ニーズに応える施策として、量的にも質的にも機能強化を図ることが求められている。

生活困窮者の居住ニーズは、今後も拡大することが予想される。藤田（2015）は、公営住宅をはじめとする住宅政策の不備が高齢者の家賃負担を高めていることを指摘し、今後の日本社会では、身寄りがなく生活に困窮する高齢者が増加することを予測する。2015年5月に起きた川崎市の簡易宿泊所火災事故も、居住ニーズを抱える生活困窮者の受け皿不足を露呈させた（山田2015）。すなわち、生活困窮者の居住場所を確保するための施策を強化していくことは、ホームレスや無料低額宿泊所入所者など一部の人々の問題ではなく、高齢者を含めたわが国社会福祉全体に共通する普遍的な課題なのである。

【注】

(1) 局長通知第7の4の（1）のカ。
(2) 課長通知第7の30の6。
(3) 『別冊問答集』問7-107。なお、「判断の視点」として示されている15項目とは、第7章の表7-8に示した中項目のうち「就労が可能か」を除いたものである。
(4) 厚生労働省「平成25年社会福祉施設等調査」。
(5) 宿所提供施設とは、「住居のない要保護者の世帯に対して、住宅扶助を行うことを目的とする施設」である（生活保護法第38条第6項）。
(6) 「救護施設、更生施設、授産施設及び宿所提供施設の設備及び運営に関する基準」（昭和41年7月1日・厚生省令第18号）。
(7) 厚生労働省「生活困窮者自立支援制度の取組状況」（2015年9月14日、生活困窮者自立支援制度全国担当者会議資料）より。

文　献
(アルファベット順)

阪東美智子（2011）「居所のない生活困窮者の自立を支える住まいの現状——路上から居住への支援策」『月刊福祉』94（3）、22-25

藤井克彦・田巻松雄（2003）『偏見から共生へ——名古屋発・ホームレス問題を考える』風媒社

藤田孝典（2009）「宿泊所依存を見直し居宅保護の推進と社会資源の創造を求めて」『賃金と社会保障』1503、16-29

藤田孝典（2010）「求められる無料低額宿泊所の規制——シェルター機能への特化を」『都市問題』101（7）、78-83

藤田孝典（2015）『下流老人——一億総老後崩壊の衝撃』朝日新聞出版

福原徹（1938）「社会事業法の実施せらるる迄」『社会事業』22（4）、30-39

舟木浩（2011）「宿泊所被害の根絶に向けて」『消費者法ニュース』88、192-194

舟木浩（2015）「生活保護申請のため行政窓口に赴いた野宿生活者等の生活困窮者に住居と生活サービス等を提供する契約の違法性および有効性」甲斐道太郎・松本恒雄・木村達也編集代表『消費者六法〔2015年版〕』民事法研究会、1296

船崎まみ（2010）「愛知県岡崎市の無料低額宿泊所問題」『賃金と社会保障』1507、11-34

普門大輔（2010）「無届・無料低額宿泊所の問題に対する関西の実情と考察」『賃金と社会保障』1507、4-10

古川孝順（1998）『社会福祉基礎構造改革——その課題と展望』誠信書房

五石敬路（2011a）「無料低額宿泊所は『貧困ビジネス』かケアか」『都市問題』102（10）、88-98

五石敬路（2011b）『現代の貧困　ワーキングプア』日本経済新聞出版社

後藤広史（2013）『ホームレス状態からの「脱却」に向けた支援——人間関係・自尊感情・「場」の保障』明石書店

平山洋介（2009）『住宅政策のどこが問題か——〈持家社会〉の次を展望する』光文社

樋渡貴晴（2004）「ホームレスからの『脱却』に関する実証的研究——名古屋市の行政資料と民間ホームレス支援団体の援助記録を基にして」日本福祉大学大学院社会福祉学研究科2003年度修士論文

池田敬正（1986）『日本社会福祉史』法律文化社

池本美和子（1999）『日本における社会事業の形成——内務行政と連帯思想をめぐって』法律文化社

稲葉剛（2009）『ハウジングプア——「住まいの貧困」と向き合う』山吹書店
稲田七海・水内俊雄（2009）「ホームレス問題と公的セクターおよび民間・NPOセクターの課題——『もう一つの全国ホームレス調査』を手がかりに」『季刊社会保障研究』45（2）、145-160
猪股正（2009）「宿泊所問題をめぐる埼玉の状況と取組——相談会活動をつうじて」『賃金と社会保障』1503、4-15
岩永理恵・四方理人（2013）「住宅支援を利用する生活保護受給者からみる無料低額宿泊所問題の検討」『社会政策』5（2）、101-113
岩田正美（1995a）『戦後社会福祉の展開と大都市最底辺』ミネルヴァ書房
岩田正美（1995b）「解説　第四巻『浮浪者・不良住宅地区』調査について——貧困と『居住』形態」社会福祉調査研究会編『戦前日本社会事業調査資料集成——第四巻浮浪者・不良住宅地区』2-44.
岩田正美（2008）『社会的排除——参加の欠如・不確かな帰属』有斐閣
垣田裕介（2010）「『無料低額宿泊施設等のあり方に関する検討チーム』を傍聴して」『ホームレスと社会』2、16-21
川上博之・谷口香織（2013）「住居提供型貧困ビジネスに対する勝訴判決の分析——御嵩簡易裁判所平成24.11.22判決」『賃金と社会保障』1579、20-25
河野豊（1999）「野宿者を居宅保護せよ！」『賃金と社会保障』1249、46-51
木村忠二郎（1955）『社会福祉事業法の解説（改訂版）』時事通信社
古城厚穂（2011）「貧困ビジネスの防止に向けた大阪市の取組み」『現代消費者法』10、42-45
小久保哲郎（2011）「大阪府『貧困ビジネス防止条例』の概要と実務上の課題」『現代消費者法』10、46-51
厚生労働省（2011）「住居のない生活保護受給者が入居する無料低額宿泊施設及びこれに準じた法的位置付けのない施設に関する調査結果について」
窪田暁子（1985）「戦後社会福祉施設の研究1——戦後再建時の遺産と課題」『人文学報（社会福祉学）』1、129-163
元田宏樹（2010）「無料低額宿泊所の実態と利用者支援機能のあり方について」『社会福祉士』17、167-173
中島明子（2005）「『ホームレス』支援における居住支援——"ハウジング・ファースト"アプローチ」『都市問題研究』57（11）、43-54.
棗一郎（2010）「貧困層を食う『無料低額宿泊所』根本解決には雇用規制も必要だ」『エコノミスト』88（11）、40-41
日本弁護士連合会（2010）「『無料低額宿泊所』問題に関する意見書」

生沼純一（2011）「生活保護制度の現況と課題」『生活と福祉』664、19-21
小川政亮（1981）「日中戦争拡大過程と社会保障立法」磯野誠一ほか編『社会変動と法——法学と歴史学の接点』勁草書房
小川政亮（1992）『社会事業法制（第4版）』ミネルヴァ書房
小川卓也（2010）「無料低額宿泊所の現実——行き場のない人を支える最後のセーフティネット」『都市問題』101（7）、72-77
岡部卓（2003）「地域福祉と社会的排除——ホームレス支援の課題と展望」『人文学報』339、69-94
奥田知志（2011）「ホームレス支援の現場から」『月刊福祉』94（3）、34-37
埼玉県アスポート編集委員会（2012）『生活保護200万人時代の処方箋——埼玉県の挑戦』ぎょうせい
阪田建夫（2011）「社会福祉法と無料低額宿泊所」『消費者法ニュース』88、198-199
阪田建夫・棗一郎・池本誠司（2011）「無料低額宿泊所商法——ホームレスから生活保護費のピンハネ」日本弁護士連合会貧困問題対策本部編『貧困ビジネス被害の実態と法的対応策』民事法研究会、79-110
笹沼弘志（2011）「貧困ビジネス——憲法学からの考察」『現代消費者法』10、52-61
園田耕司（2012）「ルポ無料低額宿泊所（上）業者依存の生活保護行政」『世界』825、285-295
鈴木亘（2010）『社会保障の「不都合な真実」——子育て・医療・年金を経済学で考える』日本経済新聞出版社
鈴木亘（2011）「迷走する無料低額宿泊所問題と経済学から見たその対策」『社会福祉研究』110、47-54
社会福祉法令研究会（2001）『社会福祉法の解説』中央法規出版
高木博史（2012）「『貧困ビジネス』概念に関する検討——生活困窮者支援の実践を通して」『長野大学紀要』34（1）、1-8
武島一義（1937）「経済保護事業」中央社会事業研究所『日本社会事業年鑑（昭和12年版）』7-14
特別区人事・厚生事務組合社会福祉事業団（2000）『地域社会での自立を支えて——東京23区共同経営の厚生関係施設30年のあゆみ』
東京府学務部社会課（1931）「無料宿泊所止宿者に関する調査——浮浪者に関する調査資料」（社会福祉調査研究会編（1995）『戦前日本社会事業調査資料集成』第4巻所収）
東京市政調査会（1947）『都の社会救済に関する調査報告書』
常岡久寿雄（2013）「『無料低額宿泊施設』に対する訴訟について——シナジーライフ訴

訟・厚銀舎訴訟の和解」『賃金と社会保障』1579、4-19
常岡久寿雄（2014）「貧困ビジネスの対処法」『法律のひろば』67（7）、33-44
上畑恵宣（1995）「福祉事務所における『住所不定者』への対応について」『公的扶助研究』162、35-45
梅田和尊（2010）「無料低額宿泊所を利用した貧困ビジネスの実態とその改善策について」『福祉のひろば』118、36-41
山田壮志郎（2008）「『自治体ホームレス対策状況』にみるホームレス対策の課題」『賃金と社会保障』1468、18-32
山田壮志郎（2009）『ホームレス支援における就労と福祉』明石書店
山田壮志郎（2015）「簡易宿泊所火災事故にみる『住まいの貧困』」『月刊福祉』98（11）、56-57.
山田壮志郎・村上英吾（2012）「無料低額宿泊所および法的位置づけのない施設に関する厚生労働省調査」『貧困研究』8、108-122
山野雅紀（2009）「これが宿泊所ビジネスだ」『週刊金曜日』17（42）、30-32
横山源之助（1949）『日本之下層社会』岩波書店
吉田久一（1965）「大原社会問題研究所編『日本社会事業年鑑』について」『季刊社会保障研究』1（2）、58-65
吉田久一（1984）『日本貧困史』川島書店
吉田久一（1994）『日本社会事業の歴史（全訂版）』勁草書房
吉永純（2015）『生活保護「改革」と生存権の保障——基準引下げ、法改正、生活困窮者自立支援法』明石書店
湯浅誠（2007）「生活困窮フリーターと『貧困ビジネス』」『論座』140、30-44
湯浅誠（2008）「貧困ビジネスとは何か」『世界』783、191-197
和気純子・副田あけみ・岡部卓（2011）「在宅生活が困難な被保護高齢者の支援に関する一考察——福祉事務所および法外施設等への事例調査から」『人文学報』439、27-65

あとがき

　筆者が無料低額宿泊所を研究テーマに取り上げるようになったのはそれほど古いことではない。前著『ホームレス支援における就労と福祉』（明石書店、2009年）の中で、ホームレス状態にある人々が路上から脱却するために活用されている資源の1つとして、無料低額宿泊所に言及したのが初めてだった。
　しかし、無料低額宿泊所の研究者がほとんどいないためか、2009年11月19日、厚生労働省に設置された「無料低額宿泊施設等のあり方に関する検討チーム」においてヒアリングを受けることになった。大臣政務官はじめ厚生労働省のトップ官僚を前に意見を述べる機会など後にも先にもなく、たいへん緊張したことを覚えている。そしてこの経験が、筆者が本格的に無料低額宿泊所問題を研究するきっかけにもなった。
　当時の民主党政権は、無料低額宿泊所やその類似施設の一部に「貧困ビジネス」と呼ばれる劣悪施設があることを問題視しており、今後のあり方を議論する検討チームを前月に発足させていた。筆者はヒアリングの場で、厚生労働省ガイドラインの徹底や社会福祉法に基づく指導監督を通じて劣悪施設を排除すること、また無料低額宿泊所を必要としない環境づくりのため一般住宅への転宅を促進することが必要であるなどと発言した。
　その後、筆者は、無料低額宿泊所事業者を相手取った訴訟に携わる弁護士らとともに「貧困ビジネス対策全国連絡会」を立ち上げ、代表を務めた。訴訟では、宿泊所入所者である原告側の弁護士から依頼を受け、裁判所に提出する意見書を執筆したこともあった。その過程で無料低額宿泊所の法的性格を改めて勉強したことは、本書の内容にも生かされている。

　こうした経緯もあってか、筆者は「無料低額宿泊所不要論者」であるとか、「無料低額宿泊所＝悪」と捉えていると誤解されることも少なくなかった。しかし、決してそうではない。筆者自身、これまでのホームレス支援活動の経験を

通じて、緊急一時的な居住場所の必要性を痛感してきた。また、高齢でもなく障害もないため福祉施設の入所対象とはならないが、飯場や簡易宿泊所での生活が長かったことからアパートでの一人暮らしに不安を抱えており、誰かに見守られながらの生活を望んでいる人にも数多く出会ってきた。

しかし一方では、無料低額宿泊所の劣悪な環境に耐えられず、早く退所したいと希望しながらも、なかなか抜け出すことができないでいる人もまた、数多く見てきた。したがって、無届施設も含めれば3万人以上ともいわれる宿泊所入所者の全てが、一般住宅での生活が困難な人、あるいは宿泊所での生活を望んでいる人であるとは思えなかった。

筆者が求めているのは、無料低額宿泊所の「撲滅」などではなく、宿泊所を必要とする人は宿泊所で、一般住宅を必要とする人は一般住宅で生活することである。住まいは、福祉事務所や事業者の都合によってではなく、利用者自身のニーズに合わせて用意されるべきである。誰もが"本来の住まい"に居住できるための社会環境を作っていくことに、本書が少しでも貢献できることを願っている。

本書は、2015年度日本福祉大学出版助成を受けて刊行される。出版の機会を与えてくださった日本福祉大学に心から感謝を申し上げたい。学長の二木立先生は、筆者の博士論文指導教員でもある。6年前に博士論文を前著として出版した際、二木先生からはすぐに「隅一になるな」との忠告を受けた。「隅一」とは、「若いときに研究書を1冊出しただけで、その後は研究書をまったく出版しない研究者」を指すそうである（二木立『福祉教育はいかにあるべきか』勁草書房、2013年：76頁）。やっとの思いで一仕事を終え達成感に浸っていた筆者には、やや残酷に聞こえたが、この忠告はその後ずっと筆者の頭の隅にあり、本書を出版する動機になった。貴重な助言にお礼申し上げたい。

そのほかにも、筆者がこの6年間に取り組んできた無料低額宿泊所に関する研究には、多くの人々から支えをいただいた。とりわけ、貧困ビジネス対策全国連絡会の皆さんとの定期的な楽しい意見交流は、筆者が無料低額宿泊所問題に関わり続ける原動力になった。特に、事務局長の舟木浩弁護士がこまめに収集してくれる資料には大いに助けられた。6年間、常に仕事を押し付けられて

きた感もなくはないが、その仕事がこうして実を結んだことを喜ばしく思う。

　第3章の厚生労働省調査の再分析にあたっては、筆者が入手した開示データを、五石敬路先生、後藤広史先生、松本一郎先生、村上英吾先生とともにつくる研究チームで検討していただき、貴重な助言をいただいた。

　第4章の無料低額宿泊所入所者調査は、前述の貧困ビジネス対策全国連絡会による初期の活動成果である。聞き取りにあたってくれた全国の支援者の皆さん、回答してくれた入所者の皆さんの協力があってこその研究であった。

　第5章の福祉事務所調査は、筆者が副理事長を務めるNPO法人ささしまサポートセンターが、厚生労働省から社会福祉推進事業の補助金を受けて実施した調査研究の一部である。ささしまサポートセンターは、筆者がホームレス問題にかかわり始めて以来のフィールドであり、本書に限らず筆者の研究活動の基盤であり続けている。

　第6章の医療機関調査の実施にあたっては、社会福祉法人恩賜財団済生会から研究助成をいただいた。また、医療福祉分野に詳しくない筆者の力不足を補うため、樋渡貴晴さんと久野安香音さんに研究協力者としてご協力いただいた。

　本書の帯に推薦文を寄せてくれた藤田孝典さんにも感謝したい。藤田さんもまた、筆者を最初に無料低額宿泊所の問題に引き込んだ人の一人であった。本書が、藤田さんの著書『下流老人』（朝日新書、2015年）のようなベストセラーになるとは到底思えないが、推薦文によって一人でも多くの人の目に触れることになれば幸いである。

　最後に、出版事情が厳しいなか、決して売れ筋とはいえないテーマの本書の出版を引き受けてくださった明石書店の神野斉さんに感謝申し上げたい。

2016年1月3日
帰省先の北海道旭川市にて

　　　　　　　　　　　　　　　　　　　　　　　　　　　　山田壮志郎

資料集

本書の調査研究で使用した調査票

- □無料低額宿泊所等入所者調査［第4章］ ……232
- □無料低額宿泊所等に関するアンケート［第5章］ ……241
- □ホームレス状態にある患者に対する医療機関による支援に関する調査［第6章］ ……245
- □居宅生活移行支援事業の実施状況に関するアンケート［第7章］ ……249

No.	←記入不要		記入日		記入者
			年 月 日		

無料低額宿泊所等入所者調査

○この調査は、無料低額宿泊所等に入所している皆さんの生活状況や希望についてお聞きし、これからの宿泊所のあり方を考えるための参考資料にするものです。
○質問のなかで、答えたくないものがあれば答えていただかなくてもけっこうです。また、回答内容の集計は、個人が特定されない形でおこないます。あなたが答えた内容が、宿泊所の職員や福祉事務所の職員に知られることは絶対にありませんのでご安心ください。
○なお、宿泊所にかんする問題について社会的に発信していくため、集計結果をマスコミ、専門雑誌、学会・研究会などに発表することがありますのでご了承ください。ただしその場合も個人が特定される形で発表することは絶対にありません。
○以上の趣旨をご理解いただき、調査にご協力いただきますようよろしくお願いします。

(実施主体) 貧困ビジネス対策全国連絡会
(問合せ先)[　　　　　　　　　]

※複数回の入所経験がある場合は直近のもの／宿泊所には無届施設・囲い屋も含む

年齢	性別	宿泊所に入所したのは・・・
歳	男 ・ 女	年　月　〜　年　月

入所先の宿泊所名（所在地）
（　　　　　　　　市）

生活保護の受給	あり ・ なし	生活保護費 (家賃含む)	1ヶ月＿＿＿＿＿円

宿泊所に支払わなければならない経費		
□家賃	（	円)
□共益費	（	円)
□光熱費	（	円)
□食費	（	円)
□＿＿＿＿＿＿＿	（	円)
□＿＿＿＿＿＿＿	（	円)
□＿＿＿＿＿＿＿	（	円)
合計	【	円】

手元に残るお金
1ヶ月＿＿＿＿＿円

現入所者・元入所者共通の質問

問1 宿泊所にはどのような経緯で入所されましたか？

1	福祉事務所（市役所・区役所）からの紹介
2	宿泊所の職員や業者から路上などで声をかけられた
3	自分で直接宿泊所を訪れ、又は業者に連絡して入所を希望した
4	その他（　　　　　　　　　　　　　　　　　　　　）

8　無回答

※問1で「1」と答えた人のみ
問2 福祉事務所の職員からは、住む場所として宿泊所以外の場所は紹介されましたか。紹介されたものをすべて選んでください。

a	一般のアパート
b	その他の施設（　　　　　　　　　　　　　　　　　）
c	宿泊所以外は紹介されなかった

8　無回答
9　非該当

※問1で「2」と答えた人のみ
問3 実際に入ってみると、路上などで声をかけられた時に聞いていた話と違っていたというようなことはありますか。当てはまるものをすべて選んでください。

a	部屋の設備に関すること（　　　　　　　　　　　　　　　）
b	もらえるお金の金額に関すること（　　　　　　　　　　　）
c	食事の内容に関すること（　　　　　　　　　　　　　　　）
d	その他（　　　　　　　　　　　　　　　　　　　　　　）

8　無回答
9　非該当

※ここから全員に質問

問4 入所にあたって、契約書の交付はありましたか。

1	あった
2	なかった

8　無回答

問5 入所にあたって、必要となる費用の内訳に関する説明はありましたか。

1	あった
2	なかった

8　無回答

問6　住む場所の提供以外に、宿泊所の職員・業者から受けたことのあるサービスはありますか。あなた自身が受けたことのあるものをすべて選んでください。

[8　無回答]

a	食事　→1日[　　　]食
b	借金の整理
c	宿泊所以外は紹介されなかった
d	定期的な面接や相談
e	介護保険の申請手続きの支援
f	障害者手帳の申請手続きの支援
g	その他の福祉サービスに関する手続きの支援 （　　　　　　　　　　　　　　　　　　）
h	住民票の異動手続きの支援
i	アパートへの転居に関する支援
j	病院への送迎・同行　→月に[　　　]回
k	ハローワークへの送迎・同行　→月に[　　　]回
l	その他 （　　　　　　　　　　　　　　　　　　）
m	特に受けたことはない

}問8へ

※問6で「食事」と答えた人のみ
問7　提供される食事の内容には満足していますか　◀

1	とても満足
2	まあまあ満足
3	やや不満
4	とても不満

理由等

[8　無回答
9　非該当]

↓

問8　居室は個室ですか？

1	個室
2	2人1室
3	3人1室
4	4人1室
5	5人以上で1室

[8　無回答]

問9　居室の広さはおよそどのくらいですか？

[　　　　　]畳程度

[8　無回答]

居住設備に関する自由記述欄（例：2段ベッドなど）

問 10　入浴回数に制限はありますか。

1	ある　→週に [　　] 回
2	ない

8　無回答

問 11　門限はありますか。

1	ある　→ [　　] 時
2	ない

8　無回答

問 12　要介護認定を受けたことはありますか。

1	ある
2	ない

8　無回答

※問 12 で「ある」と答えた人のみ
問 13　要介護度はいくつですか。

1	要介護5	6	要支援2
2	要介護4	7	要支援1
3	要介護3	8	非該当（自立）
4	要介護2		
5	要介護1		

98　無回答
99　非該当

問 14　現在（あるいは入所中に）次のような介護保険サービスを利用していますか。当てはまるものをすべて選んでください。

a	ホームヘルパー
b	デイサービス
c	ショートステイ
d	その他の在宅福祉サービス （　　　　　　　　　　　　　　　　　　）
e	特別養護老人ホームなど介護保険施設への入所申込み
f	何も利用していない

8　無回答
9　非該当

問 15　障害者手帳はもっていますか。

1	もっている	→問 16 へ
2	もっていない	→問 18 へ

8　無回答

<u>※問 15 で「もっている」と答えた人のみ</u>
問 16　手帳の種類を教えてください。

a	身体障害者 → [　　　　]級
b	知的障害　 → [　　　　]度
c	精神障害　 → [　　　　]級

```
8  無回答
9  非該当
```

↓

問 17　現在（あるいは入所中に）何らかの障害福祉サービスを利用していますか。

1	利用している （　　　　　　　　　　　　　　　　　　　　　　　　　）
2	利用していない

```
8  無回答
9  非該当
```

↓

<u>※ここから全員に質問</u>
問 18　宿泊所に入所してから、次のような経験をしたことはありますか。経験したことがあるものをすべて選んでください。

a	望まないサービスの利用を強要された
b	宿泊所の職員から暴力をふるわれた
c	宿泊所の職員から暴言を吐かれた
d	他の利用者から暴力をふるわれた
e	他の利用者から暴言を吐かれた
f	宿泊所内で盗難にあった
g	外出を制限された
h	外部の人との面会を禁止された
i	他の利用者との会話を禁止された
j	了解なくお金や通帳を宿泊所・業者に預かられた
k	了解なく印鑑を宿泊所・業者に預かられた
l	印鑑を勝手に作られたり、作るよう指示された
m	やりたくない仕事や作業を押しつけられた
n	特になし

```
8  無回答
```

自由記述欄

問19 宿泊所のサービス内容に不満があった場合、誰に相談しますか（しましたか）。当てはまるものをすべて選んでください。

a	宿泊所の職員や代表者
b	福祉事務所
c	同じ宿泊所の他の入所者
d	その他　→（　　　　　　　　　　　　　　　）
e	相談できそうな人はいない（誰にも相談しなかった）

　　　　　　　　　　　　　　　　　　　　　　　　　　　8　無回答

問20　福祉サービスについての苦情を受け付ける運営適正化委員会という機関があることをご存知ですか？

1	知っている
2	知らない

　　　　　　　　　　　　　　　　　　　　　　　　　　　8　無回答

・・・

ここからは現入所者への質問

＜元入居者は8ページへ＞

問21　もし一般の住宅（アパートなど）で生活できるとしたら、転居したいと思いますか。

1	すぐに転居したい
2	ゆくゆくは転居したい
3	転居したいとは思わない

　　　　　　　　　　　　　　　　　　　　　　　　　　　8　無回答
　　　　　　　　　　　　　　　　　　　　　　　　　　　9　非該当

※問21で「すぐに転居したい」と答えた人のみ
問22　その希望を宿泊所の職員などに伝えたことはありますか。

1	伝えた
2	伝えていない

　　　　　　　　　　　　　　　　　　　　　　　　　　　8　無回答
　　　　　　　　　　　　　　　　　　　　　　　　　　　9　非該当

※問22で「伝えた」と答えた人のみ
問23　あなたの希望に対して宿泊所側はどのように答えましたか。

1	転居してもいいと答えた
2	転居できないと答えた （理由：　　　　　　　　　　　　　　　　　　）

　　　　　　　　　　　　　　　　　　　　　　　　　　　8　無回答
　　　　　　　　　　　　　　　　　　　　　　　　　　　9　非該当

→　問24へ

問24　一般の住宅（アパートなど）で生活するときに何か不安なことはありますか。当てはまるものをすべて選んでください。

a	自炊	f	火の元の管理
b	洗濯	g	近所づきあい
c	部屋の掃除	h	一人暮らしの寂しさ
d	お金の管理	i	その他（　　　　　　　　　）
e	ゴミ出し	j	不安なことは特にない

8　無回答
9　非該当

問25　現在の宿泊所に入所してよかったと思うことは何ですか。当てはまるものをすべて選んでください。

a	寝る場所が確保できた（野宿をしなくてもすむようになった）
b	きちんと食事をとることができるようになった
c	小遣いが手に入った
d	職員からの様々な支援が受けられた （特に助かっていること→　　　　　　　　　　　　　　　　）
e	特になし

8　無回答
9　非該当

★　生活保護を受給していない人→以上で終了

★　生活保護を受給している人→9ページへ

ここからは元入所者への質問

問26　どのような形で退所しましたか？

1	宿泊所に対して不満があったため自主的に出た （不満の内容：　　　　　　　　　　　　　　　）
2	宿泊所の職員から出ていくように言われて出た （理由：　　　　　　　　　　　　　　　　　　）
3	次の居住場所がみつかったため出た
4	その他 （具体的内容：　　　　　　　　　　　　　　　）

8　無回答
9　非該当

問27　退所した直後はどのようなところに住んでいましたか？

1	一般のアパート
2	生活保護施設・その他社会福祉施設など
3	入院
4	友人・知人の家
5	社員寮・飯場
6	ネットカフェ・サウナ・ドヤ等
7	野宿
8	その他（　　　　　　　　　　　　　　　　）

98　無回答
99　非該当

問28　宿泊所に入所してよかったと思うことはありましたか？当てはまるものをすべて選んでください。

a	寝る場所が確保できた（野宿をしなくてもすむようになった）
b	きちんと食事をとることができるようになった
c	小遣いが手に入った
d	職員からの様々な支援が受けられた （特に助かっていたこと→　　　　　　　　　　　）
e	特になし

8　無回答
9　非該当

★　入所時に生活保護を受給していなかった人→以上で終了

★　入所時に生活保護を受給していた人→次のページへ

ここからは生活保護を受給している(していた)人への質問

問29 福祉事務所の職員に対して嘘の説明をするように宿泊所の職員から指示されたことはありますか。

1	ある（具体的な指示内容：　　　　　　　　　　　　　　　　　　　　　　　）
2	ない

8　無回答
9　非該当

問30 福祉事務所の職員はどのくらいの頻度で宿泊所に面会に来ますか。

1	1ヶ月に1回
2	2～3ヶ月に1回
3	4～6ヶ月に1回
4	7ヶ月～1年に1回
5	1年以上来ていない（入所1年未満で0回の人も含む）

8　無回答
9　非該当

※問21で「すぐに転居したい」と答えた人のみ
問31 福祉事務所の職員に転居の希望を伝えたことはありますか。

1	伝えた
2	伝えていない → 問33へ

●元入居者の人
●問21（6ページ）で
2ないし3と答えた人
　→ 非該当

8　無回答
9　非該当

※問31で「伝えた」と答えた人のみ
問32 あなたの希望に対して福祉事務所側はどのように答えましたか。

1	転居してもいいと答えた
2	転居できないと答えた（理由：　　　　　　　　　　　　　　　　　　　）

8　無回答
9　非該当

※いわゆる「大阪方式」の囲い屋に入居している人は除外
問33 無料低額宿泊所は、本来は一時的な宿泊場所であることをご存知ですか。

1	知っている
2	知らない

●「大阪方式」の囲い屋入居者＝非該当 →

8　無回答
9　非該当

問34 無料低額宿泊所からの一般のアパートに転居する場合、敷金が生活保護制度によって支給されることを福祉事務所の職員から聞いたことはありますか。

1	ある
2	ない

ご協力ありがとうございました！

無料低額宿泊所等に関するアンケート

【まず、無料低額宿泊所についてお尋ねします】

※ここで言う「無料低額宿泊所」とは、社会福祉法第2条第3項第8号に定める「生計困難者のために、無料又は低額な料金で、簡易住宅を貸し付け、又は宿泊所その他の施設を利用させる事業」のことを指します。いわゆる法定外施設・無届施設は含みません。

問1　貴福祉事務所の管内に無料低額宿泊所はありますか？

	1　はい［→問2へ］　　2　いいえ［→問9へ］　　3　わからない［→問9へ］

問1で「はい」と答えた福祉事務所にお尋ねします　※その他は問9へ

問2　管内の無料低額宿泊所の数と運営主体について教えてください。

	_____ヶ所　→　【運営主体の内訳】
	　　　　　　　　　社会福祉法人　_____ヶ所　　医療法人　_____ヶ所
	　　　　　　　　　社団法人・財団法人_____ヶ所　NPO法人　_____ヶ所
	　　　　　　　　　営利法人　_____ヶ所　　　　　不明　_____ヶ所
	　　　　　　　　　その他　_____ヶ所（　　　　　　　　　　　　　　）

問3　ホームレスなど住居のない相談者から生活保護の申請があった場合の無料低額宿泊所の紹介方法として、貴福祉事務所の現状に最も近いものを次の中から一つ選んでください。

	1　病状等に問題がなければ基本的に無料低額宿泊所を紹介する
	2　定員が埋まっているなどして他の施設が使えなかった場合に無料低額宿泊所を紹介する
	3　利用できる社会資源の一つとして無料低額宿泊所を紹介し、相談者が希望した場合には
	　　無料低額宿泊所を活用する
	4　福祉事務所が無料低額宿泊所を紹介することはない
	5　その他（　　　　　　　　　　　　　　　　　　　　　　　　　　　　　）
	※上記のような運用にする理由は何ですか？
	［　　　　　　　　　　　　　　　　　　　　　　　　　　　　　　　　　］

問4　無料低額宿泊所に入所している被保護者への家庭訪問の頻度について、貴福祉事務所の現状に最も近いものを次の中から一つ選んでください。

	1　一般の被保護世帯と同じ頻度で訪問している
	2　一般の被保護世帯より多い頻度で訪問している
	　　（理由：　　　　　　　　　　　　　　　　　　　　　　　　　　　　　）
	3　一般の被保護世帯より少ない頻度で訪問している
	　　（理由：　　　　　　　　　　　　　　　　　　　　　　　　　　　　　）

問5 管内の無料低額宿泊所の運営について、貴福祉事務所の考えに最も近いものを次の中から一つ選んでください。

```
1  ほとんどの施設は良い運営をしている
2  どちらかと言えば良い運営をしている施設が多い
   →どのような面で良いと感じますか？いくつでも選んでください。
    ア 施設設備   イ 食事の内容   ウ 自立支援の内容   エ 徴収される費用の水準
    オ その他(                                    )

3  どちらかと言えば良くない運営をしている施設が多い
4  ほとんどの施設は良くない運営をしている
   →どのような面で良くないと感じますか？いくつでも選んでください。
    ア 施設設備   イ 食事の内容   ウ 自立支援の内容   エ 徴収される費用の水準
    オ その他(                                    )
```

問6 無料低額宿泊所に入所している<u>被保護者の生活保護費の地方負担分</u>は誰が負担していますか？貴福祉事務所の現状に最も近いものを次の中から一つ選んでください。

```
1  無料低額宿泊所に入所している間はずっと都道府県が負担する
2  無料低額宿泊所入所中の一定期間は都道府県が負担し、その後は実施機関が負担する
   （一定期間：＿＿＿＿＿＿＿＿ヶ月）
3  無料低額宿泊所に入所している間はずっと実施機関が負担する
4  その他(                                                    )
```

問7 <u>一般住宅での生活に支障がないと判断できる被保護者</u>が無料低額宿泊所に入所していた場合、概ね何ヶ月ぐらいで一般住宅への転宅を促しますか？

```
1  3ヶ月以内    2  6ヶ月以内    3  1年以内    4  3年以内    5  3年以上
6  その他(                    )    7  福祉事務所から転宅を促すことはない
```

問8 次のa〜dの各項目について、無料低額宿泊所を活用することは効果的であると考えますか？

	非常に効果的	まあまあ効果的	あまり効果的でない	まったく効果的でない	どちらとも言えない	わからない
a ホームレスの居住場所の確保	1	2	3	4	5	6
b ホームレスの自立の支援	1	2	3	4	5	6
c 実施機関の業務負担の軽減	1	2	3	4	5	6
d 地方自治体の財政的負担の軽減	1	2	3	4	5	6

都道府県・政令市・中核市が設置する福祉事務所にお尋ねします　※その他は問10へ

問9 貴自治体では無料低額宿泊所の設備や運営に関するガイドライン等を策定していますか？

```
1  はい    2  いいえ    3  わからない
```

問1で「いいえ」「わからない」と答えた福祉事務所にお尋ねします　※その他は問11へ

問10　貴福祉事務所管内にも他都市のように無料低額宿泊所があるとよいと思いますか？

```
1　思う　　2　思わない
理由：
```

【次に、いわゆる無届施設についてお尋ねします】

※ここで言う「無届施設」とは、社会福祉各法に法的位置づけのない施設のうち、平成25年3月末時点で生活保護受給者及び生活保護申請者が2人以上利用し、住宅の提供以外に何らかの料金を徴収している施設を指します。

問11　貴福祉事務所の管内に無届施設はありますか？

```
1　はい［→問12へ］　　2　いいえ［→問14へ］　　3　わからない［→問14へ］
```

問11で「はい」と答えた福祉事務所にお尋ねします　※その他は問14へ

問12　管内の無届施設の数と施設種別について教えてください。

```
_____ヶ所　→　【主な利用対象者による施設種別】
　　　　　　　①サービス付き高齢者向け住宅　　　　　　　　　　　_____ヶ所
　　　　　　　②高齢者を対象とした施設（①及び有料老人ホームは除く）　_____ヶ所
　　　　　　　③ホームレスを対象とした施設　　　　　　　　　　_____ヶ所
　　　　　　　　（無料低額宿泊所、シェルター、自立支援センターは除く）
　　　　　　　④アルコール依存症者を対象とした施設　　　　　　_____ヶ所
　　　　　　　　（障害者自立支援法に基づく障害者支援施設等は除く）
　　　　　　　⑤薬物依存症者を対象とした施設　　　　　　　　　_____ヶ所
　　　　　　　　（障害者自立支援法に基づく障害者支援施設等は除く）
　　　　　　　⑥その他　　　　　　　　　　　　　　　　　　　　_____ヶ所
　　　　　　　　→内容（　　　　　　　　　　　　　　　　　　　）
```

問13　管内の無届施設の運営について、貴福祉事務所の考えに最も近いものを次の中から一つ選んでください。

```
1　ほとんどの施設は良い運営をしている
2　どちらかと言えば良い運営をしている施設が多い
　　→どのような面で良いと感じますか？いくつでも選んでください。
　　ア　施設設備　　イ　食事の内容　　ウ　自立支援の内容　　エ　徴収される費用の水準
　　オ　その他（　　　　　　　　　　　　　　　　　　　　　　）
```

```
3　どちらかと言えば良くない運営をしている施設が多い
4　ほとんどの施設は良くない運営をしている
　　→どのような面で良くないと感じますか？いくつでも選んでください。
　　ア　施設設備　　イ　食事の内容　　ウ　自立支援の内容　　エ　徴収される費用の水準
　　オ　その他（　　　　　　　　　　　　　　　　　　　　　　）
```

最後に、すべての福祉事務所にお尋ねします

問14　管内に無料低額宿泊所と無届施設の両方がある場合、両者の使い分けはどのようにしていますか？

　　　1　無料低額宿泊所と無届施設の両方がある
　　　　　使い分けの内容

　　　2　無料低額宿泊所と無届施設のいずれかしかない、もしくはいずれもない

問15　貴福祉事務所における業務の現状から、宿泊所をめぐる問題や住居のない人への生活保護に関して感じていらっしゃることがあれば自由にご記入ください。

福祉事務所名		記入された方の職名	
管内の人口		管内の被保護人員数	
平成24年度末時点	平成19年度末時点	平成24年度末時点	平成19年度末時点
人	人	人	人
管内の被保護世帯数		管内のホームレス数	
平成24年度末時点	平成19年度末時点	平成24年1月時点	平成19年1月時点
世帯	世帯	人	人
現業員としての経験年数別の現業員数			
1年未満	1～3年	3～5年	5年以上
人	人	人	人
査察指導員の数	人　　　（うち現業員の経験がある人　　　　人）		
無料低額宿泊所に入所している被保護者の数（平成25年3月末時点）			人
無届施設に入所している被保護者の数（平成25年3月末時点）			人

ご協力ありがとうございました

本調査は医療ソーシャルワーカーご所属部署を対象に実施するものですので、部署としてのお考えをお聞かせください。

ホームレス状態にある患者に対する医療機関による支援に関する調査

日本福祉大学社会福祉学部　山田壮志郎

※本調査で「ホームレス」とは、野宿生活者・路上生活者だけではなく、ネットカフェ・マンガ喫茶等で寝泊まりしている人や社員寮を追い出された人など「定まった住居のない人」全般を指します。

問1　あなたの医療機関では、これまでに次のような患者を受け入れた経験がありますか。
　　　データがある場合は2012年度の実績（実人数）も教えてください。

A	野宿生活者・路上生活者	1　ある［　　　人］	2　ない
B	ネットカフェや漫画喫茶、友人・知人宅等で寝泊まりをしている人	1　ある［　　　人］	2　ない
C	社員寮に居住している人	1　ある［　　　人］	2　ない

→<u>A～Cの全てで「2　ない」と答えた方は問7に進んでください。</u>

問2　ホームレス状態にある患者が貴院を利用する時の医療費の支払方法として最も多いのはどれですか。

1　生活保護	2　無料低額診療事業	3　行旅病人及び行旅死亡人取扱法
4　病院の持ち出し	5　医療保険	6　自費

問3　ホームレス状態にある患者の退院支援を行う際に困ることは何ですか。あてはまるものすべて選んでください。また、最もあてはまるものを1つ選んでください。

1　生活保護の決定に時間を要する
2　転居・転院・転所する際に身元保証人がいない
3　転居する際に時間を要する
4　コミュニケーションがとりづらい
5　他の患者とのトラブル
6　福祉事務所の対応が遅い
7　入院時の身元保証人がいないため本人以外に医師がインフォームド・コンセントを行う相手がいない
8　医療費・日用品の支払い
↓
うち、最もあてはまるもの　［　　　］

問4　入院したホームレス患者の退院後の居所として無料低額宿泊所を利用することはありますか？
　　　データがある場合、2012年度の実績も教えてください。

```
1　ある [　　　人]　　2　ない
```

※無料低額宿泊所とは、社会福祉法第2条第3項第8号に定める「生計困難者のために、無料又は低額な料金で、簡易住宅を貸し付け、又は宿泊所その他の施設を利用させる事業」のことを指します。

☆問4で「ある」と答えた方にお尋ねします（「ない」と答えた方は問7に進んでください）
問5　退院後の居住場所として無料低額宿泊所を利用するのはどのような理由によりますか。
　　　あてはまるものすべて選んでください。また、最もあてはまるものを1つ選んでください。

```
1　福祉事務所職員から提案があるため
2　早期に退院することができ在院日数を短縮することができるため
3　就労支援をしてくれるため
4　食事の提供をしてくれるため
5　患者の単身での生活に不安があるため
6　その他（　　　　　　　　　　　　　　　　　　　　　　）
↓
うち、最もあてはまるもの　[　　　]
```

問6　よく利用される宿泊所の処遇内容はどのように評価していますか。

```
1　たいへんよい　　2　まあまあよい　　3　どちらともいえない
4　あまりよくない　5　とてもよくない　6　わからない

[理由や具体的内容
                                            ]
```

問7　全国にはホームレス状態にある人の医療ニーズを把握するための活動（健康診断、路上訪問等）を実施している医療機関がありますが、貴院ではそのような取り組みを実施していますか？

```
1　している　　　2　していない
  ↓
  具体的な取組み内容



※他の医療機関でそのような取り組みをしている事例をご存知でしたら教えてください。

```

問8　ホームレス状態にある人の医療ニーズの把握に取り組む責任が、医療機関ないし医療ソーシャルワーカーにあると思いますか。

```
1　とても思う　　2　ややそう思う　　3　あまり思わない　　4　まったく思わない
```

問9　全国にはホームレスや生活困窮状態にある患者の退院後の地域生活を支援する取り組み（関係機関とのネットワークづくり等）を行っている医療機関がありますが、貴院ではそのような取り組みを実施していますか？

```
1　している　　　2　していない
  ↓
  具体的な取組み内容



※他の医療機関でそのような取り組みをしている事例をご存知でしたら教えてください。

```

問10　ホームレスや生活困窮状態にある患者の退院後の地域生活支援に取り組む責任が、医療機関ないし医療ソーシャルワーカーにあると思いますか。

```
1　とても思う　　2　ややそう思う　　3　あまり思わない　　4　まったく思わない
```

最後に、貴院の概要を教えてください。

医療機関の所在地	医療機関の名称	記入者の氏名・連絡先
市・区		TEL
病床数	無料低額診療事業の実施の有無	
床	実施している　・　実施していない	
医療ソーシャルワーカー数	医療ソーシャルワーカーの直属の所属部署^{注)}の責任者の職種	
人	医療ソーシャルワーカー　・　医療ソーシャルワーカー以外	

注）例えば、「地域医療連携センター」内に「医療福祉相談室」が設置されている場合は「医療福祉相談室」を指します

＜医療ソーシャルワーカーの状況＞

	経験年数（2013年9月末時点）		社会福祉士資格もしくは精神保健福祉士資格の有無
1人目	年	ヶ月	あり　・　なし
2人目	年	ヶ月	あり　・　なし
3人目	年	ヶ月	あり　・　なし
4人目	年	ヶ月	あり　・　なし
5人目	年	ヶ月	あり　・　なし
6人目	年	ヶ月	あり　・　なし
7人目	年	ヶ月	あり　・　なし
8人目	年	ヶ月	あり　・　なし
9人目	年	ヶ月	あり　・　なし
10人目	年	ヶ月	あり　・　なし
11人目	年	ヶ月	あり　・　なし
12人目	年	ヶ月	あり　・　なし
13人目	年	ヶ月	あり　・　なし
14人目	年	ヶ月	あり　・　なし
15人目	年	ヶ月	あり　・　なし
16人目	年	ヶ月	あり　・　なし
17人目	年	ヶ月	あり　・　なし
18人目	年	ヶ月	あり　・　なし

ご協力ありがとうございました。

居宅生活移行支援事業の実施状況に関するアンケート

自治体名	本事業のご担当部署名	連絡先電話番号
		ご担当者( )

I 実施自治体の概況について

(1) 被保護人員等の状況

平成27年3月末時点の管内生活保護の状況				平成27年1月時点のホームレス数
被保護人員数	保護率	被保護世帯数	福祉事務所現業員数	
人	‰	世帯	人	人

※回答自治体が都道府県の場合は、**市部も含めた都道府県全体の数字**をご記入ください。

(2) 平成27年3月末時点の管内無料低額宿泊所数 → [   ]ヶ所

※回答自治体が**都道府県・政令指定都市・中核市の場合**は届出を受理している無料低額宿泊所数を、**特別区・一般市の場合**は管内に所在地がある無料低額宿泊所数を、それぞれご記入ください。

II 居宅生活移行支援事業の実施状況について

(年度によって違いがある項目があれば直近の実施年度の状況をご記入ください。)

(1) 本事業の実施形態は次のうちどちらですか？当てはまるものに○をつけてください。

	①実施主体の自治体が無料低額宿泊所運営事業者に委託する方式
	②実施主体の自治体が専門職員を直接雇い上げる方式

※平成23年3月31日付厚生労働省社会・援護局保護課長通知「居宅生活移行支援事業の実施について」による区分

＜無料低額宿泊所事業者に委託する方式の自治体のみにお尋ねします＞

(1)-1 委託している無料低額宿泊所数は何ヶ所ですか？ → [   ]ヶ所

(1)-2 委託先事業者と福祉事務所とのカンファレンスはどの程度実施していますか？

	①実施していない		②1ヶ月に1回以上		③2～3ヶ月に1回程度
	④3ヶ月～6ヶ月に1回程度		⑤6ヶ月～1年に1回程度		⑥1年に1回未満

(2) 本事業の事業実績についてご記入ください。

	平成22年度	平成23年度	平成24年度	平成25年度	平成26年度
対象支援者数	人	人	人	人	人
居宅移行者数	人	人	人	人	人
うち保護廃止者数	人	人	人	人	人
継続支援者数	人	人	人	人	人

※厚生労働省より開示された資料を基に分かる部分は記入しています。空欄及び誤りがある部分をご記入ください。

(3) 本事業の対象支援者はどのように選定していますか？

	①対象施設入所者すべてを対象にしている		②対象施設入所者の一部を対象にしている

＜具体的な選定方法＞

(4) 本事業により配置される専門職員は何名ですか？　→　[　　　　]人

(5) 専門職員が対象支援者に実施している支援内容として当てはまるものすべてに○をつけてください。

	①債務整理		⑦断酒もしくは禁煙の支援
	②年金等の受給調整		⑧自炊、掃除、洗濯など家事支援
	③その他金銭管理支援		⑨コミュニケーション・対人関係に関する支援
	④服薬管理支援		⑩就労支援
	⑤医療機関への受診同行		⑪社会参加活動の支援
	⑥栄養管理支援		⑫その他

[
具体的な内容について可能な範囲でご記入ください。

]

(6) 居宅生活移行支援事業の効果はどのような点にあるとお考えですか？当てはまるものすべてに○を、最も効果を感じているもの1つに◎をつけてください。

当てはまるもの（すべて）
↓

		①無料低額宿泊所入所者の生活状況をきめ細かく把握できること
		②無料低額宿泊所事業者の支援の質を向上させられること
		③対象支援者の就労自立が果たせること
		④無料低額宿泊所事業者と福祉事務所との連携が図りやすくなること
		⑤対象支援者の居宅生活への移行が進むこと
		⑥福祉事務所ケースワーカーの業務負担を軽減できること
		⑦その他→[　　　　　　　　　　　　　　　　　　　　　　　　　]

↑
最も効果を感じているもの（1つ）

(7) 無料低額宿泊所入所者が居宅生活に移行することを困難にさせている要因は何だとお考えですか？当てはまるものすべてに○を、最も重要なもの1つに◎をつけてください。

当てはまるもの（すべて）
↓

		①金銭管理に問題のある人が多いこと
		②健康管理に問題のある人が多いこと
		③自炊や清掃など家事管理に問題のある人が多いこと
		④火の元など安全管理に問題のある人が多いこと
		⑤身だしなみに問題のある人が多いこと
		⑥対人関係に問題のある人が多いこと
		⑦就労できていない人が多いこと
		⑧住宅扶助基準以内で入居できる住宅が不足していること
		⑨不動産業者や家主が生活保護受給者・高齢者・障害者などの入居に消極的であること
		⑩障害があったり介護が必要であったりして居宅での単身生活が困難な人が多いこと
		⑪一人暮らしへの不安を感じている人が多いこと
		⑫その他→[　　　　　　　　　　　　　　　　　　　　　　　　　]

↑
最も効果を感じているもの（1つ）

　　　　　　　　　　　　　　　　　　　　　　　　ご協力ありがとうございました。

【著者略歴】
山田壮志郎（やまだ・そうしろう）
1976年北海道生まれ。日本福祉大学大学院社会福祉学研究科博士後期課程修了。博士（社会福祉学）。専門は公的扶助論。岐阜経済大学経済学部専任講師、同准教授を経て、2010年より日本福祉大学社会福祉学部准教授。NPO法人ささしまサポートセンター副理事長。貧困ビジネス対策全国連絡会代表。著書に『ホームレス支援における就労と福祉』（明石書店）。同書で第16回社会政策学会学会賞（奨励賞）受賞。編著書に『Q&A 生活保護利用ガイド』（明石書店）。

無料低額宿泊所の研究
―― 貧困ビジネスから社会福祉事業へ

2016年2月25日　初版第1刷発行

　　著　者　　山田　壮志郎
　　発行者　　石井　昭男
　　発行所　　株式会社 明石書店

〒101-0021 東京都千代田区外神田6-9-5
　　　電　話　03（5818）1171
　　　ＦＡＸ　03（5818）1174
　　　振　替　00100-7-24505
　　　http://www.akashi.co.jp

組版・装丁　明石書店デザイン室
印刷・製本　モリモト印刷株式会社

（定価はカバーに表示してあります）ISBN978-4-7503-4311-2

JCOPY 〈（社）出版者著作権管理機構 委託出版物〉
本書の無断複写は著作権法上での例外を除き禁じられています。複写される場合は、そのつど事前に、（社）出版者著作権管理機構（電話03-3513-6969、FAX03-3513-6979、e-mail: info@jcopy.or.jp）の許諾を得てください。

ホームレス支援における就労と福祉
山田壮志郎編
●4800円 健康で文化的に生き抜くために

Q&A 生活保護利用ガイド
山田壮志郎編著
●1600円

反貧困のソーシャルワーク実践
藤田孝典、金子 充編著
●1800円 NPO「ほっとポット」の挑戦

生活保護「改革」と生存権の保障
吉永 純
●2800円 基準引下げ、法改正、生活困窮者自立支援法

最低生活保障と社会扶助基準
山田篤裕、布川日佐史、『貧困研究』編集委員会編
●3600円 先進8ヶ国における決定方式と参照目標

格差・貧困と生活保護
杉村 宏編著
●1800円 「最後のセーフティネット」の再生に向けて

ホームレス状態からの「脱却」に向けた支援
後藤広史
●3800円 人間関係・自尊感情・「場」の保障

ホームレスと都市空間
林 真人
●4800円 収奪と異化、社会運動、資本-国家

子どもの貧困
浅井春夫、松本伊智朗、湯澤直美編
●2300円 子ども時代のしあわせ平等のために

子ども虐待と貧困
松本伊智朗編著　清水克之、佐藤拓代、峯本耕治、村井美紀、山野良一著
●1900円 「忘れられた子ども」のいない社会をめざして

子どもの貧困白書
子どもの貧困白書編集委員会編
●2800円

子どもの貧困と教育機会の不平等
就学援助・学校給食・母子家庭をめぐって
鳫 咲子
●2800円

二極化する若者と自立支援
宮本みち子、小杉礼子編著
●1800円 「若者問題」への接近

若者と貧困
湯浅 誠、冨樫匡孝、上間陽子、仁平典宏編著
●2200円 いま、ここからの希望を 若者の希望と社会③

貧困とはなにか
ルース・リスター著　松本伊智朗監訳　立木 勝訳
●2400円 概念・言説・ポリティクス

生活困窮者への伴走型支援
奥田知志、稲月 正、垣田裕介、堤 圭史郎
●2800円 経済的困窮と社会的孤立に対応するトータルサポート

〈価格は本体価格です〉